KB183453

노르트스트림의 덫

LE PIEGE NORD-STREAM by Marion Van Renterghem

Copyright © Les Arènes, 2023

Korean translation rights © RollerCoaster Press, 2024

Korean translation rights are arranged with Les Arènes through AMO Agency, Korea.

All rights reserved.

이 책의 한국어판 저작권은 AMO 에이전시를 통해 저작권자와 독점 계약한 롤러코스터에 있습니다.
저작권법에 의해 한국 내에서 보호를 받는 저작물이므로 무단 전재와 무단 복제를 금합니다.

노르트스트림의 덫
러시아는 어떻게 유럽을 장악하려 했나

초판 1쇄 발행 2024년 11월 25일

지은이 마리옹 반 렌테르겜 | 옮긴이 권지현 | 편집 강경희
펴낸이 임경훈 | 펴낸곳 롤러코스터 | 출판등록 제2019-000296호
주소 서울시 마포구 월드컵북로 400 서울경제진흥원 5층 17호
전화 070-7768-6066 | 팩스 02-6499-6067 | 이메일 book@rcoaster.com
제작 357제작소

ISBN 979-11-91311-54-9 03340

롤러코스터
**Rollercoaster
Press**

러시아는 어떻게 유럽을
장악하려 했나

노르트 스트림 의 덫

마리옹 반 렌테르겜 지음
권지현 옮김

®

앙겔라 메르켈은 5층에 있는 집무실 창밖으로 펼쳐진 베를린 풍
경을 보여주고 싶어 한다. 왼쪽으로는 운터덴린덴 대로가 뻗어나
가고, 독일 연방의회 의사당과 웅장한 브란덴부르크 문이 내려다
보인다. 그가 16년을 보낸 총리 관저가 나무와 지붕에 가려 잘 보
이지 않는다고 했더니, 그는 짧게 세찬 손짓을 하며 그래서 오히려
아주 좋다고 대꾸한다. '있을 만큼 있었다'는 뜻일 터다.

　　고개를 오른쪽으로 돌리면 옆 건물이 보인다. 바로 러시아 대
사관이다. 대사관 건물 규모는 독일과 러시아의 가까운 관계, 전쟁,
죄책감, 우정, 교류, 상호의존의 긴 역사에 비례한다. 독일 연방의
회가 마련해준 전직 독일 총리 집무실이 크렘린궁과 그 수장인 블
라디미르 푸틴을 대표하는 사람들 건물 바로 옆에 있다니 운명의
장난이 아닐 수 없다. 전직 총리는 푸틴과 악마의 계약을 체결했다

는 비난을 받는다.

　　전임자인 게르하르트 슈뢰더가 첫 단추를 끼운 이 계약은 세계 최대 천연가스 매장량을 자랑하는 러시아와 거기에 생존이 달린 유럽을 이어줬다. 그러나 순조롭게 진행된 무역 거래 뒤에는 푸틴의 정복 전략이 숨어 있었다. 과대망상에 가까운 러시아 민족주의자로, 범죄와 정치 조작을 배웠고 소련 붕괴에 수치심을 느끼며 위대한 제국의 소멸에 실망한 푸틴은 우크라이나를 다시 장악하기 위해 때를 기다렸다. 그가 세운 전략은 유럽에서 러시아의 장악력을 확보하는 것이었다. 그리고 그가 점찍은 최우선 타깃은 독일이었다. 독일은 유럽에서 가장 많이 천연가스에 '중독'된 산업 선진국이기에 가장 완벽한 먹잇감이었다. 푸틴이 손에 쥔 도구는 세계 최대 해저 가스관인 노르트스트림이었다. 노르트스트림1과 노르트스트림2는 러시아산 천연가스를 러시아에 적대적인 폴란드와 우크라이나를 거치지 않고 독일까지 직접 운반하는 네 개의 거대한 파이프라인이다. 천연가스는 북대서양조약기구NATO 가입국 8개국이 둘러싼 발트해에서 마치 적진에 들어간 트로이 목마처럼 유럽으로 흘러 들어갈 수 있었다. 노르트스트림은 러시아가 유럽 지배에 성공했음을 보여주는 신호였다.

　　메르켈 총리가 자리에서 물러날 즈음에, 그리고 러시아가 우크라이나를 침공하기 직전에, 나는 '노르트스트림이 메르켈 정권의 나약함과 오명의 상징'으로 남으리라는 내용의 책을 썼다. 내 말은 과장이 아니다. 우크라이나 전쟁은 '나약함을 드러낸' 서방의 태도가 21세기에 벌어진 가장 큰 전략적 오류였음을 보여주는 증거다. 노르트스트림은 푸틴이 천연가스를 내세워 유럽을 인질로 삼으려고 심어둔 덫의 핵심이다. 유럽인들은 그 덫에 무턱대고 몸을 던졌다. 독일을 필두로.

푸틴 대통령은 사회민주주의자들, 극우와 극좌 포퓰리스트들, 독재자 힘에 압도된 민족주의자들, 돈 냄새에 취해 어질어질한 주권론자들, 합리적이지만 정치와 경제 논리 앞에서는 힘을 못 쓰는 지도자 중에서 러시아를 위해 일할 영향력 있는 요원, 쓸모 있는 멍청이, 어쩔 수 없이 동맹을 맺은 자들을 유럽 곳곳에 꾸준히 심어뒀다. 그는 한쪽의 부패, 다른 한쪽의 이데올로기, 나머지의 실용주의, 다수의 비겁함, 그리고 모두의 순진함을 이용했다.

집권 20년이 됐을 때 푸틴은 목표를 거의 달성했다. 가스관은 해저에 설치됐고, 서방은 잠들었으며, 러시아 탱크는 국경 지대에 배치됐다. 덫은 거의 완벽했다. 이제 모든 것이 갖춰졌다. 노르트스트림2만 완공하면 서방에 맞선 위대한 러시아의 보석인 우크라이나를 침공하기 전 마지막 단계를 밟는 셈이었다. 그런데 모든 것이 날아가버렸다. 2022년 9월 26일, 익명의 공격을 받은 노르트스트림1과 2는 세상을 지배하려 했던 독재자의 실패한 전쟁처럼 폭파되어 배가 갈린 흉측한 모습으로 변했다.

공모자는 많다. 가스관은 《오리엔트 특급 살인》의 시체처럼 발트해에 묻혔다. 명탐정 푸아로는 기차에 탄 승객 13명이 피해자를 한 번씩 칼로 찔렀다는 점과 피해자 역시 범죄를 저질렀다는 사실을 알아냈다. 노르트스트림은 지정학 스릴러의 주인공이자, 블라디미르 푸틴과 서방이 20년간 맺어온 변태적 관계의 중심이다. 피해자이면서 가해자인 노르트스트림은 우크라이나 전쟁의 잠든 비밀요원이었다. 비밀요원의 시체는 아직 꿈틀거린다. 그 일생을 한번 들여다보자.

차례

서문 • 4

1 베를린 협약 ——————————— 15

2 천연가스 자살 ——————————— 29

3 해저 200억 ——————————— 39

4 전쟁의 이름: 가스프롬 ——————— 53

5 악마의 트로피 ——————————— 73

6 "내가 죄인이군요!" ———————— 105

7 샹젤리제의 우크라이나 ——————— 139

8 그들이 사랑한 스파이 ——————— 169

9 가스관 경쟁 ——————————— 187

10 희한한 환경운동가 ———————— 207

11 2014년, 수치스러운 해 ——————— 227

12 대안의 부재 ——————————— 259

13 덫은 거의 완벽했다 ———————— 281

감사의 글 • 300

참고문헌 • 302

영상 자료 • 305

찾아보기 • 306

알랭 프라숑에게

"세상에! 놈들이 관을 터트렸어!"

에르제, 1950년

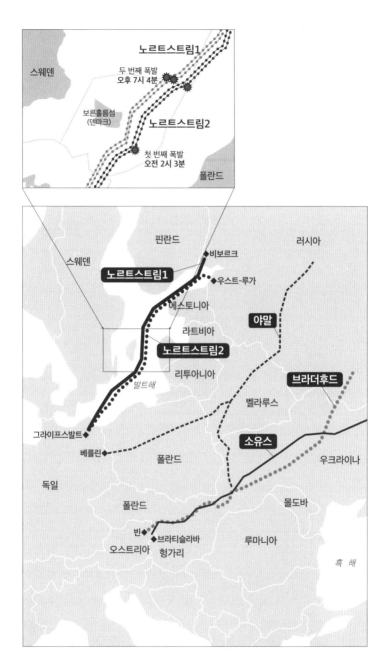

러시아와 유럽을 잇는 가스관

베를린
협약

N
O
R
D
S
T
R
E
A
M

1

2001년 9월 25일, 블라디미르
푸틴은 러시아어로 연설을 시작해서
미안하다고 사과했다.

"

숱 적은 머리를 정성스럽게 빗어 넘긴 마른 몸매의 남자가 독일 연방의회가 있는 역사적 건물 라이히스타크스게보이데Reichstags-gebäude 문턱을 넘어선다. 여름 끝자락은 그의 노란 피부에 그을린 자국을 남겼다. 검은 양복, 흰 셔츠, 회색 넥타이…. 단상으로 향하는 그의 모습이 다소 긴장돼 보인다. 그가 단상에 올라서서 좌중을 보고 미소를 짓는다. 곧 40대가 될 블라디미르 푸틴은 약 2년 전에 러시아 연방 대통령으로 당선된 인물이다.

　의석 첫째 줄에는 게르하르트 슈뢰더 독일 총리가 앉아 있다. 그는 애정과 감탄 어린 시선으로 푸틴을 쳐다본다. 그 뒤의 뒷줄에는 메클렌부르크포어포메른주 의원이 보라색 투피스를 입고 얌전히 앉아 있다. 때를 기다리는 앙겔라 메르켈이다. 그는 2년 전에 전임자인 볼프강 쇼이블레Wolfgang Schäuble를 몰아낸 독일 기독교민주연합CDU 의장이기도 하다. 당 명예총재인 헬무트 콜의 오른팔이자 전임 총리인 쇼이블레가 사임하도록 이끈 메르켈은 우니온 Union(독일 기독교민주연합과 바이에른 기독교사회연합의 통칭 – 옮긴이) 의장 프리드리히 메르츠Friedrich Merz도 끌어내릴 참이다. 쇼이블레, 콜, 메르츠 중 메르켈을 잊을 사람은 아무도 없다. 그들은 보수 여당의 순진한 수장이 머지않아 총리가 되리라는 사실을 아직 모르거니와, 그가 16년 동안이나 집권하게 되리라고는 더욱이 예상하지 못한다. 33년 동안 모스크바에서 지휘를 받은 동독의 독재 체제에서 살아온 그가 그날 초청된 연사를 어느 누구보다도 제대로 파악했다는 점 또한 아무도 몰랐다. 메르켈은 그날 모인 의원 대다수보다 훨씬 세심하게 푸틴의 코드를 간파했다.

2001년 9월 25일, 블라디미르 푸틴은 러시아어로 연설을 시작해서 미안하다고 사과했다. 그러더니 2분 30초 뒤에 느닷없이 독일어를 하기 시작했고, 의사당에서는 환호와 감동 섞인 박수가 터져나왔다. 이는 푸틴의 작전이었다. 그는 약속된 30분 중 나머지 시간을 괴테, 실러, 칸트의 언어로 채워갔다. 사실, 그는 독일어를 완벽하게 구사한다. 러시아의 젊은 대통령은 오랫동안 소련 정치국 요원으로 일하면서 기본적인 기술과 함께 독일어를 배웠다. 국가보안위원회KGB 소속 중령이던 시절에는 동독 드레스덴으로 파견되기도 했다. 그 무렵 거기서 조금 더 북쪽으로 올라가면 있던 동베를린에서는 물리학과 양자화학을 연구하던 앙겔라 메르켈이라는 과학자가 독일민주공화국 국가보안부인 슈타지Stasi의 관심에서 벗어나려고 꾀를 내고 있었다. 그래서 공공장소를 피해 친구들을 만났다. 이쯤에서 다시 의사당으로 돌아오자. 35분 동안 푸틴은 독일과 러시아라는 두 위대한 국가의 우정을 강조한다.

여기서 그는 비장의 무기를 꺼낸다. 1차 세계대전 당시 '러시아와 독일 국적을 가리지 않고' 다친 병사를 돌본 '루트비히 4세 폰 헤센 대공의 딸'과 예카테리나 2세라는 이름을 역사에 남긴 조피 프레데리케 아우구스테 폰 안할트체르프스트Sophie Augusta Frederica von Anhalt-Zerbst 등을 언급하며 양국의 역사적 관계를 떠올린다. 괴테와 도스토옙스키, 보리스 파스테르나크가 작업한 《파우스트》 번역 같은 양국의 문화 교류도 들먹인다. 그리고 마지막으로 그토록 바라던 메시지를 전한다. 바로 경제 협력이다. "오늘날 독일은 러시아의 최대 경제 파트너입니다. 독일은 우리의 주요 채권국이며 주요 투자국 중 하나이고 국제 정치를 논의하는 자리에서 핵심 상대국입니다." 그는 이렇게 말문을 열고 다음과 같이 끝을 맺는다. "우리가 이 정도에서 기뻐하고 이만한 성취에 만족할 수 있겠습니까? 나는 그렇게 생각하지 않습니다. 러시아와 독일이 마주 잡은 협력은 아직 성장 잠재력이 충분합니다. (…) 우리는 러시아의 심장이 힘차게 뛰리라 기대합니다. 그 심장은 협력과 동반자관계에 활짝 열려 있습니다." '무역과 투자에 문호를 활짝 열어젖힌 러시아'라는 말은 감미로운 노래처럼 독일 의원들을 사로잡았다. 이들은 만족했다. 석유나 천연가스를 대놓고 언급하지는 않았지만, 에너지에 의존하는 기업가와 산업계 종사자들은 그 노래를 들었다. 사실 모두가 들었다.

푸틴에게는 유리한 상황이었다. 2001년 9월 25일, 공동의 적이 출현하면서 양국 동맹이 그가 바라던 수준보다 한층 더 절실해졌다. 독일 의회 연설을 정확히 2주 앞둔 시점에, 비행기 두 대가 뉴욕 세계무역센터로 날아와 충돌했다. 미국을 상대로 일어난 테러 공격과 함께 21세기가 시작된 것이다. 독일 의원들뿐만 아니라 서방 사회 전체가 충격에 휩싸였다. 서둘러 미국을 향해 연대를 표명한 푸틴 대통령은 국제 정치에서 빼놓을 수 없는 주체가 될 기회를 잡았다. 이미 자크 시라크 프랑스 대통령에게 지지를 받은 터였다. 보리스 옐친 전 러시아 대통령이 자신의 후임을 지지해달라고 시라크 대통령에게 드러내놓고 부탁한 적도 있다.

독일 의원들 앞에 선 푸틴은 이슬람 세력에 맞서야 한다고 강조한다. 자신도 이슬람 세력의 피해자라고 주장한다. 그는 테러 공격이 "실재하는 무자비한 위협 중 새로운 형태"라고 상기시키며, 1999년 폭탄 테러로 숨진 "무고한 민간인 수백 명"을 언급한다. 그러나 그 공격은 체첸 테러리스트들이 아닌 러시아 정보기관이 푸틴의 권력을 강화하고 체첸전쟁을 정당화하려고 벌인 자작극이었다는 사실이 훗날 드러날 것이다. 독일 의사당에서 푸틴은 새로운 우정, "국민 안전을 위해… 뭉친 위대한 유럽"을 강조한다. "의원 여러분, 세계는 훨씬 더 복잡해졌습니다. 오늘 우리는 분명히 말해야 합니다. 냉전은 끝났습니다." 푸틴은 이미 설득된 청중을 완전한 자기 편으로 만들기 위해 황금과도 같은 약속을 한다. "러시아 국내 정치에서 가장 큰 목표는 무엇보다도 국민의 민주적 권리와 자유, 안락한 생활수준, 그리고 안전을 보장하는 데 있습니다."

의원들이 기립한다. 그들은 여야를 가리지 않고 거의 한 사람도 빠짐없이 푸틴에게 박수갈채를 보낸다. 그동안 비민주 체제에 적대적이던 독일 녹색당Grüne 의원들마저도 예외가 아니다. 구소련 위성국 반체제 인사들을 지원했고, 현재 독일 연정을 함께 구성하는 사회민주당SPD(사민당) 의원들이 새 러시아 대통령에게 열광하는 태도도 못마땅해하던 그들인데 말이다. 그들은 체첸전쟁, 그로즈니를 초토화한 대규모 폭격, 민간인 수천 명을 학살한 일도 비난하던 사람들이었다.

정부석에 있던 녹색당 소속 요슈카 피셔Joschka Fischer 외무부장관은 심드렁하게 박수를 친다. 기독교민주연합석에 자리한 메르켈도 마찬가지였다. 그는 심기가 불편하다. 의회를 열광에 빠뜨린 가짜 모범생은 그가 알던 전직 KGB 요원으로서 보인 과거 행적과 위장 기술을 지워내지 못했다. 게다가 푸틴은 독일어를 완벽히 구사하면서도 억양이 이상하고 R을 약간 굴리는 습관이 있었다. "냉전은 끝났습니다"라고 말할 때 "**Das** kalte Krieg ist vorbei"라고 하지 않고 "**Da** kalte Krieg ist vorbei"라고 이상하게 발음했다. 메르켈은 그런 러시아 대통령의 성대모사를 우스꽝스럽게 곧잘 한다. 어느 날엔가는 프랑스 관료에게 "애써 부드러운 목소리로 말하는 독일어를 듣고 있으면 못 참겠어요. 소름이 돋는다니까요. KGB가 말하는 것처럼 들려요"라고 털어놓은 적도 있다.

몇몇 조심스러웠던 반응을 제외하면, 박수갈채를 보낸 의원들 사이에서 엇갈리는 목소리는 나오지 않았다. 라디오, 텔레비전, 신문 중에도 푸틴의 의회 연설을 비판하는 시각은 한 군데도 없었다. 독일 주간지 〈디 차이트Die Zeit〉나 〈슈피겔Der Spiegel〉, 심지어 보수 일간지인 〈디 벨트Die Welt〉까지도 혼란스럽던 보리스 옐친 시대 이후 러시아의 질서를 재정비할 위대한 대통령을 칭송했다. 1994년 옐친 대통령이 콜 총리, 미테랑 프랑스 대통령과 함께 러시아의 유럽재래식무기감축조약CFE 탈퇴를 논의하기 위해 베를린을 방문했을 때만 해도 독일 국민은 충격에 빠졌다. 술에 취해 무대에서 비틀거리며 춤을 추던 옐친의 모습은 그가 러시아 핵무기를 다룰 수 있을까 하는 의구심을 던지며 전 세계를 경악하게 만들었다. 그보다 두 달 전에도 캐나다에서 만취한 상태로 건배를 제안하던 그를 빌 클린턴 미국 대통령이 구해줬다.

독일 의사당에서 터져나온 기립박수는 긴 안도의 한숨이었다. 자기 규율이 확실하고 유도도 상당히 잘하며 검소하고 예의 바른 푸틴은 헐값에 기업을 사들여 집안의 부를 쌓았고 기업인들이 삽으로 암살당할 만큼 자유가 통제되지 않는 국가의 수장이자 부패한 알코올 중독자인 옐친과는 상반된 완벽한 모델이었다. 푸틴은 새로운 러시아의 약속이었다. 대낮에 길거리에서 칼 맞아 죽는 일은 더는 없을 터였다. 마피아의 힘도, 만연한 부패도 이제는 끝이라고 믿고 싶었다. 기업들도 독일과 러시아의 관계가 부흥하고 투자가 회복되기를 기대하며 꿈에 부풀었다. 유럽과 미국, 나토 사령부에 이르기까지 푸틴은 희망을 상징했다. 소련이 붕괴하기 전인 1989년 프랑스 스트라스부르에서 미하일 고르바초프가 거론했던 '공동의 집'을 언급하며 '분열'을 아쉬워한 그다. 사실 그가 말한 분열은 1991년 해체된 바르샤바조약기구 가맹국인 폴란드, 체코, 헝가리가 1997년 나토에 가입한 일과 발트3국을 포함한 여러 국가가 나토에 가입하려는 움직임을 가리키는 발언이었다. 그는 협력과 안보를 위해 유럽을 다시 통합하자는 의지를 강조했다. 냉전 종식을 외친 사람은 그만이 아니었다. 서방이 보기에도 '냉전은 끝났다'.

2002년 조지 W. 부시 미국 대통령은 대테러 전쟁에서 러시아와 관심사가 같다고 밝혔다. 프라하 정상회담에서 나토는 푸틴의 러시아에 나토-러시아 협의회NATO-Russia Council를 열고 협력하자고 제안했다. 1년 뒤에 토니 블레어 영국 총리는 이라크전쟁을 둘러싸고 갈등을 빚는 상황에서도 경제관계와 대테러 전쟁을 강화하기 위해 푸틴의 국빈 방문을 추진했다. 새로운 러시아와 가까워지기를 희망하는 분위기가 꿈틀거렸다. 러시아 최대 에너지

기업인 가스프롬은 주요 시장인 유럽 국가들을 상대로 대규모 다변화 계획을 펼쳤다. 러시아의 인권 상황과 푸틴이 일으킨 야만스런 체첸전쟁을 꿰뚫고 있던 비정부기구와 기자들을 제외하면 모두 푸틴이 훌륭하다고 생각했다.

　그러나 관찰력 있는 사람들은 거대한 제국주의 계획의 첫 번째 신호를 이미 눈치챌 수 있었다. 푸틴은 경제를 압박하고 핵심 산업을 통제하는 방식으로 옛 소련 공화국들에서 러시아의 영향력을 강화했다. 그는 잠재적 테러 공격을 빌미로 대규모 군사 공격을 감행해 체첸을 초토화하고 체첸 독립을 거부했다. 전쟁이 휩쓸고 간 도시들의 모습은 우크라이나 전쟁의 전조였다. 푸틴은 1994년에 이미 크림반도를 회복하길 원한다고 발표했다. 그러나 경제 이익과 이데올로기가 결탁하면서, 서방은 시선을 돌린다. 푸틴은 프랜시스 후쿠야마가 주장한 '역사의 종말'이라는 예쁜 우화를 서방인들이 믿게 만들었다. 소련이 붕괴한 사건은 자유민주주의와 시장 경제가 승리했다는 뜻이라는 것이다. 서방은 세계 2위 핵 강대국인 소련이 국제사회에 편입하고 다자주의에 참여해서 외국인들에게 매력적인 투자처가 되도록 도와야 했다. 모두의 행복을 위해. 서로 우호가 넘쳐나는 분위기에서 독일은 조금씩 러시아의 유럽 지역 홍보 에이전트가 되어갔다. 독일 경제가 한창 성장하는 추세였고, 가스관 덕분에 유럽이 저렴하게 공급받을 수 있는 주요 에너지원인 천연가스가 필요했기 때문이다.

푸틴이 단상에서 내려오자, 슈뢰더가 일어나 살갑게 인사를 건넨다. 그가 아직 진보적 노동시장 개혁안인 하르츠 법안을 마련하기 전이었다. 1998년에 총리로 선출된 슈뢰더가 보기에는 경제 교류를 힘의 동력으로 여기는 러시아 대통령의 연설이 자신의 정치적 목표와 딱 맞아떨어졌다. 두 마초는 잘 맞는 짝꿍이었다. 그들은 스스럼없이 남성성을 드러내고 서로를 추켜세웠으며 독일어라는 언어를 공유했다. 영어도 잘하지 못하지만 그 밖의 다른 외국어도 할 줄 모르는 슈뢰더가 운이 좋았다. 그는 러시아 대통령이 유럽의 다른 국가원수와 정부를 마다하고 독일에 와준 점을 뿌듯해했다.

그래서인지 두 사람이 친하다는 걸 과시하고 싶어 안달이었다. 베를린 거리를 거니는 두 사람 모습이 연일 언론에 보도됐고, 드레스덴에서도 슈뢰더는 자신의 전리품인 푸틴을 카메라 앞에 세웠다. 푸틴은 이 기회를 빌려 가스프롬이 독일 축구 1부 리그에 속한 FC살케04의 새로운 후원사가 될 예정이라고 밝혔다. 1985년부터 1990년까지 모스크바에 보낼 보고서를 작성하던 건물 앞에 다시 선 전직 KGB 요원과 그를 보며 활짝 웃는 슈뢰더의 모습은 훈훈했다. 두 사람 사이에는 원대한 계획이 있었다. 러시아와 독일은 2004년에 전략적 동반자관계를 체결했다. 여기에는 특히 발트해 해저에 러시아와 독일을 잇는 파이프라인을 건설한다는 계획이 포함됐다. 이 계획은 2005년에 승인됐고, 푸틴이 독일 의사당을 방문하기 직전인 2001년 4월에 이미 타당성 조사가 결정됐다. 푸틴과 슈뢰더 사이에 악마의 협약이 체결되는 중이었다. 이 협약은 20년 동안 지속된다. 2022년 2월 24일 러시아가 우크라이나를 침공하면서 거의 완벽했던 덫이 산산조각 날 때까지 말이다. 그 20년 동안 노르트스트림이라는 반역자가 태어나고 죽었다.

몇 시간 간격으로 발트해에서 거대한 물거품이 동시에 일었다.
덴마크 군대는 서로 70km 떨어진 두 지점에서 발생한 이
이례적 현상을 보고했다. 보른홀름섬 남동쪽과 북동쪽은 모두
덴마크와 스웨덴의 배타적 경제수역이다. 지름이 200m에서
1km에 달하는 거대한 메탄 거품들은 러시아와 독일을 잇는 해저
가스관 노르트스트림1과 2에 뚫린 구멍 네 군데에서 올라왔다.
폭발할 당시 두 가스관은 우크라이나 전쟁 때문에 가동이
중단됐으나 천연가스로 가득 차 있었다. 노르트스트림1은 10년
동안 운영됐고, 노르트스트림2는 아직 개통되기 전이었다.
파이프라인은 각각 괸이 두 개였다. 총 네 개의 관 중 세 개가
파손됐다.

스웨덴 국립지진네트워크SNSN에 따르면, 강력한 해저 폭발이 두 차례 일어난 뒤에 가스가 누출됐다. 첫 번째 폭발은 9월 26일 새벽 2시 3분에 보른홀름섬 남동쪽에서 감지됐고, 두 번째 폭발이 일어난 시각은 같은 날 저녁 7시 4분이었다. 가스 누출은 각각 오후 1시 52분과 저녁 8시 41분에 보고됐다. 지진과 핵폭발 탐지 전문기관인 노르웨이 지진연구소NORSAR는 두 번째 폭발을 일으킨 폭탄의 양을 700kg으로 추산했다.

사보타주일 가능성이 높게 점쳐졌다. 러시아 군대가 우크라이나 침공을 시작한 지 정확히 7개월째 되던 시점이었다. 폭발은 나토 관할권인 발트해에서 일어났다. 발트해는 나토 회원국이거나 회원국이 될 예정이던 스웨덴과 핀란드를 포함해 8개국이 둘러싸고 있다. 공격으로 발생한 폭발이라면 우크라이나 전쟁의 전장이 국경을 넘어선 사건이다.

천연가스
자살

전선이나 가스관을 건드린 자는
죽음을 맞았다.

"올리가르히 : 과두제 권력자이자 일원. 특히 1930년대에 소수 사람이 경제 권력을 차지하던 구소련 체제의 구성원."

_《르 로베르 사전Dictionnaire Le Robert》

러시아 올리가르히는 능력 있는 기업가뿐만 아니라, 1990년대에 소련이 붕괴하고 뒤이은 민영화 과정에서 영리를 추구하는 기업이나 산업체를 운영하도록 허가를 받은 '신흥 부자'를 아우르는 계층이다. 이렇게 발 빠르게 부를 축적한 특권층은 암묵적으로 치러야 할 대가가 있었다. 말하자면, 20년 넘게 한 사람 이름으로 존재하는 체제에 복종해야 했다. 그 사람이 바로 블라디미르 푸틴이다. 올리가르히는 정치적으로 푸틴의 봉신이기에, 재산을 언제든지 국가에 내주어야 한다. 미하일 호도르콥스키Mikhail Khodorkovsky는 이 규칙을 벗어나려 했다. 러시아 석유회사 유코스Yukos의 회장이던 그는 푸틴 체제를 공개 비난했고, 야권이 지지하고 민간단체들이 돈을 대는 부패 시스템을 고발했다. 그러다 2003년에 체포되어 금융 사기와 권력 남용을 죄목으로 유죄 판결을 받고 10년 동안 시베리아에 수용됐다.

최근에는 연달아 자살 사건이 터졌다. 가장 먼저 라빌 마가노프Ravil Maganov가 "모스크바 중앙병원 6층 창문으로 뛰어내려 추락사했다." 2022년 9월 1일 러시아 통신사 인테르팍스가 전한 소식은 이렇다. 그러나 러시아 최대 석유기업 루크오일LUKoil의 회장인 마가노프가 어쩌다가 추락하게 됐는지는 밝히지 않았다. 처음에는 그가 추락으로 부상을 입고 숨졌다고만 전해졌다. 그런데 몇 시간 뒤에 루크오일 쪽에서 사망 원인을 수정했다. 루크오일이 인테르팍스에 보낸 내용은 첫 기사와 약간 달랐다. 회장이 '중병으로' 사망한 소식을 발표하게 되어 애석하다고 밝힌 것이다. 인테르팍스는 세 번째 기사에서 경찰 소식통을 인용했다. 68세인 마가노프가 심장 발작으로 입원했고 우울증 약을 복용하고 있었다고 전하며, 그가 창문으로 몸을 던져 스스로 목숨을 끊었다고 결론 내렸다. 마가노프는 1991년 창립한 석유 그룹의 역사적인 경영인 중 한 사람이었고, 그룹 이름도 직접 지었다. 2022년 3월 루크오일은 러시아 대기업과 고위 간부들에게, 서방이 제재에 나서면 입게 되는 피해를 방지하기 위해, 러시아 기업으로서는 매우 드물게 우크라이나 전쟁을 멈추자고 호소했다.

여기서 인테르팍스 통신 기사에 나오지 않는 상세한 부분을 언급할 필요가 있겠다. 마가노프가 추락사하기 전에 입원한 병원은 스탈린 시대부터 '크렘린의 병원'으로 알려진 시설이다. 주로 정부 고위 관료와 책임자들이 그곳에서 치료를 받는다. 마가노프가 죽기 이틀 전인 2022년 8월 30일에 미하일 고르바초프 전 대통령이 91세로 사망한 곳도 바로 이 병원이다. 의도치 않게 소련을 붕괴로 이끈 그의 유해가 이 병원에서 며칠 동안 전시됐다. 9월 1일 푸틴 대통령도 화환을 들고 방문해 마지막 경의를 표시했다. 그런데 바로 그날 마가노프 회장이 긴 병환인지 심장 발작인지 우울증인지 자살인지 모를 원인으로 6층에서 추락사했다.

우크라이나 전쟁이 시작된 2022년 한 해에만 스무 명 넘는 러시아 기업 경영인과 올리가르히가 의심스러운 정황에서 홀로 또는 가족과 함께 러시아 국내외에서 사망했다. 전 세계 언론이 그 수를 헤아려보려 했지만 완전한 목록을 작성하는 데 어려움을 겪었다. 〈시드니 모닝 헤럴드Sydney Morning Herald〉는 2023년 1월 1일까지 총 23명을 확인했다. 과연 사망자들은 일부 보고서가 암시하듯 러시아에 닥친 경제 제재 때문에 절망에 휩싸여 자살한 것일까? 충격스러운 정황과 때때로 몸에 남은 구타 흔적을 감안하면 그런 시나리오는 회의적일 수밖에 없다. 사망자들 사이에 공통점이 있다면 모두 1990년대에 급속하게 기업을 민영화하는 과정에서 등장한 '신흥 재벌'이라는 사실이다. 그중 두 명은 같은 건물에 살기도 했다. 더 자세히 들여다보면 그들 대부분이 에너지나 금융 분야에 몸담았다는 사실을 알 수 있다. 대개 천연가스나 석유 부문 대기업과 관련 있고, 일부는 가장 큰 기업인 가스프롬과 줄이 닿는다. 친연가스를 생산 및 수출하는 세계 최대 기업인 가스프롬은 1992년에 민영화됐지만, 여전히 국가에서 관리하며 정부와 긴밀히 얽혀 있다. 또한 노르트스트림1과 2의 최대 주주이기도 하다.

2022년 1월 30일, 가스프롬 운송 책임자인 레오니트 슐만 Leonid Schulman이 상트페테르부르크에 있는 자신의 별장 욕실에서 숨진 채 발견됐다. 그의 나이 60세였다. 시신 옆에서 유서가 발견됐다. 2월 25일에는 가스프롬 재무 담당 임원인 알렉산드르 튤라코프Alexander Tyulyakov가 자택에서 목을 매 숨진 상태로 발견됐다. 그는 동료인 슐만과 같은 건물에 살았다. 수사관들은 자살로 결론을 내렸으나, 다른 보고서들에 기록된 구타 흔적이 고개를 갸우뚱하게 만든다. 2월 28일에는 재벌인 66세 미하일 와트포드Mikhail Watford가 집에서 목을 매 숨졌다. 3월 23일에는 억만장자인 41세 바실리 멜니코프Vassili Melnikov가 가족과 함께 칼에 찔려 사망했다. 4월 18일 모스크바에서는 가스프롬방크(가스프롬의 금융 자회사이자 러시아 3위 은행) 부총재인 51세 블라디슬라프 아바예프Vladislav Avayev의 시신이 아내와 13세 아들의 시신 옆에서 권총을 손에 쥔 모습으로 발견됐다. 바로 그다음 날에도 천연가스 생산기업 노바

텍의 회장인 55세 세르게이 프로토세냐Sergey Protosenya가 에스파냐 별장에서 목을 맨 채 발견됐다. 옆에는 칼과 도끼로 살해된 아내와 딸의 시신이 있었다. 5월 9일에는 43세 알렉산드르 수브보틴Alexander Subbotin이 두꺼비독에 중독되어 사망했다. 그는 9월에 병원 6층에서 뛰어내린 마가노프 회장이 경영하던 루크오일의 임원이었다. 7월 4일에는 61세 유리 보로노프Yuri Voronov가 상트페테르부르크 저택 수영장에서 발견됐다. 전문가들에 따르면 머리에 총을 맞아 사망했다고 한다. 권총도 수영장에서 발견됐다. 보로노프는 가스프롬과 계약을 맺은 기업의 수장이었다. 이 사건을 수사한 러시아 위원회는 "거래 당사자들 사이의 갈등"이 원인일 것으로 추정했다. 그의 아내는 남편이 동료들에게 사기를 당한 것으로 생각했다고 수사관들에게 진술했다.

전쟁이 발발한 뒤로 사망자 목록은 매달 늘어났다. 2022년 9월 10일, 39세 이반 페초린Ivan Pechorin이 이그나티예프곶 해상에서 실족사했다. 파티를 벌이던 요트에서 술에 취해 떨어졌다고 한다. 이틀 뒤에 그의 시신이 블라디보스토크 근처 루스키섬까지 떠내려와서 발견됐다고 프랑스 뉴스 사이트인 〈베엘VL〉이 전했다. 페초린은 푸틴이 '극동북극개발공사KRDV 항공 산업 총괄'로 임명한 인물이다. 푸틴이 국제사회 제재에 대응하려고 수립한 이 프로젝트는 석유 자원이 풍부한 극동과 북극 지역에서 에너지와 광물 자원을 개발하는 것이 목표였다. 천연가스 개발은 가스프롬이 맡았다. 페초린은 같은 해 2월 8일에 뇌출혈로 사망한 43세 이고르 노소프Igor Nosov의 후임이었다. 익사하기 전에 페초린은 블라디보스토크에서 9월 5일부터 8일까지 열린 동방경제포럼 조직을 맡은 책임자였다. 이 행사에는 푸틴 대통령도 참석했다. 시진핑 중국 주석이 포럼에 참가하지 않은 점을 두고 푸틴이 탐탁지 않게 여겼다고 한다. 9월 22일에는 72세 아나톨리 게라셴코Anatoly Gerashchenko가 모스크바의 어느 계단에서 추락했다. 그는 모스크바항공대학교 총장을 지낸 인물이다. 응급차가 현장에 도착했지만 손쓸 방법이 없었다. 국방부와 관련 있는 국립항공기술대학에서 그의 죽음을 확인했다.

천연가스와 뒤얽힌 사망자들은 비밀을 품고 떠났다. 그들은 러시아산 천연가스를 유럽에 판매하는 사안에 동원된 네트워크, 자금 운용, 기밀을 둘러싸고 많은 내용을 알고 있었다. 서방 민주국가들을 상대로 크렘린궁의 영향력과 간섭을 늘리기 위한 책략의 중심에 있던 이 광대한 시스템은 우크라이나 전쟁 이전까지 작동했다. 이탈리아 일간지 〈라 스탐파La Stampa〉가 논평한 대로 "전선이나 가스관을 건드린 자는 죽음을 맞았다".

크렘린 대궁전 게오르기옙스키 홀의 환한 등불 아래 러시아
특권층을 대표하는 사람들이 모였다. 블라디미르 푸틴은 의원,
장관, 주지사, 주의원, 종교 지도자, 공기업 대표들 앞에서
우크라이나의 도네츠크, 루한스크, 자포리자, 헤르손을 공식
병합한다고 발표했다. 전체 혹은 부분적으로 러시아의 지배를
받았던 이 네 지역은 이번 주에 실시한 이른바 '국민투표'로
러시아 병합에 '찬성표'를 던졌다.

서방을 향해 독설이 가득한 연설을 하며, 러시아 대통령은
"앵글로색슨족"이 노르트스트림 폭파 사건의 배후라고 지목했다.
그는 미국이 유럽에 "압력을 행사"하고 "유럽 에너지 시장을
차지"하려고 "사보타주"를 벌였다고 비난했다. 그러고 나서

"사실은 미국이 유럽의 에너지 시설을 파괴하기 시작했다"고 언급하며 "이것이 팩트다!"라고 주장했다. 그는 "이것이 팩트다"라는 말을 몇 차례나 반복했다.

　우크라이나는 러시아가 폭파를 자행했다고 주장했다. 우크라이나 대통령 고문인 미하일로 포돌랴크Mykhailo Podolyak는 "노르트스트림에서 대규모로 가스가 누출된 사건은 러시아가 계획한 테러 공격이나 마찬가지며, 유럽연합을 겨냥한 공격 행위이다"라고 자신의 트위터에 밝혔다.

해저
200억

N
O
R
D
S
T
R
E
A
M

3

총 공사비가 노르트스트림1은
약 74억 유로였고, 노르트스트림2는
110억 유로였다. 200억 유로가
고스란히 바다에 묻힌 셈이다.

，，

노르트스트림이 폭발하고 러시아 신흥 재벌들의 자살 사건이 잇따르는데도 해변은 잠잠하기만 했다. 발트해를 마주 보는 아름다운 휴양지 루브민에서는 모든 것이 평화로웠다. 이곳은 고운 모래사장이 끝없이 펼쳐지는 해안, 바위, 정겨운 솔숲, '바다에서 깨끗한 바람이 불어오는' 온화한 해양성 기후를 자랑하는 독일 관광지다. 휴가객들은 신나게 물장구치며 노는 이 천국 같은 휴양지에서 멀지 않은 곳에 거대한 산업체가 있다는 사실쯤은 쉽사리 잊을 수 있을 것이다.

　　그곳에는 옛 동독에서 최대 규모였지만 지금은 폐쇄된 원자력발전소가 있고, 엔진 윤활유 생산 공장과 산업 항만은 물론, 러시아에서 줄발하는 가스관 두 개가 도착하는 거대한 시설이 들어서 있다. 그 두 가스관이 2022년 9월 26일 발트해 해저에서 폭발하는 바람에 유명해진 노르트스트림1과 2다. 각각 관이 두 개인 노르트스트림 1과 2는 거의 비슷한 위치에 설치됐다. 서로 약 300km 떨어져 있는데, 서시베리아에 있는 천연가스 매장지에서 상트페테르부르크를 거쳐 발트해로 뻗어나간다. 노르트스트림1은 핀란드 국경과 가까운 비보르크Vyborg 압축 기지에서 출발하고, 노르트스트림2는 에스토니아 국경과 가까운 우스트루가Ust-Luga에서 시작해 더 남쪽으로 뻗어 조금 더 길다. 두 파이프라인은 루브민Lubmin에서 만나, 내륙으로 20km가량 들어온 독일 그라이프스발트Greifswald에서 끝난다. 이곳에서 유럽으로 퍼져나가는 가스관과 연결된다.

폭발로 생긴 구멍은 시멘트와 유리섬유, 강화 플라스틱으로 막아놓은 상태다. 모든 조치는 선박, 닻, 해류, 빙산을 피해 파이프라인을 보호하기 위한 방편이었지, 폭발물을 염두에 둔 대책은 아니었다. 재미있는 얘기를 덧붙이자면, 전략 도시가 된 루브민과 그라이프스발트는 둘 다 메클렌부르크포어포메른주 서쪽에 있다. 이주는 30년 동안 앙겔라 메르켈의 선거구였다. 메르켈은 슈뢰더에 이어 노르트스트림2 건설 계획을 지지했다.

묘비와 '이곳에 세계 최대 해저 가스관인 노르트스트림2 잠들다'라는 묘비명만 없을 뿐이다. 길이가 각각 1222km와 1230km에 달하고 폭이 1.22m인 강철관의 연간 운송 능력은 550억m³였다. 발트해 해저를 따라 러시아에서 독일로 직접 수송하는 천연가스는 유럽 곳곳의 육상 가스관으로 이어진다. 노르트스트림은 기술상 대단한 업적이었다. 그렇게 긴 파이프라인이 바다를 건넌 일은 없었기 때문이다. 북해에서 노르웨이와 영국을 잇는 파이프라인이 그 뒤를 바짝 쫓았다.

노르트스트림1과 2는 러시아 영해에서 출발해 러시아, 핀란드, 스웨덴, 덴마크, 독일의 배타적 경제수역을 차례로 지나 독일 영해에 도착할 때까지 국경을 넘나들었다. 첫 번째 파이프라인은 2011년 4월 22일에 완공됐고, 같은 해 11월에 개통됐다가 2022년 9월 2일에 푸틴의 결정으로 폐쇄됐다. 푸틴은 잠정적 기술 문제가 의심된다고 설명했으나, 전쟁에 들어간 러시아를 제재하고 나선 유럽연합에 보복하기 위해 내린 결정이었다는 사실이 밝혀졌다. 두 번째 파이프라인은 2021년 9월에 완공됐는데, 2019년 12월 파이프라인에 관여한 기업들을 대상으로 미국이 제재를 내린 이후에 공사가 중단됐다가 2020년에 러시아와 독일이 협약을 맺고 공사를 재개했다. 그러나 2022년 2월 22일에 숄츠 총리의 결정으로 가동이 중단됐다. 러시아군이 우크라이나 국경을 넘기 이틀 전이었다. 2022년 9월 26일 발트해에서 파이프라인이 폭파됐을 때는 천연가스로 가득 차 있었지만 가동 중은 아니었다.

두 파이프라인은 '흰 코끼리' 목록에 추가됐다. 비용이 어마어마하게 들었지만 쓸모가 없는 대규모 프로젝트를 불교에서 신성한 동물로 받드는 흰 코끼리에 비유한다. 흰 코끼리는 일을 하지 않아도 되고 아무런 노력을 기울이지 않아도 되며 무언가에 소용이 없어도 되는 동물이다. 쓸모도 없는데 비싸기만 하고 어쩌다가 선물로 받으면 꾸준히 정성을 쏟아야 한다. 세계 곳곳에 그런 흰 코끼리가 있다. 중국 둥관시에 들어선 세계 최대 쇼핑몰 신화난몰, 대서양 횡단 여객선이던 영국의 SS그레이트이스턴, 여객기 콩코드, 여객선 프랑스, 부쿠레슈터 의사당, 브뤼셀 정의궁 등이 그런 사례다. 이런 흰 코끼리는 찬란한 번영을 누리던 시대에 불어닥친 열풍 속에서 과시욕에 들떠 수립된 계획이다. 금융 가치는 대단히 높을지언정 물려받을 후대에는 그야말로 재앙이다.

그러나 다른 거대한 건축물과 비교해 노르트스트림1과 2는 설계 목적이 무해하지 않았다. 이 두 파이프라인은 러시아가 우크라이나를 침공할 때까지 푸틴이 손에 쥔 전쟁 무기였고, 유럽이 내보인 호의와 순진함의 상징이었다. 총 공사비가 노르트스트림1은 약 74억 유로였고, 노르트스트림2는 110억 유로였다. 200억 유로가 고스란히 바다에 묻힌 셈이다. 두 마리 흰 코끼리가 아닌 검은 코끼리가 발트해 밑에 누워 있다.

두 파이프라인은 유구한 역사의 결실이자 미친 결말이다. 말하자면, 1945년 이후 펼쳐진 냉전시대에 소련과 유럽 대륙 여러 국가가 맺어온 우정의 역사다. 그중에는 소련의 숙적인 독일도 포함된다. 1970년대로 들어서면서 천연가스 수요가 증가했다. 그때 소련이 서유럽에 천연가스를 대규모로 공급하기 시작했다. 러시아에서 천연가스 매장지는 19세기에 최초로 발견됐고, 가스관은

1946년 이후에 개발됐다. 그러나 천연가스를 대량으로 채취할 기술이 부족하던 시절이어서, 소련은 석유 채굴에 집중했다. 유전에서 천연가스가 나오면 일부를 산업과 난방에 쓰고 나머지는 현장에서 태워버렸다. 주변 지역 주민들은 그때 하늘로 치솟는 화염을 신기한 듯 바라보았을 것이다. 1960년대에는 천연가스가 파이프라인을 타고 소련 진영에 속하는 유럽 국가들로 수송되기 시작했다. 1968년에 최초로 가스관이 우크라이나에서 오스트리아 바움가르텐까지 개설됐다. 이렇게 해서 소련산 천연가스가 처음으로 서유럽에 대량 수출됐다.

매장량이 매우 풍부한 시베리아 서부 우렌고이 가스전을 소련이 개발하기 시작한 건 1970년대 일이다. 이 가스전은 현재 러시아를 포함한 세계에서 손꼽히는 천연가스 생산 기지 중 한 곳이다. 카네기국제평화재단 에너지 전문가인 세르게이 바쿨렌코Sergey Vakulenko는 "그때 소련은 딜레마에 빠져 있었다. 거대한 가스전을 개발하려면 아주 많은 파이프라인을 건설해야 했다. 가스관이 커야 했고 곳곳에 매우 강력한 펌프 터빈도 설치해야 했다"고 설명한다. "하지만 제강소도 없었고 건설비를 충당할 자금도 없었다. 그래서 서독과 세기의 계약을 체결했다. 소련이 천연가스를 보내면 서독이 가스관과 설비를 제공하고 독일 은행들이 대출을 보증해준다"는 내용이었다. 이렇게 해서 1973년에 브라더후드Brother-hood(브라트스트보)라는 가스관이 탄생했다. 소련과 독일을 잇는 최초의 가스관이다.

이와 더불어, 동방정책도 탄생했다. 빌리 브란트Willy Brandt 당시 독일 총리가 구상한 이 정책은 서독과 동유럽 국가들의 관계를 정상화하는 내용이었다. 후임자인 헬무트 슈미트Helmut Schmidt 총리도 시베리아산 천연가스에 사활을 걸고, 소련과 유럽을 잇는 두 번째 대규모 가스관 건설을 시작했다. 가스관 이름은 소유스Soyuz(통합)다. 때는 바야흐로 동서 진영의 긴장이 완화되고 교역이 이뤄지던 시대였고, 파이프라인 건설 계약이 여러 건 체결됐다. 수십억 마르크에 달하는 프로젝트가 바이에른주에서 시작됐고, 독일 경제부 장관이 기념식에 참가해 우정을 표시했다. 소련은 외화를 챙겼고 독일은 천연가스를 얻었다. 모두에게 이득이었다.

소련은 이내 세계 최대 천연가스 수출국 반열에 올라섰고, 유럽, 특히 전후 경제 개혁을 성공으로 이끌어 유럽 최대 산업 강대국으로 발돋움한 서독의 주요 공급원이 됐다. 1970년대에 독일은 미텔슈탄트Mittelstand, 곧 가족이 운영하는 중소기업의 덕을 톡톡히 보았는데, 이들 기업은 고품질의 재화와 서비스를 제공했다. 자동차, 화학, 공작기계, 전자 산업 부문에서 선두주자였던 서독은 세계에서 공산품을 대단히 많이 수출하는 국가 중 하나였다. 바로 이 시기가 '독일 경제의 기적'이라 불리는 시대이자 프랑스가 누린 '영광의 30년'이다. 고속 성장하던 유럽 경제는 쉴 새 없이 돌아갔다. 그러나 (네덜란드와 노르웨이를 제외하면) 천연가스 생산량이 거의 없었기 때문에 그 수요를 해결해야 했다. 그래서 소련과 맺은 우호가 강화됐다.

여기에 프랑스도 나섰다. 프랑스는 1982년 1월에 소련과 최초의 천연가스 협약을 체결했다. 이때 소련은 국제적 비난을 산 아프가니스탄 침공이 실패로 돌아가고, 해체되기 직전 마지막 시기를 보내고 있었다. 레오니트 브레즈네프Leonid Brezhnev가 소련 공산당 서기장과 최고평의회 상임위원회 의장으로 몇 달 더 권좌에 머물다가 심장마비로 사망했다. 소련의 명령대로 움직이던 폴란드 공산당에 저항한 독립자치노동조합 '연대'는 자유와 인권을 위해 용감히 싸웠다. 1980년에 많은 서방 국가가 참가 거부를 선언한 모스크바 올림픽에서 폴란드의 장대높이뛰기 선수 브와디스와프 코자키에비치Władysław Kozakiewicz가 5.78m를 뛰어넘으며 세계 신기록을 세웠다. 경쟁자였던 소련 선수를 물리치고 금메달을 확보한 그는 관중을 향해 '엿 먹으라'는 팔 동작을 하며 거만하게 웃어 보였다. 1981년 12월 13일에는 폴란드의 보이치에흐 야루젤스크Wojciech Jaruzelski 장군이 계엄령을 선포했다. 지식인과 노조원들이 체포되면서, 유럽과 미국에서 여론이 들끓었다.

이런 상황에서 1982년 1월에 피에르 모루아Pierre Mauroy 프랑스 사회당 정부가 프랑스가스공사와 가스프롬의 전신인 소련 가스산업부 장관이 체결한 천연가스 협약에 몰래 서명했다. 계약 체결 날짜인 22일에서 23일로 넘어가는 밤은 시기가 좋지 않았다.

그때는 폴란드에서 계엄령 이후 시위가 금지됐고 불법 감금이 자행되던 시절이었다. 우파인 야당과 좌파 일부가 피에르 모루아를 맹렬히 비난했다. '중상주의'라는 비난을 듣고, 피에르 모루아가 기막힌 답변을 내놓았다. "폴란드 국민에게 닥친 비극에 천연가스 공급이 부족한 프랑스 국민의 비극까지 더해야 합니까?" 이 대답이 지금도 통하기에, 더욱 놀랍다.

40년이 지나 우크라이나 전쟁이 최고조에 이르렀을 때 프랑스 의회와 다른 유럽 국가들, 그리고 제국주의 러시아가 지지와 좋은 친구를 기대하는 모든 곳에서 글자 하나 틀리지 않고 똑같은 문장을 들을 수 있었다. 냉전 한가운데서 맞붙은 토론은 2022년 겨울에 있었던 토론 전에 마시는 식전주처럼 보인다. 천연가스와 겨울 추위가 몰고 온 두려움이 토론에 불을 붙였다. 1981년 프랑스 대선을 몇 달 앞둔 시점에 프랑스 정당들은 아프가니스탄을 침공한 소련을 향해 어떤 태도를 보여야 할지 의견이 갈렸다.

조르주 마르셰Georges Marchais가 이끄는 공산당은 소련과 노선을 같이했지만, 사회당 당수였던 프랑수아 미테랑은 자유주의자인 발레리 지스카르데스탱Valéry Giscard d'Estaing 당시 대통령을 비난했다. 반체제 인사들을 박해하는 소련에 유화정책을 쓴다는 이유에서였다. 미테랑은 미국의 태도를 지지했다. 반대로 좌파였던 장-피에르 슈벤망Jean-Pierre Chevènement은 나토의 동유럽 핵미사일 배치 결정을 보고 "소련이 풍기는 위험은 과장됐다"고 평가했다. 지금에 와서 되돌아보면, 1980년에 미테랑이 보인 태도는 현재 마크롱 대통령이 입버릇처럼 말하는 '그러면서도'와 비슷하다. 야당인 사회당 수장이었던 미테랑은 "소련과 프랑스 사이에 우호를 다지고 좋은 조약을 체결해야 한다는 생각은 줄곧 해왔다. 그것은 유럽이 균형을 잡는 데 필요해 보인다. (…) '그렇다고' 호의로 우정을 맺을 수는 없다"고 말했다.

　미국과 유럽 국가들은 오늘날과 비슷한 말을 들먹이며 다퉜다. 로널드 레이건의 미국은 소련에 경제 제재를 단행해야 한다고 밝히면서, 유럽이 소련 손아귀에 스스로 걸려들어 위험한 의존성을 키우면 안 된다고 주장했다. 1982년 6월 18일, 미국 정부는 소련을 상대로 금수 조치를 내려서 5500km에 달하는 가스관 건설에 필요한 설비가 소련으로 들어가지 못하게 막았다. 소련은 천연가스를 이 가스관에 실어 시베리아에서 유럽으로 공급할 예정이었다. 유럽은 '미국의 강권'을 무시하고 여러 방식으로 저항했다. 마거릿 대처 영국 총리는 자유주의와 교역의 자유라는 명목하에 소련과 원하는 방식으로 교역하기를 희망했다. 헬무트 슈미트 독일 총리는 소련과 쌓은 우정을 내세워 '소련과의 무역 전쟁'에 합류하길 거절했다. 프랑스와 이탈리아는 '독립' 또는 '주권'을 명분으로 미국 노선을 따르지 않겠다고 거부했다.

　그래서 유럽과 소련 사이에 형성된 좋은 관계는 1990년대에도 유럽과 러시아의 관계로 이어받아 유지됐다. 독일이 펴던 동방정책도 빌리 브란트를 넘어 사회민주당과 보수 진영을 가리지 않고 이어 나갔다. 공식적으로 동방정책은 핵 강대국이 무너지지 않도록 하는 데 목적이 있었고, 그 좋은 의도는 독일의 이익을 해치지 않았다. 보수주의자인 헬무트 콜 총리는 보리스 옐친 대통령을 돕고 싶어서, 러시아의 부채를 탕감해줬다. 그 대가로 독일을 향해 천연가스가 대량 공급됐다.

1996년, KGB 후신인 러시아연방보안국FSB 신임 국장은 상황을 예의주시했다. 블라디미르 푸틴을 그 자리에 앉힌 장본인은 보리스 옐친 대통령이었다. 머지않아 푸틴은 총리가 된다. 그는 시장경제로 전환되고 국제 수요가 감소하면서 원유 가격이 폭락했다는 사실을 깨달았다. 반대로 천연가스는 가격이 그대로였다. 가스관 덕분에 운송비가 더 저렴했고 가격 변동성도 적었다. 수출도 대개 장기 계약이 많았다. 푸틴은 풍부하고 저렴한 천연가스가 세계에서 가장 많이 매장된 시베리아를 향해 유럽 국가들이 게걸스럽게 달려들 거라고 예상했다. 그런 만큼 유럽은 앞으로 더 친절해질 터였다. 이제 미끼만 잘 준비하면 됐다.

제독이 카페에서 만나자고 했다. 흰 바지와 남색 블레이저를 입은
그는 눈에 띄지 않는 카페 구석에 앉아 있었다.

　"발트해 파이프라인 폭파와 관련해서 제가 생각하는 지점은
지금으로선 두 가지입니다. 하나는 가스관이 폭발했다는 점이고,
또 하나는 누가 테러를 저질렀는지 밝혀지지 않았다는 점이죠.
해저 80m에 있는 가스관에 구멍만 낸다면 지극히 정교한
폭탄을 쓸 필요가 없어요. 그렇다고 누구나 할 수 있는 건 아니고,
비국가단체에 소속된 프로 잠수부들만 할 수 있는 작전입니다.
특수부대 출신에게 기술을 배워서 폭탄을 해저 80m까지
운반하고 설치할 수 있었을 겁니다. 폭탄이 동시에 터지도록
타이머를 조작할 수도 있고요. 한두 시간 정도면 충분합니다.

흔적을 남기지 않으려면 더 복잡하지만요."

"이런 작전에는 장비가 필요하니까 러시아, 미국, 프랑스, 영국 같은 해상 강대국만 가능한 거죠?"

"탄로 나지 않으려면 특정인을 지목할 수 있는 기술이 들어간 잔해가 바다 밑에서 발견되지 않을 폭탄을 사용해야 합니다. 잠수부들도 들키지 않아야 하고요. 그런데 발트해는 그렇게 큰 바다가 아니거든요. 늘 규칙적으로 감시된다고 봐야 한다는 얘기죠. 그래서 이런 일을 벌이려면 한 차원 높은 수단이 있어야 합니다. 잠수부들을 실어 나를 미니 잠수함 같은 거요. 20노트, 그러니까 시속 37km 이상으로 움직일 수 있는 걸로 말입니다. 그런 잠수함을 누구나 가지고 있지는 않겠죠. 조직도 있어야 하고, 육상 가스관을 터뜨릴 때보다 더 복잡한 수단들도 필요하고요. 그러니 아마추어들은 제외해야죠. 결정적인 요건은 지목을 피하는 겁니다. 테러를 벌이는 건 어렵지 않아요. 흔적을 남기지 않는 게 어려운 일이죠."

전쟁의 이름: 가스프롬

N
O
R
D
S
T
R
E
A
M

4

"

상트페테르부르크에서
가스프롬은 승승장구할 수 있었다.
가스프롬이 곧 푸틴 그 자체였기 때문이다.

,,

핀란드만 해안가에 터 잡은 라흐타센터는 발트해에 도전장을 내밀 듯 상트페테르부르크에 우뚝 서 있다. 러시아에서 가장 높은 건물로, 유럽을 통틀어서도 최고층이다. 높이 462m에 가늘고 긴 뾰족 아치가 총 87층인데, 그 모습이 마치 핵탄두를 땅에 박아놓은 듯하다. 유리로 만든 죽순 모양의 이 건물에 가스프롬 본사가 있다. 가스프롬은 러시아 최대 기업이자 전 세계 천연가스 산업의 선두주자로, 천연가스 생산과 수출 부문에서 세계 1위를 달리고 있다. 위대한 러시아의 위력을 전 세계에 보여주는 데 이보다 더 나은 상징이 있을까? 상징에 무척 민감한 푸틴은 1994년부터 2011년까지 17년 동안 모스크바센터에 있던 가스프롬 지휘부를, 1989년에 가스프롬이 설립되어 위치하고 있던 상트페테르부르크로 옮기기를 바랐다. 그때는 상트페테르부르크를 레닌그라드라고 불렀다. 가스프롬은 먼저 임시 사무실로 이전했다. 17억 유로를 들여서 몇 년에 걸쳐 공사한 끝에, 2018년 라흐타센터가 완공됐다. 이곳은 사무실 면적만 40ha에 이른다. 여기에서 노르트스트림1과 2가 시작되는 비보르크와 우스트루가의 압축 기지까지 거리가 각각 똑같다. 푸틴의 고향인 데다 그가 사랑하고 또 그의 출셋길이 열린 도시인 상트페테르부르크에서 가스프롬은 승승장구할 수 있었다. 가스프롬이 곧 푸틴 그 자체였기 때문이다.

구소련 지도자 중 최초이자 유일하게 상트페테르부르크, 다시 말해 러시아 북부 출신인 푸틴은 자신이 사랑하는 도시에 다시 빛을 비췄다. 표트르 1세가 세운 상트페테르부르크는 1917년에 러시아혁명이 일어나고 모스크바로 수도가 옮겨가면서 지위를 상실했다. 볼셰비키 급진파는 상트페테르부르크를 유럽에 다리를 벌린 첩이라 무시하며, 덕이 있고 성실히 일하는 농부 같은 모스크바를 선호했다. 푸틴의 유명한 전임자들은 예외 없이 모두 소련 남부와 중부 출신이었다. 레닌은 볼가강 연안에서 태어났고, 스탈린은 조지아, 니키타 흐루쇼프는 우크라이나, 브레즈네프는 카자흐스탄, 유리 안드로포프Yuri Andropov는 캅카스 북부 스타브로폴, 콘스탄틴 체르넨코Konstantin Tchernenko는 우크라이나, 고르바초프는 아조프해 인근 로스토프나도두, 옐친은 우랄 지역 예카테린부르크 출신이다. 발트해 주변 도시 출신 첫 지도자인 푸틴은 상트페테르부르크를 대신해 복수를 해줬다. 러시아 제국 옛 수도가 푸틴 제국의 수도, 천연가스의 수도, 가스프롬이라는 강력한 전쟁 무기의 수도가 된 것이다.

168cm 작은 키에 마르고 허약해 보이는 푸틴이 레오니트 브레즈네프의 음울한 시대에 소련식 교육을 받기 시작한 곳은 다름 아닌 레닌그라드 거리였다. 그는 자신보다 키 크고 힘센 건달들에게 얻어맞으며, 도시와 그 빈민들을 휘어잡은 악당들을 흠모했다. 악당이라고 하면 지역 마피아 대부들, 정보기관과 정치경찰, 군부에서 활동하는 것만으로 그 영향력을 가늠할 수 있는 '실로비키 siloviki'들을 가리킨다. 청소년 시절 푸틴은 레닌그라드와 깡패 집단에서 약점 보완하는 법을 배웠다. 그는 계단통에 몸이 낀 쥐들의 행동을 관찰하고, 유도 검은 띠를 따고, 애국심에 호소하는 스파이 영화를 보며 차가운 미소를 짓는 무적 영웅들에게 매료됐다. 그가 권력 꼭대기까지 오를 수 있도록 그를 보호하고, 또 그가 감싼 사람들, 이른바 '상트페테르부르크 패거리'를 만난 곳도 여기다. 17세 때 KGB에 찾아가서 봉사를 한 곳도, 대학에서 법학 공부를 마치고 KGB에 취직한 곳도 여기다. 그는 1975년부터 1984년까지 9년 동안 대간첩 조직에서 일하다가 스파이 교육을 1년 받고 모스크바로 파견됐다. 이때 가명이 '블라디미르 플라토프'였다. 1985년, KGB 레닌그라드 지부장을 지낸 바실리 슈밀로프Vassili Choumilov가 드레스덴에서 지휘하던 동독 슈타지 소속 KGB 대표부에서 일해보지 않겠느냐고 제안했다. 이 모든 일이 레닌그라드에서 펼쳐졌다.

베를린장벽이 무너진 직후에 푸틴이 돌아온 곳도 레닌그라드였다. 베를린장벽이 무너진 순간, 드레스덴에서 KGB 중령으로 누리던 평안한 생활이 갑자기 흔들렸다. 푸틴은 드레스덴에서 5년 동안 평범하게 지냈다. 소련 정보기관인 체카 요원 다섯 명으로 구성된 팀에 소속되어 동독 지역 정보부와 협력했다. 모집할 만한 요원들의 파일을 모으며, 해이해진 분위기와 정치범들을 석방하기 시작한 고르바초프의 페레스트로이카를 한탄하기도 했다. 드레스덴에서 그와 동료들은 영광 없는 편안함 속에 하릴없이 지냈다. 그러다가 1989년 반정부 시위가 폭동으로 번지면서 처음으로 공포를 느꼈다. 푸틴과 동료들은 소련 기지에서 지원군이 올 줄 알았는데, 지원군은 도착하지 않았다. 모스크바에서 지시를 내려야 하는데, 전화 연결이 되지 않는다는 이유에서였다. 공포는 극에 달했다. 그의 세계가 무너지고 있었다. 푸틴은 그 일을 모욕으로 받아들이고 평생 잊지 않았다. 이처럼 그는 소련 종말이라는 사건을 직접 겪었고, 2005년 대국민 담화에서 그 일을 가리켜 "20세기에 벌어진 최대의 지정학적 재앙"이라고 언급했다.

　　1991년 레닌그라드는 러시아혁명 이전에 쓰던 이름인 상트페테르부르크로 다시 명칭이 바뀌었다. 이곳으로 돌아온 푸틴은 소련이 해체된 이후에 찾아온 자유주의 세상의 폭력, 그리고 마피아와 조직범죄가 득세하는 도시의 폭력 앞에 실업자가 되었다. 그는 KGB가 이제 더는 폭력을 독점하지 않는다는 사실을 깨닫고 질

겹했다. 그러나 스파이로 활동한 경험, 인맥, 복수를 향한 끈질긴 욕망이 있었기에 상트페테르부르크 시장인 아나톨리 솝차크Anatoli Sobtchak의 측근이 될 수 있었다. 솝차크는 그때 상승가도를 달리던 민주주의 개혁가였지만, 다른 정치인만큼 부패한 인물이었다. 아무튼 그가 1991년부터 1996년까지 푸틴을 부관으로 기용했다. 여기서 푸틴은 자유경제지역 창설을 담당했다. 캐서린 벨턴은《푸틴의 사람들》에서 KGB의 주요 연락 담당관으로 줄곧 일하던 푸틴이 어떻게 마피아 규범을 벤치마킹해야 한다는 점과 특히 자신의 인맥에 꾸준히 자금을 대려면 전략을 세워 금전 흐름을 관리해야 한다는 점을 이해했는지 설명한다.

가장 전략적인 자금줄은 석유와 천연가스였다. 이 돈은 군자금이었고, 이미 푸틴은 그 사실을 알고 있었다. 그래서 KGB 동료였던 겐나디 팀첸코Guennadi Timtchenko와 함께 유류 터미널을 세울 생각이었지만, 조직범죄 대부들이 이 구상을 거부했다. 한발 물러난 푸틴은 딸들을 보호하기 위해 독일로 보냈다. 그러다 솝차크가 선거에서 패배하는 바람에 모스크바로 떠났고, 1998년 FSB 수장이 됐다. 1999년 12월 31일 보리스 옐친 대통령은 러시아 국민을 상대로 마지막 신년사를 하며, 푸틴을 총리이자 자신의 후계자로 지명했다. 그리고 2000년 3월 26일, 레닌그라드 출신 KGB 요원인 푸틴은 러시아 연방 대통령으로 당선됐다.

어떻게 하면 러시아의 위대함과 힘을 되찾을 수 있을까? 푸틴은 대통령에 당선되기 몇 년 전인 1997년 상트페테르부르크광업대학교에서 논문을 쓰며 그 방법을 그려본 적이 있다. 당시에는 시장 밑에서 일하기를 그만두고 KGB에서도 공식 사임한 상태였다. 원래 변호사가 된 다음, 대학에서 국제무역법 박사논문을 쓸 생각이었지만, 더 큰 야망을 품고 경제학 박사논문을 쓰기로 마음먹었다. 그렇게 해서 이력서도 화려하게 채우고 정치적 신뢰도를 위한 발판도 마련하고 싶었다. 마침 광업대학교 총장인 블라디미르 리트비넨코Vladimir Litvinenko가 믿을 만한 친구였고, 상트페테르부르크 무리에서도 핵심 인물이었다.

논문은 난해한 학자의 언어와 구소련 기술관료의 용어가 결합해 다음과 같은 엉터리 제목을 낳았다. '시장관계를 형성하는 조건에서 특정 지역 광산 자원의 기틀을 재생산하기 위한 전략 계획'. 그러니까 공권력이 천연자원을 운용한다는 얘기다. 이 논문에서 푸틴은 국제관계에서 에너지 의존성이 도구가 될 가능성을 강조했다. 218쪽이나 되는 이 논문은 브루킹스연구소 소속 연구자 두 명이 증명했듯 대부분 표절이지만, 이 점은 그리 중요하지 않다. 푸틴이 직접 논문에 서명했고, 크렘린궁 주인이 될 인물의 정치적 이상이 이 논문에서 싹트고 있다는 사실이 중요하다. 소련을 잃고 맺힌 한, 조국이 발트해 국가들의 항구를 장악하지 못한 데서 생긴 유감, 러시아의 미래가 국제 지정학에서 큰 장점으로 작용하는 천연자원에 달렸다는 생각이 모두 이 논문에 담겼다.

물론 석유 자원이 러시아에 얼마나 큰 축복인지를 이해한 사람은 푸틴만이 아니었다. 1991년에 소련이 해체되고 야만스런 자본주의 시대가 닥쳐오자, 올리가르히들은 문제 많았던 민영화 '경매'에 뛰어들어 석유 자원을 차지했다. 1999년부터 2002년까지 가스프롬을 경영한 사람은 렘 뱌히레프Rem Viakhirev다. 경제부 장관을 지내다가 옐친 대통령 시절 총리에 올랐던 빅토르 체르노미르딘Viktor Chernomyrdin과 가까워진 인물이다. 그러나 러시아의 풍부한 석유와 천연가스가 국력을 위한 지정학적 도구가 될 수 있다고 생각한 사람은 푸틴이 처음이었다.

천연가스는 석유보다 더 중요한 전략적 열쇠다. 석유는 러시아 정부의 예산과 수출에서 한 부분을 차지하지만, 유럽연합의 에너지믹스에서는 상대적으로 비중이 작다. 반면 천연가스는 이 에너지믹스에 중요한 에너지 자원이다. 유럽은 석유 공급원을 다변화했지만, 천연가스는 그렇게 하지 못했다. 또한 석유는 운송 시설이 다양해서 특정한 공급처에 의존할 필요성이 낮지만, 가스관은 러시아 수출 업체가 독점하다시피 고객 국가들과 관계를 형성하게 해준다는 장점이 있다. 액화천연가스LNG는 선박으로 운송하기 때문에 유럽 국가들이 지불해야 하는 비용이 높을 수밖에 없다. 특히 편리함, 가격 경쟁력, 지구온난화 해결에 관심이 많은 유럽인에게 천연가스는 무시할 수 없는 자원이다. 가정 난방과 공장 가동에도 그만이고, 다른 화석연료에 비해 환경 오염도 덜하다.

크렘린궁 수장이 됐을 때 이미 푸틴은 배경이 탄탄했다. KGB 장교, 러시아 제2의 도시인 상트페테르부르크 부시장, FSB 정보부 부장, 보리스 옐친 정부 총리를 두루 거쳤다. 그 과정에서 쌓은 상트페테르부르크 마피아와 KGB의 인맥을 결합해서 그가 만든 조직의 발판이 된 그 유명한 상트페테르부르크 패거리가 모여들었다. 그에게는 충성심이 능력을 포함한 다른 모든 조건을 앞섰다. 그를 따르는 무리에는 특징이 하나 있었는데, 바로 다들 상트페테르부르크 출신이라는 점이다. 자기들끼리 '페테르'라고 부를 정도였다. 이른바 상트페테르부르크가 이 무리와 실로비키의 일원이 되기 위한 연결고리이자 필수 조건이었다.

우크라이나 전쟁이 발발하기까지, 이들은 늘 푸틴과 관련해서 뉴스거리가 된다. 푸틴이 세르게이 나리시킨Sergey Naryshkin을 만난 곳도 상트페테르부르크 시청이다. 푸틴은 훗날 나리시킨을 러시아 대외정보국SVR 국장으로 임명한다. 나리시킨은 러시아 연방의회 하원인 국가두마 의장을 맡기도 했다. 미래 총리이자 대통령 '대리'를 맡게 될 드미트리 메드베데프Dmitry Medvedev도 상트페테르부르크에서 알고 지냈다. 하물며 푸틴이 가장 좋아하는 식당 '뉴아일랜드'가 있는 곳도 상트페테르부르크다. 식당 주인은 '푸틴의 요리사'라는 별칭까지 얻는데, 그가 바로 아프리카, 시리아, 우크라이나에서 활동한 용병 부대 바그너그룹의 수장 예브게니 프리고진Yevgeny Prigozhin이다. 프리고진은 2023년 여름 푸틴을 상대로 쿠데타를 일으키려다 실패한 '배신자'가 된다.

푸틴은 페테르 무리와 함께 권력이 이동하는 조짐을 참을성 있게 막기 시작했다. 그러기 위해 전통적인 구소련 방식을 다시 꺼내들었다. 이를테면 정치경찰, 선전, 첩보, 부패, 반항하는 인사에게 압력을 행사하기 위해 '더러운 정보'를 수집하는 콤프로마트 수법 등을 동원했다. 정부 요직은 푸틴 측근들이 차지했다. 푸틴이 천연자원과 관련해 논문을 썼던 광업대학교의 총장인 블라디미르 리트비넨코는 2000년과 2004년 대선 때 상트페테르부르크 선거 본부장을 지냈고, 광물자원을 둘러싼 정책의 대통령 비공식 자문이 됐다. 페테르 무리의 지원을 받으며, 푸틴은 모든 경제 분야를 국가가 관리할 수 있도록 조성하는 작업에 집중했다. 기업이면 기업, 직위면 직위, 모든 것을 그가 직접 살펴보고 자리마다 자신의 부하를 앉혔다. 특히 그는 가스프롬에 관심을 보였다.

가스프롬이 세계 최대 천연가스 매장량을 보유하고 있기 때문이었다. 석유 시장에도 참여하는 가스프롬은 45만 명을 고용했고, 천연가스 탐사부터 채굴, 처리, 운송, 저장, 상용화에 이르기까지 가치사슬 전반을 관리했다. 수익은 최대였고 매출은 주주들이 현기증을 일으킬 정도로 많았다. 2020년에 가스프롬그룹이 올린 전체 매출은 800억 달러를 넘었다. 가스프롬은 러시아산 천연가스의 90% 이상을 생산하고 세계 매장량의 16%를 관리한다. 또한 전 세계에 연결된 가스관이 수만km에 달하고, 최대 고객인 유럽연합에만 1500억~1800억m³나 되는 양을 수출한다. 푸틴이 권력 꼭대기에 올랐을 때 가스프롬에는 단점이 하나 있었다. 바로 통제 불능 상태였다는 점이다.

소련 가스산업부에서 출발한 국영기업 가스프롬은 고르바초프 개혁 당시에 카르텔이 됐고, 1991년부터 가스프롬이라는 명칭을 사용했다. 그러다 1993년에 러시아 연방 대통령령으로 주식회사가 됐다. 천연가스 주요 생산기업이자 공급기업인 가스프롬은 이렇게 민영화됐다. 자회사로 설립된 가스프롬엑스포트Gazprom Export는 천연가스 수출을 맡아 가장 많은 이익을 보았다. 소련이 해체된 이후 시작된 거대한 모노폴리 게임에서 올리가르히들은 이 믿기 어려운 금광을 조금이라도 더 차지하려고 앞다퉈 달려들었다. 가스프롬 경영진도 개인 설비로 천연가스를 빼돌렸다. 푸틴 대통령은 이제 그만 노는 시간은 끝났다고 알렸다. 황금알을 낳는 거위의 주인은 한 사람, 바로 푸틴 자신이어야 했다.

2001년 크렘린궁에 입성한 푸틴은 곧장 가스프롬 최고경영자를 경질하고 그 자리에 개성이라고는 없는 공산당 중진 알렉세이 밀레르Alexey Miller를 앉혔다. 웃음기 없는 밀레르는 체격이 다부졌고 갈색 머리를 뒤로 정성껏 빗어넘겼다. 작은 눈과 튀어나온 볼에 무표정한 얼굴까지 007 영화에 나오는 악당 역에 제격인 외모의 소유자다. 하지만 밀레르는 최소한 두 가지 자격을 갖췄다. 하나는 자기 의지가 없고 주인에게만 충성한다는 점이고, 또 하나는

(이번에도 역시) 상트페테르부르크 시청 외교위원회에서 푸틴의 협력자였다는 점이다. 페테르 무리의 일원인 그는 레닌그라드에서 태어나 그곳에서 국립대학교를 나오고 일도 하다가 가스프롬 수장에 임명됐다. 가스프롬에서는 아무도 놀라지 않았다. 상트페테르부르크 패거리가 '푸틴이 유일하게 믿는 사람들'이라는 소문이 얼마 전부터 돌았기 때문이다. 끈질기고 열성을 다하는 밀레르는 푸틴의 요구를 채워줬다. 그리고 고위직에 앉은 푸틴 측근들이 모두 그랬듯 그도 억만장자가 됐다. 투옥된 반체제 인사 알렉세이 나발니Alexey Navalny의 팀은 밀레르가 6.2ha나 되는 땅, 8500m^2 규모의 저택, 개인적으로 소유한 러시아정교회 교회, 손님을 맞이하려고 지은 저택 여러 채, 2000m^{2}에 달하는 마구간을 소유하고 있다고 폭로했다. 라인하르트 빙게너와 마르쿠스 베너는 공동 저서《모스크바 커넥션Die Moskau-Connection》에서 1년 만에 가스프롬 고위 임원 11명 중 9명이 푸틴 측근으로 교체됐다고 밝혔다. 그중 대부분은 KGB에 몸담았거나 상트페테르부르크 패거리의 일원이다. 2002년 푸틴은 자신의 오른팔 드미트리 메드베데프를 러시안 안전보장회의SCRF 위원장으로 임명했고, 이후에는 차기 대통령으로 낙점했다. 당시 러시아 헌법에 따르면 대통령을 두 번 이상 연임할 수 없었기 때문이다.

알렉세이 밀레르는 가스프롬에 도착하는 즉시 정리를 시작하고 국가가 참여하는 비중을 높였다. 그렇게 2005년에 모든 일이 마무리되면서 국가가 가스프롬의 최대 주주가 됐고, 가스프롬은 점점 영향력을 높여가며 석유 산업으로 진출했다. 2005년 가을에는 가스프롬이 러시아 5위 민간 석유회사인 시브네프트를 올리가르히인 로만 아브라모비치Roman Abramovitch에게 109억 유로를 주고 인수했다. 이런 상황은 계속됐고, 15년이 지난 뒤에 가스프롬은 17만km나 되는 파이프라인에 50만 명을 고용하고 러시아 연방 예산의 약 40%를 차지하는 대그룹이 됐다. 여기에 은행, 항공사, 보험회사도 거느린다.

알렉세이 밀레르는 최고경영자에 임명되고 23년이 지났는데도 여전히 자리를 지키고 있다. 2001년부터 임기가 여러 번 갱신됐고, 2021년 5월에 또다시 이사회가 임기를 5년 연장했다. 그가 두목에게 바치는 충성심과 손에 쥔 권력의 범위를 보여주는 대목이다. 밀레르는 세계 천연가스 산업에서 가장 오래되고 가장 영향력 있는 지도자로 손꼽히는 인물이다. 그러나 모스크바와 상트페테르부르크에 있는 가스프롬 사령부는 크렘린궁 직속 부서이고, 알렉세이 밀레르는 바지사장일 뿐이다. 가스프롬 실제 주인은 블라디미르 푸틴이다.

가스프롬은 푸틴이 일으킨 전쟁에서 군자금 역할을 한다. 천연가스라는 무기를 이용해 외국에서 일으킨 전쟁, 정보라는 무기를 휘둘러 국내에서 터뜨린 분쟁의 총사령관이 가스프롬이다. 2001년 가스프롬 자회사인 가스프롬미디어가 대통령에게 명령을 받고 러시아 최초 민영 텔레비전 방송사인 NTV를 제어하는 회사의 지분을 과반 확보했다. 당시 NTV는 높은 보도 수준과 자유로운 언행으로 인기를 끄는 매체였다. 토크쇼에서 모스크바 주거지를 겨냥한 폭탄 테러에 FSB는 책임이 없는지를 놓고 토론을 진행할 정도였다. 체첸 테러리스트들이 저지른 이 폭거로 푸틴은 체첸전쟁을 정당화할 수 있었지만, 전쟁 자체를 비판하는 목소리가 끊이지 않았다. 2000년 여름에는 쿠르스크 잠수함이 바렌츠해에서 좌초하는 바람에 해병 118명이 사망한 끔찍한 사건과 푸틴이 국제 원조를 거부한 사실도 입방아에 올랐다. 게다가 매주 '쿠클리 Kukly'(인형)라는 풍자 프로그램에서 러시아 최고 권력자들을 신랄하게 비난했다. 난처해진 푸틴은 방송국 소유주인 블라디미르 구신스키Vladimir Gussinski를 체포했고, 구신스키는 감옥에 가지 않으려고 방송국 주식을 모조리 가스프롬에 매각했다. 이후 NTV에서는 비판이 사라졌고 웃음도 메말랐다. 방송국은 복종할 수밖에 없었다.

20년 뒤에 가스프롬은 자체 라디오와 텔레비전 방송국을 세웠고, 이들 방송국이 러시아 미디어를 점령했다. 질서가 가스프롬 제국을 지배했고, 프리고진의 바그너그룹을 대체할 자체 민병대를 말 그대로 다스렸다. 가스프롬 로고의 G에서 솟아오르는 유명한 천연가스 불꽃은 우크라이나에서 그 의미가 명확해졌다. 가스프롬은 이 불꽃을 가리지도 않았다. 가스프롬은 세계 최대 에너지 그룹일 뿐만 아니라 푸틴이 벌인 전쟁의 이름이다.

푸틴은 핵무기를 지녔고 이제는 천연가스를 무기로 휘두른다. 그에게 핵무기와 천연가스는 압력과 위협으로 작동하며 러시아의 잃어버린 영향력을 회복할 수 있는 지렛대이자 초강대국의 전략무기다. 가스프롬은 머리가 여럿 달린 괴물이다. 그중 가장 중요한 머리가 가스프롬엑스포트다. 이름에서 알 수 있듯, 이 자회사는 천연가스를 제3국에 수출한다. 진짜 군자금이 바로 이 가스프롬엑스포트에서 나온다. 소련 시절에 개통된 수출용 파이프라인은 푸틴이 집권한 이후 러시아 극동 지방, 우랄 지역, 시베리아 서부, 그리고 천연가스가 세계에서 가장 많이 매장된 야말반도에서 출발해 유럽 국가로 들어가는 수많은 가스관이 됐다. 《푸틴 혹은 권력을 향한 집착Poutine ou l'Obsession de la puissance》에서 프랑스 역사학자인 프랑수아 톰Françoise Thom은 이를 가리켜 '파이프라인 건설 광기'라고 지적했다. 2001년부터 시작된 가스관 건설에 러시아가 집착을 보이며 드러낸 광기를 두고 하는 말이다.

가스관에는 다 이름이 붙었다. 앞에서 언급한 브라더후드는 세계 최대 규모다. 소유스는 브라더후드와 함께 우크라이나를 통과한다. 벨라루스와 폴란드를 지나가는 가스관은 야말유럽이고, 블루스트림과 튀르크스트림은 흑해를 거쳐 튀르키예에서 만난다. 파워오브시베리아는 중국으로 향한다. 그 밖에도 다른 가스관들이 있지만, 가장 최근에 설치돼 가장 많은 논란을 부르며 가장 큰 관심을 끈 가스관은 노르트스트림이다.

사방으로 뻗어나간 관들. 가스관은 거미줄처럼 유럽 대륙 전체를 엮었고, 독일을 포함한 여러 나라가 파리처럼 그 거미줄에 걸려들었다. 가스프롬에서 공급하는 천연가스 물량이 파이프라인 전체를 채울 수 없는데도, 가스관은 계속 이어졌다. 하지만 중요한 건 뭘까? "가스관 사용률이 낮은 현상은 처음부터 계획된 일이다"라고 프랑수아 톰은 설명한다. 푸틴이 세운 전략은 수출 물량을 늘리기보다 수입국들의 목줄을 부여잡고 에너지 의존성을 조금씩 끌어올리는 것이었다. 천연가스는 공급하는 과정에 여러 가지 장점이 있지만, 그중에도 가스관을 여닫기만 하면 되는 편의성이 있다. 그래서 가스관을 잠그기만 해도 상대 국가 전체를 공포에 빠뜨릴 수 있다. 어느 국가를 상대로든 아무 때나 그런 결정을 내릴 수 있다. 말을 듣지 않는 국가라도 천연가스 공급만 중단하면 뜻을 꺾을 수 있다. 러시아산 천연가스 가격은 고객마다 다르다. 발트해 국가들에 가장 비싸게 팔았고, 독일에는 가장 저렴하게 넘겼다.

이렇게 푸틴은 20년 동안 꾸준히, 그리고 체계적으로 덫을 놓았다. 천연가스를 수입하는 국가들이 순진하게 공모해서 만든 덫이고, 여기에 가장 앞장선 국가가 독일이다. 지하와 해저에 묻혀 눈에 보이지 않고 해롭지도 않은 강철관은 잠든 첩자였다. 대장에게 명령을 받을 때까지 눈에 띄지 않게 숨어 있었다. 푸틴에게 가스관은 에너지를 앞세워 러시아가 유럽을 지배할 수 있게 해주는 협박 수단이었다. 이 계획에 담긴 최종 목적은 "20세기 최악의 지정학적 위기"를 해소하고 해체된 소련을 회복하는 것이다. 우크라이나를 포함해 잃어버린 영토를 되찾는 일이다. 가스프롬은 목적을 달성하기 위한 무기이자 으뜸패이며, 전쟁의 이름이다. 푸틴에게 돈과 명성을 가져다주는 기계, 살인하고 덫을 놓는 기계다. 노르트스트림은 이 덫의 핵심 부품이다. 그러나 이런 일이 가능하려면 푸틴에게 필요한 요소가 있었다. 헌신적이고 명망 높은 집사, 유럽에서 국제적 영향력을 행사할 수 있는 인물. 푸틴은 그런 사람을 찾았다.

러시아는 발트해에 묻힌 노르트스트림 1과 2를 손상시킨 폭발의
주범으로 영국을 지목했다. 드미트리 페스코프Dmitri Peskov
대통령실 대변인은 "영국 군사 전문가들이 공격을 지휘하고
조율했다는 증거를 우리 정보기관에서 찾았다"고 언론에
발표했다. 그러면서 "영국이 러시아뿐 아니라 국제사회에 필수인
에너지 시설을 겨냥한 테러 공격에 관여했다는 증거가 있다"고
덧붙였다. 10월 29일에도 러시아군은 우크라이나가 드론으로
러시아 흑해 함대를 공격한 사건을 두고 동일한 주장을 내놓았다.
그때 러시아 정부는 "영국 해군 책임자들"이 드론 공격을
계획하고 실행했다고 발표했다.

    하지만 러시아 정부는 주장을 뒷받침할 증거를 하나도

제시하지 못했다. 영국 국방부 장관은 트위터(@DefenceHQ)에
포스팅하는 방식으로 대응했다. "러시아 국방부 장관은
우크라이나를 불법 침공해놓고 제대로 제어하지 못하자 관심을
돌리려고 엄청난 가짜뉴스를 퍼트리고 있다."

악마의
트로피

N
O
R
D

S
T
R
E
A
M

5

푸틴이 노르트스트림이라는 브랜드에
국제적 위상을 심어주려고 고용한
일급 항해사는 바로 독일 전임 총리
게르하르트 슈뢰더다.

유럽 중심부에서 푸틴에게 필요한 국제적 수준의 영향력을 갖춘 요원은 이런 인물이었다. 발트해와 맞닿은 독일 킬 항구에 닻을 내린 요트 위에 올라선 이 남자는 바람에 머리칼을 휘날리며 남색 스포츠 셔츠 소매를 접어 올렸다. 손에는 권총을 쥐고, 카메라를 향해 활짝 웃어 보인다. 2012년부터 해마다 노르트스트림AG가 개최하는 요트 경기의 시작을 알릴 준비가 됐다. 노르트스트림AG는 가스관을 관리하는 가스프롬 자회사다. 활짝 웃는 이 남자는 요트와 요트 경기에 푹 빠진 터라, 2012년과 2013년에는 독일팀 선장으로 노르트스트림 레이스에 직접 참가하기도 했다. 올해는 선원이 아니고, 자신의 다섯 번째 부인 김소연과 함께 요트 대회를 홍보하려고 왔다. 김소연은 그의 한국인 통역사였는데, 1년 전에 그와 결혼했다. 사진 속 그가 올라탄 요트는 클럽스완50이다. 참가국 국기와 대회 로고가 클럽스완50의 커다란 돛들에 매달려 있다. '노르트 스트림 레이스'라고 쓰인 대회 로고가 파란 하늘을 배경으로 자랑스럽게 반짝인다. 2019년 6월 23일, 요트 여러 척이 킬 항에서 상트페테르부르크를 향해 출발할 참이다. 발트해 밑에 묻힌 파이프라인을 따라가다가 결승선에 닿을 예정이다. 이 경기는 독일과 러시아의 아름다운 동맹을 과시하는 상징이 아닐 수 없다. 푸틴이 노르트스트림이라는 브랜드에 국제적 위상을 심어주려고 고용한 일급 항해사는 바로 독일 전임 총리 게르하르트 슈뢰더다.

러시아 대통령이 이보다 더 아름다운 트로피를 꿈꿀 수 있을까? 이 트로피를 얻으려고 전직 KGB 요원 모집 담당자는 드레스덴에서 근무하던 시절 배운 수법을 동원했다. 블라디미르 푸틴이 대통령에 당선됐을 때 세계는 21세기를 맞이했고, 슈뢰더와 관계 맺기는 까마득했다. 1년 넘게 총리직에 머문 슈뢰더는 보수주의자인 전임자 헬무트 콜과 거리를 두고 싶어 했다. 푸틴이 보리스 옐친에 이어 체첸에서 일으킨 두 번째 전쟁에 놀라서가 아니라, 러시아 대통령과 가까워져봐야 정치적으로 얻을 이익이 없다고 생각했기 때문이다. 그는 헬무트 콜과 보리스 옐친이 돈독한 사이였다는 점을 독일 국민이 반기지 않았다는 사실을 잘 알았다. 1994년에 독일 통일을 기념하려고 베를린을 방문했을 때, 옐친은 콘서트가 진행되는 도중에 만취 상태로 무대에 올라가 춤을 추는 등 추태를 부린 이력이 있다.

슈뢰더는 콜 시대가 마무리되기를 바라기도 했다. 그는 이제 사회민주당의 '젊은 사회주의자들Jusos, 유조스'을 지휘하는 마르크스주의 수장도 아니었고, 1980년대 초반 친러 성향이 있었던 사민당 의원도 아니었다. 당시 그는 한층 더 긴장을 완화하고 소련과 협상을 추진해서 유럽 미사일 위기를 해소할 평화로운 해결책을 찾아야 한다고 생각했다. 유럽 미사일 위기란 1977년 소련이 미사일 SS-20을 첫 배치해서 다시 냉전을 불러왔던 바로 그 사건이다. 게다가 슈뢰더는 아직은 2003~2005년 하르츠 법안을 앞세워 고통스럽지만 효율적인 노동법 개혁을 주도하는 자유주의 총리도 아니었다.

1998년 11월, 총리로서 모스크바를 처음 방문한 슈뢰더는 독일-러시아 관계를 둘러싸고 태도 변화를 보였다. 러시아는 냉전 이후 허약해지고 혼란스러운 신생국이었고, 슈뢰더는 외교와 무역 정책에서 러시아를 우선순위에 올려두지 않았다. 푸틴이 1999년 8월에 러시아 총리가 됐을 때 베를린 방문 가능성을 언급했으나, 총리 재임 1년 차였던 슈뢰더는 여기에 호응하지 않았다. 그는 러시아라는 국가와도, 미래가 불확실한 정부 수반과도 가까워질 마음이 없었다. 슈뢰더의 야망은 다른 데 있었다. 통일 때문에 허덕이고 유럽에서 밀리던 독일을 부강하게 만드는 위업, 그것은 '유럽의 환자' 상태에서 벗어나 독일을 경제 강대국으로 키우는 것이었다. 하지만 아직 슈뢰더는 러시아가 자신의 야망에 없어서는 안 될 존재가 되리라는 점과 러시아 대통령이 얼마나 자신을 매료시킬지 짐작도 못 했다.

반면 푸틴은 그를 관찰하고 있었다. 독일은 '환자'였기에, 아직은 유럽의 경제 강국이 아니었다. 그러나 그렇게 될 가능성이 있었고, 이런 판단이 푸틴의 전략적 사고에 영향을 끼쳤다. 미래의 러시아 대통령은 스파이로 지내던 좋은 시절 덕분에 독일과 독일어를 잘 알았고, 그런 만큼 패를 쥐고 있다고 생각했다. 그러나 슈뢰더 총리의 거만한 태도에는 수치심과 불쾌감이 일었다. 자신을 꺼린다는 느낌이 들자, 푸틴은 슈뢰더를 돌려세울 계획을 세운다. 그리고 목적을 달성하기까지 1년도 채 걸리지 않았다.

2001년 9월 25일, 거만한 독일 총리에게 무시당했던 러시아 연방 대통령은 독일 연방의회에 초대되어 예우와 박수갈채를 받았다. 러시아 국가원수가 독일 의회에서 연설한 일은 이때가 처음이었다. 독일 의원들이 기립박수를 보낼 때 슈뢰더는 특히 많은 표현을 했다. 베를린과 드레스덴 거리에서도 마찬가지였다. 독일과 러시아의 우호관계에 새롭고 중요한 장이 9·11 사태 직후인 이날 열렸다. 독일 국민, 의원, 언론, 총리까지 사로잡은 푸틴은 공동의 적인 이슬람 극단주의 세력 덕분에 서방이라는 체스판에서 자신의 말을 앞으로 보낼 수 있었다. 슈뢰더가 그에게 보여준 열성은 푸틴이 몇 달 전부터 체계적으로 계획한 결과였고, 푸틴이 거둔 최초의 대승리였다.

도대체 그는 어떻게 했을까? 전직 KGB 요원은 그야말로 좋은 학교에서 제대로 배운 셈이었다. 드레스덴에서 푸틴은 동독 슈타지와 협력하는 일을 했다. 다섯 명으로 구성된 작은 팀은 슈타지가 사용하는 육중한 건물에 있었다. 푸틴이 맡은 공식 임무는 소련과 동독 시민들이 문화를 교류하는 장소인 '우정의 집'을 운영하는 일이었다. 그러나 실제 임무는 적의 영토에서 외교적 지원을 받지 않고도 작전을 수행할 수 있는 잠재적 비밀 요원을 찾아내어 슈타지에 채용 후보로 추천하는 일이었다. 현지인 중에서는 직접 채용하기가 힘들었는데, 해외에 파견된 KGB 장교였던 그에게는 세상이 '자본주의 외국'과 '사회주의 외국'으로 확실하게 나뉘었기 때문이다.

세르게이 지르노프Sergey Zhirnov는 이 대목을 분명하게 설명할 수 있는 몇 안 되는 사람 중 한 명이다. 전직 KGB 스파이였던 그는 푸틴과 같은 해에 스파이 학교인 안드로포프학교(러시아 해외정보아카데미Academy of Foreign Intelligence의 과거 명칭 - 옮긴이)에 들어가기 전 푸틴이 직접 진행하는 심문을 경험했다. "자본주의 국가에서는 모든 것이 허용된다. 온갖 종류의 작전이 소련의 공식 경로로, 또는 비밀리에 실행될 수 있었다. 동독과 같은 사회주의 진영 국가에서는 임무를 '형제국'과 매우 정확하게 분배했다. 형제국 정보기관 활동에 끼어드는 행동은 금지했다." 그런 만큼 동독에서 KGB는 슈타지와 협력했다. KGB 대표부는 여럿 있었는데, 편리한 상황이던 슈타지 본부에 주로 있었다. 지르노프는 "우호국에 주재했기 때문에 푸틴이 동독 사람을 직접 채용할 권한은 없었다. 그래서 푸틴은 외국인, 특히 대학생 중에 채용할 만한 잠재성이 있는 사람을 슈타지나 KGB에 추천했다. 또 슈타지에만 권한이 있었던 반체제 인사는 담당하지 않았다."

부수적 업무만 할당받았던 푸틴 중령은 게르하르트 슈뢰더가 있었기에, 첩자에게 가장 위험하면서도 가장 명예로운 활동에 오롯이 집중할 수 있었다. 다시 말해 자유롭게 요원을 채용할 수 있었다. 그는 이미 잘 아는 영역에서 일했고 그곳 비밀을 낱낱이 알았다. 타깃의 허점을 파악하고, 타깃의 욕망, 결핍, 약점을 파일로 정리하는 일은 기본 규칙이라는 것쯤은 물론 잊지 않았다. 푸틴은 같은 시기에 장벽 너머 서독에서 소련과 긴장 완화 정책을 펴자고 주장하는 사회민주당 소속 젊은 의원인 슈뢰더를 모를 수 없었다. 그래서 카리스마 넘치는 지도자 슈뢰더의 특이한 신분 상승 이력을 조사했다.

회사원인 어머니와, 한 번도 만나지 못한 아버지 프리츠 사이에서 태어난 슈뢰더는 2차 세계대전 때 국방군 소속으로 동부 전선에 파견됐다. 14세 때 학교를 그만두고 판매원 교육을 받다가 건설 노동자로도 일했고, 야간 수업을 들으며 대학 입학 자격을 취득해 대학에 가서 법학을 전공했다. 이후 변호사로 활동하며 사민당 안에서 계속 위로 올라갔다. 유조스 대표였다가 지역 의원에 당선된 뒤로 니더작센주 총리, 사민당 대표, 독일 총리를 거쳤다. 슈뢰더는 직업적 야망과 사회적 신분 상승의 본보기였고, 오랫동안 부족했던 돈을 좋아한 것으로 보인다. 여자 문제도 약점이었다. 이미 두 번 이혼한 그는 1984년에 세 번째 여자와 결혼했다. 그래서 양육비 때문에 쩔쩔맸다. 이런 상황에서 푸틴의 슈뢰더 작전이 시작됐다.

매력 공세를 퍼붓는 출발점은 공통분모에서 찾았다. 둘 다 밑바닥에서 시작한 사람들이라는 점은 우정을 맺기에 좋은 구실이었다. 슈뢰더가 푸틴보다 여덟 살 많았지만, 두 사람은 전쟁 피해를 본 가정에서 자랐다. 둘 다 가난을 겪었고, 스포츠에서 자신의 상황을 벗어날 탈출구와 힘을 얻었다. 푸틴이 레닌그라드 거리에서 깡패 무리에게 권위를 얻으려고 유도 기술을 배우는 동안, 슈뢰더는 축구에 열광했다. 법학을 전공한 일도 공통점이다.

2000년 3월 26일 대통령에 당선된 푸틴은 3개월 뒤인 6월에 베를린을 처음 방문했다. 이듬해 러시아정교회 성탄절인 1월 7일에는 베를린 초청에 화답해 슈뢰더 총리 부부를 비공식 방문으로 초대했다. 그 무렵 슈뢰더는 네 번째 부인인 도리스 쾨프와 결혼해서 '미스터 아우디'라는 별명을 얻었다. 아우디 로고가 결혼반지를 떠올리는 고리 네 개였기 때문이다. 푸틴과 당시 부인이던 류드밀라 푸티나는 슈뢰더 부부를 성대하게 대접했다. 모스크바 구세주 그리스도 대성당에서 모스크바 총대주교 알렉세이 2세가 집전하는 성탄절 미사에 함께 참석했고, 세르기예프포사트에 있는 트리니티라브라 수도원도 방문했다. 여행의 하이라이트로 모스크바의 눈 쌓인 공원에서 육중한 세 마리 말이 끄는 썰매도 탔다. 동화 같은 연출에 아이처럼 넘어가버린 슈뢰더가 짓는 환한 웃음을 홍보하기 위해 사진을 촬영하기도 했다. 몇 년 뒤에 푸틴은 슈뢰더 부부가 상트페테르부르크에서 러시아 아이 두 명, 즉 2004년에 빅토리아, 2006년에 그레고르를 입양할 때 도움을 준다.

2001년 겨울에는 푸틴이 아첨하는 단계였다. "푸틴은 많은 주제를 펼쳐놓고 여덟 살 많은 총리에게 의견을 듣고 싶어 했고, 그럴수록 슈뢰더는 분명 우쭐했을 것이다"라고 라인하르트 빙게너와 마르쿠스 베너는《모스크바 커넥션》에서 말했다. "두 사람은 푸틴의 시골 별장에서 생선 요리, 자우어크라우트, 보드카를 곁들이며 새벽 네다섯 시까지 토론을 이어갔다. 두 사람 다 독일어로 소통했으니 통역사들이 할 일은 없었다." 그날 밤 두 사람 사이에는 정치를 훌쩍 뛰어넘는 무언가가 생겼다.

푸틴은 만족할 수 있었다. 슈뢰더를 사로잡겠다는 계획이 가져온 정치적 결과는 거의 즉각 겉으로 드러났다. 2001년 4월에 열린 정상회담에서 슈뢰더는 이례적으로 푸틴에게 호의를 보였다.《모스크바 커넥션》에서 두 저자는 총리가 언론의 자유가 얼마나 중요한지를 들먹이며 일반적인 얘기만 늘어놓았다고 지적한다. 슈뢰더는 체첸전쟁의 잔혹성도 비판하지 않았다. 그는 생각을 정했고, 이후로도 바꾸지 않는다. 연합정부를 구성하는 녹색당에서 비판이 나오려는 낌새에도 손사래를 쳤다. 녹색당은 옛 동유럽 국가들의 반체제 세력을 지원하고 인권 운동을 펼치다 탄생한 정당이다. 녹색당 출신 외무부 장관 요슈카 피셔는 가끔 체첸전쟁이나 표현의 자유 제한을 두고 경고 발언을 했다가, 곧 친러 성향 언론에서 "독러 관계의 무덤을 파는 자"라는 유명세를 얻었다. 그러나 독일 사회민주당과 녹색당의 연립정부인 '적록연정'에서 진짜 싸움이 일어나지는 않았다. 요슈카 피셔에게 러시아는 우선순위가 아니었다. 보스니아와 코소보에 나토가 개입해야 한다고 주장해서 녹색당의 평화주의 전통을 바꿔놓았던 피셔는 러시아와 접촉하는 사안을 대부분 총리가 맡도록 내버려두었다. 슈뢰더는 기회가 될 때마다 푸틴의 러시아가 일으킨 개혁을 칭찬했다. 이를테면 2004년 7월 8일 모스크바 고등경제대학교 연설에서 "여러분, 이런 개혁이 러시아를 안정된 성장으로 이끌었습니다. 어떤 이유로든 신뢰가 무너질 수 있다고 암시하는 토론을 시작할 까닭이 하나도 없습니다"라고 말했다.

이보다 더 좋을 수 없었다. 푸틴이 세운 슈뢰더 작전의 전반전은 기대를 훌쩍 뛰어넘는 성공을 거뒀다. 먹잇감은 덫에 걸렸고, 그러고도 아무것도 눈치채지 못했다. 그해 9월에 푸틴은 독일 연방의회에 초대받았다. 이제 진짜 바라는 일을 공략할 차례였다. 그 첫 번째가 천연가스였다. 2002년부터 새 친구 슈뢰더와 함께 푸틴은 러시아산 천연가스를 우크라이나를 거치지 않고 직접 독일까지, 더 나아가 유럽 전역에 운송할 수 있는 가스관 건설 계획을 의논하기 시작했다. 파이프라인은 발트해 밑을 지날 터였다. 이 계획에 다른 국가들도 끌어들일 참이었다. 어떻게 이 거래를 훌륭하다하지 않을 수 있을까? 러시아와 독일이 모두 이기는 게임이었다. 그 게임을 '노르트스트림'이라 부를 것이다.

2005년 12월 29일 상트페테르부르크에서 알렉세이 밀레르가 슈뢰더를 노르트스트림AG 이사회에 앉혔다. 노르트스트림AG는 가스관 개발과 가동을 관리하기 위해 설립한 회사인데, 가스프롬이 대주주이고 유럽 기업들도 참여하는 컨소시엄이었다. 이 소식은 슈뢰더가 선거에서 자신을 이긴 앙겔라 메르켈에게 권력을 넘겨주고 나서 정확히 한 달 뒤인 11월 22일에 발표됐다. 이례적으로 빠른 발표였다. 언론과 정계에서는 명백한 이해충돌이라고 비난했다. 그런데 이상하게도 독일 법에서는 이해충돌이 합법이라 처벌할 수 없었다. 전임 총리와 푸틴의 끈끈한 관계, 독일이 러시아에 한 약속을 두고 논란이 끊이지 않았다. 가장 껄끄러운 문제는 전임 총리가 노르트스트림1이라는 대규모 전략과 교역 프로젝트를 이행하는 데 자신의 지위를 이용했다는 점이다. 개인적으로 슈뢰더는 이 프로젝트의 수익자였다. 선출된 지도자로서 직접내린 결정으로 사익을 챙기는 모양새였다. 녹색당 라인하르트 뷔티코퍼Reinhard Bütikofer는 입장문을 발표했다. "다스 슈팅크트Das stinkt."(냄새가 난다)

그는 브뤼셀에 있는 유럽의회 사무실에서 내게 똑같이 말했다. "그 얘기는 냄새가 났고 지금도 그렇습니다. 전직 독일 총리가 공격적인 외국 세력의 하인으로 전락하다니요. 이건 이례적이고 독일에 수치스러운 일입니다."

지금 돌이켜보면, 슈뢰더의 마지막 재임 기간인 2005년은 날짜들이 일관성 있게 이어진다. 슈뢰더는 이 기간을 노르트스트림 프로젝트에 확실하게 돌입하는 데 사용했다. 4월에 도이체방크와 국책은행인 KfW아이펙스뱅크가 70억 유로를 웃돈다고 추정된 파이프라인 건설 자금 중 15억 유로를 대출해주겠다고 가스프롬에 제안했는데, 그때 슈뢰더 정부가 대출 보증을 섰다. 독일 정부는 가스프롬이 이 대출의 채무를 이행하지 않으면 손실 일부를 책임진다고 약속했다. 9월 8일에는 슈뢰더 총리와 푸틴 대통령의 지휘 아래 베를린에서 독일 기업 바스프(석유화학)와 에온(에너지)이 가스프롬과 발트해 해저 가스관 노르트스트림1 건설을 위한 기본 협정을 맺었다.

9월 18일에는 슈뢰더가 연임을 위한 선거에 입후보했다. 그는 승리를 자신했다(총리로 당선되려면 이번에도 연정을 꾸려야 했다). 그날 저녁 독일 국민의 기억 속에 오래 남을 텔레비전 토론회에서 그는 이미 승리한 듯이 보수 진영 경쟁자인 앙겔라 메르켈을 마주했다. 도취된 것이 분명한 태도로 메르켈을 대놓고 무시하는 통에, 메르켈은 그야말로 아연실색했다. 이후 몇 주 동안 슈뢰더는 태도를 바꿨다. 의회 다수당과 통치에 필요한 연정을 구성할 기회가 점점 사라져갔기 때문이다. 11월 22일, 그는 패배를 인정해야 했다. 앙겔라 메르켈이 보수 진영과 사민당의 대규모 연정을 끌어내며 총리에 당선됐다. 연정에 반대했던 슈뢰더는 총리직을 내려놓았다. 그리고 37일 뒤인 12월 29일에 러시아 제1국영기업이자 푸틴이 실질적 주인인 가스프롬에 입사했다. 그사이 11월 30일에는 스위스 추크에서 노르트스트림AG가 설립됐다.

연방의회에서 선거를 치르고(9월 18일) 메르켈이 선출될 때(11월 22일)까지 걸린 두 달은 격동의 순간이었고 엄청난 정치적 집중의 시기였다. 독일에서는 힘들되 익숙한 시간이었고 정부를 구성할 연합에 나서는 시기였다. 그러나 슈뢰더는 정신이 딴 데 가있었다. 승리할 가능성이 점점 줄어들자, 이 두 달 동안 자신의 미래를 준비했다. 불안정한 권력 이양 시기에 알렉세이 밀레르 가스프롬 회장과 악마의 계약을 체결한 것이다. 이후 2006년에 노르트스트림AG 이사회 이사장으로 선출되면서 연봉 25만 유로를 받게 됐고, 이듬해인 2007년에는 가스프롬 감독위원회 위원장이 됐다. 노르트스트림AG 이사회에서 그는 "블라디미르 푸틴이 러시아를 올바른 길로 이끌었다"고 말했다. 독일은 충격에 휩싸였다. 정당들도 불편함과 역겨움이 뒤섞인 감정에 빠져들었다. 신임 총리 앙겔라 메르켈은 아무런 논평도 하지 않았다. 가장 측근인 장관들에게

조차 말을 아꼈다. "메르켈의 반응은요?"라는 질문을 듣고 당시 총리를 만났던 사람들이 떠올린 기억은 모두 같다. "아무 말도 안 했습니다. 아무 말도요."

푸틴은 가장 좋은 먹잇감을 사로잡았다. 슈뢰더를 고용한 덕분에, 러시아는 독일 정계를 훨씬 뛰어넘는 넓은 인맥을 확보했다. 독일 전 총리는 상대적으로 신망을 잃었지만 유럽 사회민주주의 엘리트들 사이에서 명성이 완전히 추락하지는 않았다. 그가 오찬이나 만찬에 초대했을 때 보이는 반응도 줄어들지 않았다. 덴마크 기자 옌스 회우스고르는 예란 페르손Göran Persson 스웨덴 총리가 슈뢰더와 오찬을 함께한 다음 날인 2007년 5월 7일 기적처럼 광고대행사 JKL의 로비스트가 됐다고 밝혔다. 이 회사 주요 고객은 다름 아닌 독일 에너지 기업 에온이었고, 에온은 노르트스트림AG 주주였다. 독일 기자 라인하르트 빙게너와 마르쿠스 베너는 취재를 이어나갔다. 2008년 7월 슈뢰더는 핀란드 사회민주당 출신 전 총리 파보 리포넨Paavo Lipponen을 베를린으로 초청해 오찬을 열었다. 리포넨 총리는 동독의 슈타지와 얽힌 과거 때문에 핀란드에서 논란이 되고 있었다. 그런데 몇 주 뒤에 그도 노르트스트림에서 컨설턴트 자리를 꿰찼다. 기자들은 "슈뢰더가 타깃을 정교하게 골라서 노르트스트림 프로젝트가 스칸디나비아반도 국가들의 승인을 확실하게 받을 수 있도록 조치했다"고 썼다.

유럽 한가운데에 유리한 패를 놓으려 했던 푸틴이 보기에 유럽 최강국이자 가장 영향력이 큰 독일의 전 총리보다 더 훌륭한 요원은 없었다. 하지만 슈뢰더가 유일한 요원은 아니었다. 푸틴의 먹잇감과 트로피들은 그가 증오하는 유럽부터 미국까지 '서방 집단' 곳곳에 흩어져 있다. 꼽아보면, 나이절 패라지Nigel Farage의 친구인 억만장자 애런 뱅크스Arron Banks를 포함한 브렉시트 캠페인 선두주자들, 도널드 트럼프와 그의 고문이었던 스티브 배넌Steve Bennon, 독일 극좌파와 프랑스 극우파 포퓰리스트들, 이탈리아 실비오 베를루스코니Silvio Berlusconi와 마테오 살비니Matteo Savini, 헝가리 오르반 빅토르Orbán Viktor 등이 있다. 이들은 푸틴이 벌이는 하이브리드 전쟁, 서방과 일으키는 '대충돌', 그리고 20년 동안 유럽이 보인 믿을 수 없는 호의를 위한 패였다. 유럽의회 의원 라파엘 글뤼크스만Raphaël Glucksmann이 여기에 경종을 울리기도 했다.

2018년 8월 18일, 푸틴은 친구인 카린 크나이슬Karin Kneissel의 결혼식에 참석하러 빈에 갔다. 그때 크나이슬은 오스트리아 외무부 장관이었다. 그도 보수당 출신인 제바스티안 쿠르츠Sebastian Kurz 총리처럼 노르트스트림2 프로젝트와 푸틴의 정책을 열렬히 지지했다. 푸틴이 크림반도를 불법 점령하고 돈바스 분리주의자들에게 무기를 댔는데도 말이다. 크나이슬은 웨딩드레스로 코르셋, 블라우스, 수를 놓은 긴 치마로 구성된 전원풍 전통의상인 디른들을 입었다. 푸틴은 어두운색 양복 차림이었다. 두 사람은 함께 춤을 췄다. 두 사람의 웃음과 즐거워하는 하객들의 미소가 포도밭과 초록으로 우거진 낮은 구릉이 이어지는 오스트리아 남동부의 꿈같은 전원 풍경과 어우러진 모습은 나치즘이 부상하기 시작한 1930년 대 초를 보여주는 영화 〈카바레Cabaret〉를 떠올렸다. 두 사람의 춤은 멈추지 않았다. 2021년 3월 크나이슬은 러시아 원유기업 로즈네프트 이사로 선임됐다. 슈뢰더도 이미 이사회 구성원이었다.

프랑스로 가보자. 푸틴으로서는 프랑스에서 슈뢰더급 영향력을 갖춘 잠재적 요원을 확보하는 일이 경제적으로 봤을 때 부차적인 이익이었다. 그러나 정치적으로 따지면 유럽연합에 침투해서 내부에 분열을 일으키고 유럽연합을 약화하는 데 매우 중요했다. 어떤 면에서는 이 계획이 더 어려워 보일 수 있다. 푸틴이 생각하기에 독일은 틀림없이 쉽게 잡을 수 있는 먹이였다. 독일이 작은 미끼에도 이리저리 흔들렸기 때문이다. 산업 강국이다 보니 에너지를 다른 유럽 국가들보다 더 많이 소비했고, 독일 국내에서 원자력을 반대하는 목소리가 워낙 강해서 천연가스 의존도가 높았다. 반면 프랑스는 이런 약점이 없어 장악하기가 더 어려웠다. 1970년 대에 원전이 발전한 덕분에 난방과 운송을 위해 천연가스와 석유를 수입하고는 있지만 에너지 자립도가 상대적으로 높았다. 가스프롬은 프랑스가스공사와 그 후신인 엔지에서 노르트스트림 프로젝트를 위한 자본 참여 의사를 얻어냈다. 그러나 액수는 미미했다. 프랑스 다국적기업 토탈은 세계에서 손꼽히는 석유 및 천연가스 기업이고 LNG 선두주자였지만, 이 프로젝트에는 참여하지 않았다. LNG는 가스관이 아닌 LNG선으로 수송하기 때문이다.

그래서 푸틴이 프랑스를 공략할 수 있는 곳은 경제 영역이 아니었다. 그는 다른 성격의 지원을 받아서 다른 방식으로 프랑스를 끌어들일 수 있다고 생각했다. 독일이 잘하는 산업과 무역에 우선순위를 두어서도 안 됐고, 독일이 간직한 역사적 죄책감이나 냉전 이후 빌리 브란트 서독 총리에서 시작된 독일 사민당 전통에 따라 러시아와 가깝다는 점을 이용해서도 안 됐다.

프랑스는 이데올로기를 이용하면 잡을 수 있다. 프랑스에서 반미주의가 인기를 끈다는 점을 포착한 푸틴은 그 부분이 자신에게 유리할 수 있는 프랑스의 약점이라고 생각했다. 프랑스 지도자와 외교관들이 동맹인 미국과 차별화해서 프랑스라는 국가에 독창적인 정체성을 불어넣고 프랑스가 핵무기를 보유한 강대국이라는 점을 부각하는 데 집착한다는 사실을 푸틴은 잘 알았다. 그도 냉전 이후 프랑스에서는 정당을 가리지 않고 러시아가 정치적으로나 감정적으로 낙인과도 같다는 현실을 모르지 않았다. 러시아는 정부 성격이 국가의 본질에 우선한다며 '자유로운 대의민주주의를 신봉하는 대서양주의자들'과 '영미권 자유주의를 혐오해서 국민을 억압하고 다른 국가들을 적으로 돌리는 독재자들'을 호의적으로 바라보는 주권민족주의자들을 대립하게 만들었다. 푸틴은 프랑스에서 반자유주의 성향을 띠는 전통의 힘을 모르지 않았다. 이 감정이 우파와 좌파를 가리지 않고 혁명 신화를 키웠으며, 자유보다 평등을 선호하게 만들었다. 그는 '비동맹자'라는 시대착오적 오명을 쓴 드골 장군의 영향력도 알고 있었다. 프랑스가 미국과 벌이는 정치적, 지적 경쟁도 잘 알았다. 두 국가는 서로 세계를 대표할 뿐 아니라 계몽시대가 낳은 보편주의 원칙을 대표한다고 확신한다.

푸틴은 프랑스 정계에서 가장 좋은 동맹자는 극우와 극좌의 민족주의 포퓰리스트들이라는 사실을 꿰뚫어봤다. 이들은 유독 프랑스에서 영향력이 더 컸고, 유럽·나토·미국·러시아를 똑같이 혐오했다. 그는 비슷해서 구분이 잘 되지 않는 극우파와 극좌파가 미국 제국주의를 강하게 비판하는 만큼 러시아 제국주의를 공감과 애정 어린 시선으로 바라보리라 기대했다. 또는 프랑스 '독재'를 비난하는 만큼 러시아 전제정치를 용서하리라 기대했다.

극우인 마린 르펜Marine Le Pen과 극좌인 장-뤼크 멜랑숑Jean-Luc Mélenchon은 푸틴이 시리아에서 바샤르 알-아사드Bashar al-Assad 대통령을 지원하며 전쟁을 벌일 때도 푸틴을 지지했고, 2014년 3월 우크라이나 크림반도를 병합했을 때도 그랬다. 좌파 정당 '굴복하지 않는 프랑스La France insoumise'는 블로그에 환호하는 메시지를 올렸다. "나토는 크림반도를 잃었다. 좋은 소식이 아닐 수 없다. 작전을 지휘하던 선동자와 동요하는 이들은 당분간 조용히 지낼 것이다." 크림반도에 감행한 군사 개입은 물론 유감스럽지만, 정당방위에 필요한 작전이었다는 얘기다. "(푸틴에게) 선택의 여지

가 있었을까? 나토가 크림반도로 진격하는 사태를 그가 받아들일
수 있었을까? 비껴갈 수 없는 우크라이나를 우회하는 가스관이 지
나가는 흑해에 나토의 대규모 해군 기지가 들어선다면 그가 수긍
할 수 있었을까? 물론 아니다." 러시아 정부가 구사하는 수사학의
열렬한 대변인인 '굴복히지 않는 프랑스'와 '국민연합Rassemblement
national'('국민전선Front national' 후신)은 프랑스의 러시아 제재와 우
크라이나 군사 지원에 당연히 반대했고, 소련이 우크라이나에 불
러온 대기근 홀로도모르를 민족 말살로 보는 법안에도 서명하기
를 거부했다. 르펜과 멜랑숑이 푸틴의 정책을 호의적으로 바라본
다는 증거는 차고 넘친다. 유럽의원이며 '민주주의 절차에 대한 외
국 간섭 대응 특별위원회INGE' 위원인 나탈리 루아조Nathalie Loi-
seau는 자신의 책《뜻밖의 전쟁La guerre qu'on ne voit pas venir》에 그
증거 목록을 남겼다.

마린 르펜과 국민연합은 자금 조달을 위해 러시아 은행들에
기대고 러시아 정부 대변인 노릇을 하며 푸틴을 모범적인 국가원
수로 치켜세우기를 멈춘 적이 없다. 2011년 마린 르펜은 러시아
사이트 〈코메르산트Kommersant〉에 푸틴을 향한 '경외감'을 드러
냈다. 2013년에는 "러시아를 위한 충직함의 증거"로 러시아 의회
에 초대를 받는 드문 영광의 기회가 그에게 돌아갔다. 2014년에는
러시아 은행에서 대출을 받았다. 2017년 대선 후보로 나섰을 때
는 CNN에 출연해서는 "크림반도는 옛날부터 줄곧 러시아 땅이

었다"고 발언해, 진행자인 크리스티안 아만푸어를 기겁하게 만들었다. 그리고 나서 얼마 후에 마린 르펜은 크렘린궁의 초청을 받았다. 2022년에는 프랑스가 우크라이나에 세자르 자주포를 공급하는 방안에 반대했다. 2022년 대선에 국민연합 후보로 나섰을 당시 그의 선거 홍보물에는 블라디미르 푸틴과 모스크바에서 악수하는 사진이 담겼었다. 그가 코웃음 치며 그럴 리 없다고 장담한 러시아의 우크라이나 침공 전에 인쇄된 전단이다. 침공 이후에 국민연합은 사진을 삭제하려 했지만 소용없었다. 마린 르펜과 국민연합은 외국 간섭에 관한 의회 조사위원회를 직접 발족해서 상황을 빠져나가려고 했다. 이 위원회 위원장으로는 국민연합 의원을 내세웠다. 그러나 그들의 바람은 실패로 돌아갔다. 2023년 6월 1일 통과된 의회 위원회 보고서를 보면 마린 르펜과 블라디미르 푸틴은 10년 동안 야합했으며, 국민연합 전신인 국민전선은 "러시아 공식 담화를 직접 중계"하는 "러시아 권력의 전달자"였다.

푸틴은 르펜을 손아귀에 넣는 데 아무런 어려움이 없었다. 르펜은 푸틴뿐 아니라 푸틴의 은행들에도 그야말로 사로잡혔다. 그러나 푸틴이 그 이전에 프랑스 정부 여당에서 낚아챈 먹잇감에 비하면 그는 고작 간식거리였다. 푸틴이 던진 그물에 걸려든 먹잇감은 바로 프랑스 총리였다. 프랑스 대통령으로 유력한 인물이었다. 이번에도 덫은 거의 완벽했다.

KGB 요원이 갖춰야 할 기본 역량 중에는 최소한의 심리적

감각이 있다. 그래야 적의 허점과 약점을 간파할 수 있고, 그것을 이용해 적을 추켜세우다가 때가 왔을 때 무너뜨릴 수 있다. 앙겔라 메르켈도 이 감각을 경험한 적이 있다. 푸틴은 메르켈에게 개 공포증이 있다는 사실을 알고, 메르켈이 러시아를 첫 공식 방문했을 때 소파에 개 인형을 올려두었다. 메르켈이 두 번째 방문했을 때는 푸틴이 키우던 검은 래브라도 리트리버가 두 사람이 대화를 나누던 공간을 자유롭게 돌아다니도록 풀어놓았다. 냄새를 맡는 개 앞에서 잔뜩 긴장한 메르켈과 그 광경을 지켜보며 짓궂게 웃는 푸틴의 모습은 사진으로도 남아 있다. 악몽 같은 회담을 끝내고 밖으로 나온 메르켈은 참모에게 "그와 그의 방식은 내가 훤히 꿰뚫었다. 그는 KGB의 전형이다"라고 말했다.

푸틴은 프랑스 총리 프랑수아 피용François Fillon의 약점도 간파했다. 슈뢰더와 마찬가지로 피용 총리도 돈에 약했다. 이 점은 끌어들이기 작전을 쉽게 풀어주는 기본 원칙이다. 게다가 피용은 드골주의(프랑스 18대 대통령인 샤를 드골이 제시한 정치사상. 그는 민족 자결을 내건 비동맹 외교정책을 채택했다 - 옮긴이)를 신봉하는 프랑스 주권주의(국가 주권을 중시하며 그보다 큰 집단에 맞서 독자성을 추구하는 정치 이념. 프랑스 정계에서 많이 추종하며 드골주의가 대표적이다 - 옮긴이) 전통을 따르는 인물이었다. 또한 미국 자유민주주의를 싫어했고, 그런만큼 러시아에 매혹됐다. 그에게 러시아는 문학이 발전하고 영혼이 충만하며 기독교 전통이 강한 성스럽고 위대한 국가였다. 러시아의 전제적 지도자인 푸틴은 서방의 타락한 도덕과 대비되어 가족, 종교, 도덕적 질서가 얼마나 중요한지를 떠올리는 인물이었다. 이런 호감을 품은 피용은 워싱턴이나 브뤼셀보다 모스크바로 더 마음이 기울었다. 1992년 그는 유럽중앙은행을 설립하고 은행 시스템과 유로화를 창설하는 사안의 기초를 다진 마스트리흐트 조약에 반대했다. 푸틴에게는 좋은 출발 신호였다.

2007년 니콜라 사르코지Nicolas Sarkozy 대통령이 프랑수아 피용을 총리로 지명했다. 총리직에 오른 피용은 푸틴 목록의 상위에 오를 만큼 더 훌륭한 먹잇감이 됐다. 푸틴과 그는 직접 대화를 나누는 상대자가 되면서 특별한 관계를 형성했다. 푸틴은 드미트리 메드베데프가 차기 대통령으로 선출되게 만들어 적법하게 정권을 교체하고, 동시에 권력을 유지하는 뛰어난 책략을 발휘했다. 그리고 총리 자리에 앉아 차기 대선을 노렸다. 푸틴과 피용은 각각 러시아와 프랑스의 총리였다. 피용은 2007년부터 2012년까지, 푸틴은 2008년부터 2012년까지 총리직을 맡았다. 두 사람은 냉철하고 끈기 있는 사람들만 할 수 있는 극한 스포츠를 좋아한다는 공통점이 있었다. 피용은 자동차경주, 그리고 사르트와 솔로뉴 지역에서 암사슴과 꿩 사냥을 즐겼다. 푸틴은 무술과 바이크를 사랑하고 곰, 고라니, 호랑이 사냥하기를 좋아하며 시베리아 강가에서 웃통을 벗고 낚시도 즐겼다. 두 사람은 관점이나 관심사도 비슷했다.

피용은 정치 감각이 없는 니콜라 사르코지와는 달랐다. 사르코지는 2007년에 대통령으로 당선되기 직전 이렇게 섣부른 말을 했다. "나는 절대 푸틴과 악수하지 않을 것이다." 푸틴은 그 말을 똑똑히 기억했다. 대통령이 된 사르코지에게 5년 동안 '협력자'(2차 세계대전 당시 나치 독일에 협력한 프랑스인을 가리키는 말 – 옮긴이)라는 말을 들은 피용은 더더욱 푸틴의 비위를 맞췄다. 피용과 푸틴은 서로를 관저에 초대했고, 소치에서 당구 게임을 즐겼으며, 정성 어린 선물을 주고받았다. 서로 "친애하는 프랑수아" "친애하는 블라디미르"라고 부르기까지 했다. 초기에 총리 관저에서 푸틴을 맞을 때 피용은 그를 안으로 안내하면서 과감한 제안을 했다. 참모였던 장 드 부아쉬가 곧바로 러시아어로 통역했다. "우리 서로 솔직해지는 게 어떨까요?" 그러자 푸틴은 장난기 어린 미소를 지으며 대꾸했다. "그러면 좋죠. 하지만 우리 외교관들이 그걸 보고만 있을까요?" 선을 넘는 피용의 제안이 푸틴은 아주 마음에 들었다.

피용의 5년 임기가 끝났을 때 푸틴은 슈뢰더에게 사용한 방법을 똑같이 꺼내들었다. 미래의 먹잇감이 선거에서 패배하고 아무도 그에게 전화하지 않아 의기소침해 있을 때 특별히 신경 쓰는 모습을 보여주는 것은 정치심리학의 기본 중 기본이다. 니콜라 사르코지가 프랑수아 올랑드François Hollande에게 패배한 다음 날인 2012년 5월 7일, 푸틴은 피용에게 전화를 걸어 앞으로 어떻게 할 거냐고 물었다. 그러자 전직 총리가 된 피용은 이렇게 대답했다. "당(대중운동연합, UMP)을 잡을 겁니다." 그것은 하나의 단계였다.

목표는 2017년이었다. 피용은 프랑스 대통령이 되고 싶었다.

2013년 봄, 푸틴은 피용을 모스크바 외곽 숲 한가운데에 있는 노보-오가료보 관저에 초대했다. 드문 일이었고, 의도가 없지 않았다. 초대한 권력자는 지구에서 가장 큰 국가의 주인이었고, 짧은 '민주적 정권 교체' 시기에 잠깐 총리직을 맡았다가 다시 러시아 연방 대통령이 된 사람이었다. 손님은 이제 대단한 인물이 아니었다. 총리였다가 다시 초라한 파리의 한 지역구 의원이 된 사람이었다. 하지만 그에게는 아직 미래가 남아 있었다. 키치한 스타일의 다이닝룸에서 테이블에 둘러앉은 사람은 네 명뿐이었다. 푸틴은 피용에게 최고급 와인인 1931년산 무통 로쉴드를 대접했다. 피용의 어머니가 태어난 해에 생산된 와인을 일부러 골랐다는 말도 잊지 않았다. 그날 저녁 푸틴은 자신이 품은 꿈을 이야기했다. 시베리아를 개발해서 태평양으로 개방하는 꿈이 있는데 돈이 많이 들어간다고 말이다. 동독 드레스덴에서 보낸 KGB 요원 시절 추억도 그리운 듯 꺼냈다. 그러고 나서 피용에게 사르트와 파리, 프랑스의 하원의원 생활을 물었다. 두 남자는 서로 통하는 무언가가 있었다.

그 뒤로 몇 년 동안 프랑수아 피용의 트위터 계정은 러시아의 대의를 옹호하는 주장으로 가득했다. 2016년 11월 21일 @FrancoisFillon에는 이런 포스트가 올라왔다. "러시아는 세계에서 가장 큰 국가다. 러시아는 전혀 위협이 아닌데도 사람들은 러시아를 아시아 쪽으로 밀어내고 있다." 그날은 우파와 중도파의 대선 경선에서 그가 승리를 거두고 일주일이 지난 시점이었다. 푸틴은 2017년 프랑스 대선을 예의주시했다. 그리고 공공연히 피용을 지지했다. "내 생각에 피용 전 총리는 프랑스뿐만 아니라 전 세계 정치인들과는 아주 다른 사람이다. 매우 훌륭한 인물이다." 푸틴은 자신이 지지하던 브렉시트 통과와 도널드 트럼프의 선거 이후 서방에 팽배하는 포퓰리스트 민족주의 흐름의 보이지 않는 아이콘이 됐다. 그가 보기에는 프랑스에서 주도권을 잡기가 유리할 듯싶었다. 선거일 몇 주 전에 열린 TF1 텔레비전 토론회에 참가한 주요 후보 다섯 중 세 명이 러시아의 정책에 우호적이었기 때문이다. 피용은 마린 르펜, 장-뤼크 멜랑숑과 함께 러시아의 크림반도 병합과 돈바스 분리주의자들을 위한 지원이 정당했다고 주장하며, 유럽연합이 "아무런 위협도 되지 않는" 러시아를 제재한다고 개탄했다. 사회당후보인 브누아 아몽Benoît Hamon과 대통령으로 선출될 에마뉘엘마크롱 후보만이 러시아의 침공을 비난하고 러시아가 국제 질서를 위협한다고 우려했다.

그 후 벌어진 일은 모두가 기억할 것이다. 피용은 여러 사건으로 기소되면서 선거운동을 제대로 치르지도 못하고 참패했다. 특히 가족 허위 채용 스캔들로 타격이 컸다. 이후 정계에서 은퇴한 그는 2021년 6월 러시아 석유 그룹인 자루베즈네프트의 이사가 됐다. 이 회사는 해외 유전 개발 사업에 특화된 국영기업이다. 2021년 12월에는 러시아 석유화학 대기업인 시부르의 이사가 됐다. 이 기업이 러시아 권력층과 가깝다는 말은 굳이 할 필요도 없다. 푸틴의 딸과 결혼한 키릴 샤말로프Kirill Chamalov는 시부르 지분의 3.8%를 저렴한 가격인 3억 8000만 달러에 사들일 수 있었다. 러시아에서 손꼽히는 부호인 레오니드 미켈손Leonid Mikhelson과 겐나디 팀첸코가 시부르 최대 주주다. 팀첸코는 푸틴의 오랜 친구이자 전직 KGB 요원으로, 상트페테르부르크에서 푸틴과 함께 유류 터미널을 만들려고 했던 인물이다.

2023년 5월, 피용은 앞에서도 잠깐 언급했던 외국 간섭에 관한 의회 조사위원회에서 연 청문회에 출석했다. 그리고 러시아가 우크라이나를 침공한 다음 날 자루베즈네프트와 시부르의 이사회에서 물러났다. 2시간 33분 동안 이어진 청문회에서, 그는 자신이 러시아의 외국 간섭에 꼭두각시가 될 수 있었다는 말에 불편함을 드러내며, 그렇지 않다고 잘라 말했다. 하원의원, 장관, 행정부 수반으로서 프랑스를 위해 일한 36년 공직 생활 동안 프랑스를 위험에 빠뜨린 적이 없으며, 자신의 정치 경력과 관련해 "누구에게도 빚지지 않았다"고도 밝혔다. 아마 그는 총리로서 적국을 위해 일하고도 아무런 책임이 없다고 순진하게 믿었던 것 같다. 그래서 이런 농담까지 던졌다. "제가 만약 붉은광장에서 햄을 팔고 싶으면 그렇게 할 겁니다. (…) 제가 총리였다는 이유로 직업을 가질 수 없다는 말은 받아들일 수 없습니다." 청문회 당시 피용은 자신을 게르하르트 슈뢰더, 그리고 도미니크 스트로스-칸Dominique Strauss-

Khan과 비교했다. "저는 자루베즈네프트 이사회에 독립 이사로 있습니다. 슈뢰더가 로즈네프트, 스트로스-칸이 러시아 국부펀드에 그런 자격으로 있는 것과 마찬가지입니다. 저는 러시아를 적대국으로 생각하지 않습니다. 유럽의 외교정책은 무책임하고 유럽의 미래에 위험합니다. 러시아가 적대국이었다면 천연가스도 사지 말아야죠!"

얘기가 나왔으니 말인데, 2019년에 피용은 알렉세이 밀레르를 만났다. 2023년 프랑스2에서 방영한 다큐멘터리 〈푸틴의 네트워크Les Réseaux Poutine〉 제작팀은 파리 주재 러시아 대사가 2019년 2월에 쓴 편지를 손에 넣었다. 이 편지에는 프랑수아 피용이 푸틴을 만난 이후 가스프롬 회장과 대면하기를 바랐다고 적혀 있었다. "대사관에서 프랑수아 피용 전 총리의 연락을 받았습니다. 알렉세이 밀레르를 만나 지난 12월에 푸틴 대통령과 논의했던 축구팀 후원 문제와 노르트스트림2에 관해 얘기를 나누고자 하니 도움을 달라는 내용이었습니다." 푸틴이 정성을 기울이는 대규모 프로젝트이며, 노르트스트림1과 마찬가지로 우크라이나를 거치지 않고 유럽 전역에 천연가스를 공급할 그 노르트스트림2 말이다. 다큐멘터리에는 목소리를 변조한 제보자가 등장한다. "당시는 노르트스트림2에 매우 중요한 시기였습니다. 러시아는 유럽 지역에서 노르트스트림2 프로젝트를 홍보해줄 유럽 지도자들의 도움이 필요했습니다."

푸틴을 만나고 몇 달이 지나서, 피용은 카리스마 있는 가스프롬 회장과 세 차례 대면할 수 있었다. 다큐멘터리에 나온 익명의 제보자는 이렇게 증언했다. "프랑수아 피용은 영향력 있는 사람입니다. 프랑스 내부도 잘 알고요. (…) 그 모든 것이 유럽과 비즈니스를 하고 정치에 영향을 끼치기 위해 꼭 필요한 일이었습니다." 피용이야말로 가장 적절한 인물이었다. 가스프롬 회장과 만나서 어떤 결과를 얻었는지, 가스프롬과의 협력이 성사됐는지는 알 수 없다. 그러나 그 만남 이후에 피용은 자루베즈네프트와 시부르의 이사 자리를 제안받았다. 다큐멘터리에 따르면 연봉이 8만 유로에 달했다. 슈뢰더가 가스프롬과 노르트스트림을 위해 일하고 받은 연봉은 정확히 알려지지 않았다. 2017년 독일 언론은 그가 노르트스트림2AG 이사장으로 30만 유로를 받았다고 보도했다. 2018년에는 러시아 언론이 슈뢰더가 가스프롬에서 보너스로 50만 유로를 받았다고 보도했다. 이 정도가 푸틴이 유럽 한가운데서 엘리트들과 영향력 있는 인물들에게 지불한 대가다. 그 사실을 순진하게 몰랐든, 모르는 척할 뿐이든, 돈을 받은 사람들은 러시아가 우크라이나에서 '특별 작전'을 벌이기 전까지 치렀던 하이브리드 전쟁에 무기로 쓰인 셈이다.

거대한 강철 뱀 노르트스트림은 침공하기에 적절한 때를 기다리며 발트해 해저에서 몸을 만들고 있었다. 노르트스트림 파이프라인은 푸틴이 유럽에 선사한 트로이 목마다. 그 목마가 이번에는 잠든 무해한 뱀의 모습을 떠었을 뿐이다. 노르트스트림은 나른해 보이는 거대한 파이프라인, 바다 밑에 잠긴 거대한 물뱀이었다.

발트해 한가운데 물거품을 일으키며 거대한 원을 그리는 흑백

사진을 보고 사람들은 충격에서 헤어나지 못하고 있다. 메탄이

새어나와 환경을 파괴할까 우려스럽다. 폭발하고 두 달이 지난

지금까지도 조사는 제자리걸음이다. 진행 속도가 워낙 더뎌

투명성에 문제가 있는 것은 아닌지 의심을 사고 있다. 사람들이

알고 싶어 하지 않을 정보를 감추고 있는 것일까? 그렇다면 누가?

유럽의 러시아 에너지 의존도를 상징하는 노르트스트림 폭파

사건은 우크라이나 전쟁의 주요 미스터리가 됐다.

파이프라인은 국제수역에서 공격을 받았다. 스웨덴과 덴마크의

영해가 아닌 배타적 경제수역이었다. 두 국가는 천연자원 개발과

환경 보전을 위해 자국의 배타적 경제수역 안에서 주권과

사법권을 행사할 수 있다. 그러나 국제수역에서 자체 조사를
실시할 권리는 모든 국가에 있다. 파이프라인 도착지인 독일이
여기에 해당한다. 러시아도 마찬가지다. 10월 말, 파이프라인
소유주이며 가스프롬이 최대 주주인 노르트스트림 컨소시엄은
스웨덴 수역에서 조사를 진행하기 위해 민간 국적선을 파견했다.
11월에는 덴마크 수역에 있는 가스관을 조사하기 위한 허가도
받았다. 지금까지 진행된 조사들은 하나같이 누구나 다 아는
실망스러운 결론에 도달했다. 폭발이 사보타주의 결과라는
얘기다.

　11월 18일, 스웨덴에서 수행한 예비조사의 담당 검사 맞스
융크비스트는 "지금까지 진행된 분석에서 여러 이물질을
발견했는데, 그 가운데 폭발물 잔여물이 보인다"고 밝혔다. 그리고
이렇게 덧붙였다. "예비조사를 계속 진행하면 범죄로 누구를
기소해야 할지 밝혀질 것이다."

　관련 국가들은 2개국씩 혹은 아주 작은 그룹으로 나뉘어
조사에 나서고 있다. 나토는 조사할 권한도 없고 개입하고 싶어
하지도 않는다. 조사에 관한 기밀이 유지되기에는 서로 이익이
충돌하는 국가들이 지나치게 나토에 관여한다.

"내가
죄인이군요!"

> 슈뢰더는 푸틴이 얻은 가장 화려하고
> 완벽한 트로피였지만, 유일한 트로피는
> 아니었다.

"

빌리 브란트가 슈뢰더의 집무실 한쪽에서 무릎을 꿇고 있다. 1970년, 독일과 폴란드 사이 화해의 표시로 바르샤바 게토 영웅 기념비 앞에서 무릎을 꿇고 헌화하던 그때 그 모습이다. 1930년대 이후 최초의 사회민주당 소속 정부 수반(1969~1974)이 됐고 독일 사회민주주의 역사에 길이 남을 위대한 총리 브란트의 실물 크기 청동상이 총리 집무실에 당당히 자리를 잡고 있다. 총리였다가 러시아 최대 국영기업 가스프롬에서 연봉을 받으며 노르트스트림AG 이사장이 된 먼 후배 슈뢰더를 노려보는 듯하다.

빌리 브란트는 소련 및 바르샤바조약기구 회원국들과 관계를 개선하기 위한 정책을 펼쳐 역사에 한 획을 그었다. 그의 정책은 냉전시대 긴장 완화와 독일 통일에 한몫했다. 베를린 시장으로 재직하던 시절(1957~1966), 그는 소련과 미국 진영으로 나뉘어 도시를 반으로 가르던 시멘트벽과 철조망에 유달리 민감했다. 뼛속까지 반공산주의자인 데다가, 독일 사민당 기조가 그러했듯 미국 및 나토와 긴밀하게 협력하자는 데 찬성하는 사람이었다. 그러나 소련과 대화의 물꼬를 트고 정치와 교역을 정상화하면 평화를 확보할 수 있다고도 생각했다. '프라하의 봄'(1968) 이후 소련 탱크들이 체코슬로바키아로 진격한 뒤에도 브란트는 의지를 꺾지 않았다. 1970년에는 모스크바를 직접 방문해 레오니트 브레즈네프 총리를 만났다. 1973년에는 소련 지도자들을 서베를린으로 초청해 역사적인 국빈 방문이 성사됐다. 그의 동방정책이 탄생한 순간이다. 이 정책으로 그는 노벨평화상을 받았다.

브란트 총리, 그리고 독일 사민당과 밀접한 관련이 있는 동구권 화해 정책은 브란트 후임이자 역시 사민당 출신인 헬무트 슈미트 총리 재임 시절에도 계속 추진됐다. 동방정책은 해를 거듭할수록 기준이 됐고, 마침내 독일 전체의 정책이 됐다. 같은 해인 1973년, 독일 기업들과 가스프롬 전신인 소련 가스산업부가 처음으로 천연가스 공급 계약을 체결했다. 독일 기업들이 파이프라인 건설에 필요한 자금을 대고, 소련은 천연가스를 공급한다는 내용이었다. 소련산 석유 수입은 천연가스보다 이미 덜 독점적이었다. 이 지점이 동유럽 국가들과 에너지 수요가 많은 독일의 관계를 좌우하는 열쇠였다. 동방정책은 천연가스로 시작됐다.

"저는 동방정책이 시행되던 초기에 기독교민주연합의 젊은 당원이었습니다. 당과 마찬가지로 저도 동방정책에 반대했습니다." 메르켈 정부에서 여러 번 장관을 지냈고 그 바람에 노르트스트림을 실현한 장본인이 된 페터 알트마이어Peter Altmaier의 말이다. 그때 기독교민주연합에서는 파이프라인이 건설되고 나면 소련이 그것을 무기로 쓸 것이라고 주장했다. 하지만 그들은 틀렸고 빌리 브란트가 옳았다. 동방정책은 50년 동안 아무 문제 없이 작동했다.

아무 문제가 없었던 것은 동방정책이 계몽주의 시대 산물로 독일을 넘어 널리 퍼진 이데올로기적 확신에 기댔기 때문이다. 그 이데올로기란 바로 몽테스키외가 주장한 '온화한 상업doux commerce'이다. 몽테스키외는 무역이 우호적인 정치관계를 형성해서 정부들이 서로 전쟁을 하지 않게 만든다고 말했다. 볼테르도《철학서간》에서 같은 주장을 펼쳤다. "런던증권거래소에 들어가보라. 거기는 수많은 왕실보다 더 훌륭한 곳이다. 그곳에 가면 인간의 유용성을 위해 모인 각국 대표들을 볼 수 있다. 그곳에서는 유대교, 이슬람교, 기독교를 믿는 사람들이 마치 같은 종교를 신봉하는 듯이 서로를 대하고, 파산하는 자만을 이교도라 부른다." 서방 자유주의 사상의 기초를 세운 계몽주의자들이 보기에 무역은 "야만적인 풍습을 누그러뜨린다". 그리고 열렬한 신앙, 민족주의, 인종주의, 외국인을 향한 불신, 국경 안으로 위축되는 경향을 이긴다. 그렇게 무역은 경제적으로 서로 의존하게 만들고, 그 상호의존성이 평화를 부르는 요소가 된다. 무역을 하지 않으면 자신의 이익을 거스르고 점점 가난해지기 때문이다. 독일은 여기서 '접근을 통한 변화Wandel durch Annäherung'라는 개념을 최초로 이끌어냈다. 이 개념을 생각해낸 사람은 에곤 바르Egon Bahr였다. 빌리 브란트 정부 장관이자 특별고문이었고 동방정책을 설계한 주요 인물이다. 시간이 흐르면서 이 개념은 '무역을 통한 변화Wandel durch Handel'라는 구호로 다듬어졌다. 독일어 라임도 맞고 정말 믿고 싶은 구호였다. 이 구호는 이데올로기가 됐고, 여느 이데올로기처럼 맹목적 폭주와 순진함도 함께 따라붙었다. 다시 말해, 무역이 마법 같은 비료가 되어 민주주의를 잔디처럼 쑥쑥 자라게 할 것이며 독재자들을 유순하게 만들어 해를 끼치지 않게 하리라 믿었다. 그러나 이런 믿음은 일부분만 옳았고, 완벽한 이론이 으레 그렇듯 현실적 난관에 부딪히게 된다. 그 난관이 바로 푸틴이다.

슈뢰더와 메르켈 정부 시절 독일 지도자들은 독일이 러시아산 천연가스에 의존하는 것은 러시아가 독일에 의존하는 것이나 마찬가지라고 믿었고, 그렇게 논리를 펼쳤다. 독일이 천연가스 공급자인 러시아에 의존하면 러시아도 고객인 독일에 매달릴 테니, 각자 서로에게 덫을 놓는다면 모든 일이 수포가 돌아간다는 주장이었다. 1970년대 말에 이미 미국은 이런 상황을 우려했다. 유럽에서 받은 돈으로 군대를 증강하는 소련이 미국으로서는 달갑지 않았다. 지미 카터 대통령은 독일에 "미국이 소련에 채찍을 드는 동안 유럽은 당근을 주는 모습"이 지겹다고 알렸고, 이후에 도널드 트럼프 대통령이 더 천박한 표현으로 이런 의사를 전달했다. 헬무트 콜 총리는 카터 대통령에게 "걱정하지 마십시오. 교역에 나서는 나라가 전쟁을 하지는 않습니다"라고 답변했다. 이런 분위기가 그럴듯한 상호의존성 이론에 따르면 나올 수 있는 논리적인 시나리오다. 폴란드 유럽의회 의원이자 전임 외무부 장관인 라도스와프 시코르스키Radosław Sikorski도 "물론이다. 그러나 상호의존성은 늑대와 양 사이에도 통한다"고 말했다.

푸틴의 양들, 유럽 전문가 대부분, 노르트스트림 지지자, 독일 정치인과 기업가, 전쟁을 믿지 않던 사람들이 보려 하지 않았던 것은 자신의 평행우주에 갇힌 독재자가 이익보다 열정을 앞세운다는 사실이다. 그들은 "러시아가 우크라이나를 장악할 일은 없다"고 선을 그었다. "전쟁을 해서 이로울 것이 없다"고도 했다. 그러나 푸틴에게, 경제적 이익을 따지는 시간이, 잃어버린 러시아 제국을 재건하는 계획, 욕구불만과 구세주의가 결탁한 그 꿈보다 우위에 설 일은 없다. 제국주의를 신봉하는 독재자들이 예시로 거론됐고, 프랑스 사회학자 레이몽 아롱Raymond Aron도 이미 경고한 바 있다. "민족이 열정보다 이익을 따르리라 믿는 사람은 20세기를 전혀 이해하지 못한 것이다."

21세기에도 마찬가지다. 그러나 '무역을 통한 변화' 이데올로기는 우위를 지켰다. 그래야 모두가 편하기 때문이다. 이 이데올로기는 베를린장벽이 무너진 뒤로 나타난 열광에 꼭 맞아떨어졌고, 프랜시스 후쿠야마를 포함한 이들이 역사의 종말과 자유민주주의의 보편화를 예언하도록 이끌었다. 또한 세계화를 가장 편하게 받아들인 유럽 강대국 독일의 이익과 수출 산업의 요구를 들어줬다. 러시아 기술관료와 군대 장성들을 배출한 프로이센부터 카를 마르크스라는 독일인의 글에서 영감을 받은 볼셰비키 혁명에 이르기까지, 공동의 역사로 이어진 두 강대국의 지리적 근접성에도 들어맞았다. 그 밖에도 1941년 6월에 있었던 바르바로사 작전으로 목숨을 잃은 수백만 러시아인을 향해 독일이 안고 있던, 말로 다할 수 없는 죄책감도 덜어줬다. 바르바로사 작전은 독일 나치가 소련을 침공한 군사작전으로, 인류 역사상 더없이 참혹한 전투 중 하나였다.

노르트스트림은 이처럼 이데올로기적 순진함, 얽히고설킨 역사, 서로 잘 꿰뚫어본 이익이 맞물려 탄생했다. 냉전은 끝났고, 세계화는 좋은 일이며, 러시아와 서방의 평화는 영원하리라는 환상 속에서 태어났다. 또한 교역을 앞세우는 언제나 모범적인 가스프롬의 행태, 오랜 협력과 충돌, 타협의 역사에서 생겨났다. 그리고 베를린장벽을 해체하는 데 분명한 역할을 했고, 독일 통일부터 메르켈 시대 이전까지 '유럽의 환자'라는 취급을 받으며 뒤처졌던 국가의 놀라운 산업 성장에 기여한 빌리 브란트의 동방정책이 가져온 산물이다. 2022년 4월 〈뉴욕타임스〉와 인터뷰하는 자리에서 슈뢰더는 "이 모든 요소가 아주 일찍부터 나와 러시아의 관계에 영향을 주었다. 나는 총리로서 이 길로 계속 나아가려 애썼다"고 밝혔다. 1998년부터 2005년까지 그는 본질적인 개혁을 단행하며 박차를 가했다. 그래서 동방정책은 폭주했고, 때로는 극단으로, 더 나아가 순전히 사적인 목적으로 추진됐다. 슈뢰더는 독일이 러시아와 얽힌 오래된 정치적 역사, 그리고 특히 메르켈과 서너 번 연립정부를 구성하며 권력을 놓지 않았던 독일 사민당이 낳은 부도덕하고 부패한 부속물일 뿐이었다.

슈뢰더는 푸틴이 얻은 가장 화려하고 완벽한 트로피였지만, 유일한 트로피는 아니었다. 그는 독일 사민당, 그리고 사민당-에너지 산업-러시아를 잇는 네트워크 안에서 거대한 거미였다. 거미줄, 곧 최고의 정복을 완성할 수 있도록 돕는 타란툴라의 거미줄인 노르트스트림 프로젝트와 A/S 서비스 전체를 만들어낼 수 있게 거드는 크렘린궁 주인의 친구이자 채무자다. 슈뢰더가 독일 정치를 떠나 러시아를 위해 일하더라도 여전히 베를린에 영향력을 행사할 수 있다는 점에서 푸틴에게는 그가 더없이 소중한 노획품이다. 슈뢰더가 사민당을 떠난 뒤에도 사민당 내부에서 그와 친분을 돈독히 다진 동료 두 사람이 여전히 권력을 쥐고 있어, 슈뢰더는 먼 거리에서도 영향력을 행사하기 수월했고 친구들에게도 크렘린궁 문을 열어줄 수 있었다. 사민당의 이 두 기둥, 메르켈 정부의 두 거물은 바로 외무부 장관과 경제에너지부 장관(가스프롬과 거래를 추진하기에 핵심적인 자리)이었다. 두 사람은 차례로 부총리를 지내기도 했다.

첫 번째 인물은 프랑크-발터 슈타인마이어Frank-Walter Steinmeier로, 현 독일 대통령(2017~)이다. 슈뢰더가 니더작센주 주총리로 재임할 때 비서실장이었다가 이후 연방총리실 총리실장을 지냈다. 연방정부에서 정보기관 의원으로 일하기도 했다. 두 번째 인물은 지그마어 가브리엘Sigmar Gabriel이다. 슈뢰더 측근인 그는 슈뢰더 같은 카리스마와 야망은 없지만 이력과 출신 지역이 같았다. 슈뢰더처럼 사민당 의장을 지냈고, 슈뢰더가 연방총리로 당선됐을 때 그 뒤를 이어 니더작센주 주총리가 됐다.

니더작센주가 슈뢰더의 고장이라면 상트페테르부르크는 푸틴의 구역이다. 그곳은 충직한 친구들이 있는 기반이었다. 푸틴이 끌어들인 사민당 조직의 일원은 모두 독일 북부 니더작센주 출신이다. 북해 연안과 맞닿으며 함부르크 남쪽에 있는 니더작센주는 독일에서 바이에른주 다음으로 큰 주이며, 15개 항구와 산업 생산 기지들이 포진한 무역의 요충지다. 독일 최대 자동차 제조기업인 폭스바겐 본사가 이곳에 있다. 세계 최대 화학기업인 바스프는 라인란트팔츠주 루트비히스파헨에 본사가 있지만, 대규모 생산 기지는 이곳에 있다. 푸틴은 사민딩 성향이 강한 니더작센주에 영광을 돌렸다. 이 주에 크게 빚을 진 그다. 2004년 하노버에서 슈뢰더가 60세를 맞이했을 때 푸틴은 기병 40여 명으로 구성된 합창단을 대동하고 파티에 참석했다. 합창단은 슈뢰더 총리를 위해 주가인 〈니더작센리트〉를 불렀다. 니더작센주 출신 사민당 3인방은 저마다 개성이 달랐다. 활발하고 쾌활한 슈뢰더에 비해 슈타인마이어는 조용하고 진지한 편이다. 가브리엘은 창조적이며 언변이 좋았지만, 기분이 오락가락하고 통제가 안 되는 성격이었다. 회색 눈에 볼이 통통하고 잘 웃지도 않는다.

지그마어 가브리엘은 베를린에 있는 자신의 사무실에서 나를 맞았다. 슈프레강 강변에 있는 그의 사무실은 놀랍게도 박물관섬을 마주 보는 앙겔라 메르켈의 개인 아파트 바로 옆 건물이다. 가브리엘은 메르켈의 연립정부에서 여러 번 장관을 지냈고 2013년부터 2018년까지는 부총리를 겸직했다. 2005년부터 2009년까지 환경부 장관, 2013년부터 2017년까지 경제부 장관, 2017년부터 2018년까지 외무부 장관을 거쳤다. 슈뢰더가 가스프롬의 대표 로비스트가 됐을 때 러시아산 천연가스는 노르트스트림1을 타고 전속력으로 수송되고 있었다. 우크라이나, 폴란드, 튀르키예를 거치는 천연가스도 있었다. 러시아와 독일을 직접 연결하는 두 번째 가스관 노르트스트림2에 관한 논의는 노르트스트림1이 완공된 2011년에 이미 시작됐다.

그러나 세월이 변했다. 푸틴이 품은 제국주의 계획을 알리는 징조들이 그가 권좌에 오를 때부터 보였는데, 이제는 눈 뜨기를 열렬히 거부했던 사람들에게조차 감추기 어려워졌다. 2008년부터 푸틴은 조지아의 20%를 장악했다. 2013년에는 바샤르 알-아사드의 적들이 장악한 시리아 도시들을 공습하기 시작했다. 2014년에는 크림반도를 병합하고 돈바스 지역 분리주의자들에게 무기를 제공하며 우크라이나 전쟁을 시작했다. 크림반도를 병합하는 사건이 일어났는데도 2015년에 시작된 노르트스트림2 건설을 찬성했던 사람들에게는 사안이 복잡해지기 시작했다. 유럽에서 미국까지, 브뤼셀에서 바르샤바를 거쳐 워싱턴에 이르기까지 계획에 반대하는 목소리가 거세졌다. 독일은 고립됐다. 그러나 메르켈은 고집을 꺾지 않았다. 슈뢰더-가브리엘-슈타인마이어 3인방이 가장 적극적이었다. 러시아 전제정치에 반대하는 녹색당과 각 정당 내부에서 이의를 제기하는 몇몇 의원들을 제외하고, 독일 주요 정당들은 일제히 노르트스트림2 프로젝트를 지지했다. 기민당과 바이에른 기독교사회연합CSU의 대다수, 자유민주당FDP 자유주의자 대다수, 사회민주당 대다수, 그리고 메르켈의 마지막 부총리이자 재정부 장관이었던 올라프 숄츠 현 총리도 지지 세력에 포함됐다.

가브리엘과 나눈 긴 인터뷰는 자기변명을 늘어놓느라 여념이 없는 프랑스 정치인들에게 익숙한 내게는 이상하게 들리는 자아비판이었다. "제가 경제부 장관이었을 때 노르트스트림1은 이미 완공된 상태였습니다. 우리는 모두 노르트스트림2 프로젝트에 찬성했죠. 모두가요. 독일 경제는 꾸준히 성장하는 중이었고, 총리는 석탄과 원자력으로 전기를 생산하는 방식을 점점 줄이겠다고 약속한 상황이었습니다. 천연가스는 신재생에너지 시대로 향하는 값싼 통행로가 될 참이었습니다."

"러시아산 천연가스에 독일이 의존하게 되는 측면을 두고는 메르켈 총리가 슈뢰더 총리에 비해 더 소극적이었나요?"

"그런 관점에서 보면 슈뢰더 총리와 메르켈 총리는 근본적으로 다르지 않습니다. 슈뢰더 총리가 더 정치적이었고 메르켈 총리는 더 실용적이었다고 할 수 있죠. 슈뢰더 총리는 러시아, 독일, 유럽의 관계 강화를 강조했고, 노르트스트림은 안정과 평화를 가져다줄 매개체였습니다. 메르켈 총리도 그 점을 놓치지 않았어요. 노르트스트림이 경제적으로 필요하다고 봤으니까요."

"메르켈 총리는 노르트스트림을 열렬히 지지한 인물이 아닌가요?"

"메르켈 총리는 노르트스트림2를 찬성하거나 홍보하지는 않았습니다. 하지만 탈원전과 탈석탄을 동시에 달성해야 하는 독일의 에너지 정책 때문에 천연가스가 필요하다는 점을 잘 알고 있었어요. 탈원전과 탈석탄을 빨리 마무리할수록 에너지 전환은 길어질 것이라는 점도요. 메르켈 총리는 노르트스트림을 러시아나 푸틴과 정치적 관계를 강화하는 수단으로 보지 않았습니다. 독일의 경제적 성공을 위협하는 원자력과 석탄에서 동시에 벗어날 수 있는 해법으로 생각했지요. 슈뢰더 총리는 좀 더 정치적인 관점으로 바라봤고, 저도 그때는 그의 관점에 동의했다고 해야겠습니다. 무역 하나만으로는 변화를 이끌어낼 수 없다고 생각했거든요. 경제 협력으로 독일과 프랑스가 전후 적대관계를 청산할 수 있었지만,

무역을 뒷받침할 정책이 있었기에 가능한 일이었지요. 그래서 저는 '무역을 통한 변화'라는 표현을 절대 쓰지 않습니다."

"메르켈 총리는 노르트스트림을 둘러싼 로비의 영향을 받았습니까?"

"저는 메르켈 총리가 값싼 러시아산 천연가스에 독일 산업이 의존하는 측면을 알았다고 봅니다. 항상 노르트스트림은 정치가 아닌 경제 프로젝트라고 했으니까요."

"그 표현이 맞는 말인가요?"

"물론 아니죠. 경제 프로젝트이기만 했다면 관련 규정을 모두 준수하는 선에서 프로젝트를 시작할 수 있었을 테니까요. 하지만 우리는 푸틴 대통령에게 분명히 말했습니다. '안 됩니다. 러시아가 우크라이나를 통과하는 가스관(노르트스트림 이전부터 러시아에서 우크라이나를 거쳐 독일로 천연가스를 수송하는 브라더후드와 소유스)을 막지 않는다고 명시한 조약에 서명하지 않으면 우리는 노르트스트림을 시작할 수 없습니다.' 노르트스트림이 경제 프로젝트였다면 우리는 우크라이나를 통과하는 가스관을 유지하자고 협상하지 않았을 겁니다. 우리는 푸틴에게 우크라이나를 통과하는 파이프라인으로 천연가스 일정량이 계속 공급되어야 한다고 요구했습니다. 자연히 노르트스트림2의 선제조건은 휴전과 민스크 협상(나중에 다시 다루겠지만, 벨라루스 민스크에서 프랑스·독일·러시아·우크라이나가 개시한 협상이다)의 진전이었고요. 이 대목이 노르트스트림이 경제가 아닌 정치 프로젝트임을 보여주는 증거입니다."

"푸틴 대통령을 여러 차례 만나셨는데 무엇을 기대하셨나요? 슈뢰더 총리를 대동하신 적도 있죠?"

"슈뢰더 총리는 가스프롬과 교섭하는 상대 중 한 명이었습니다. 그가 있으면 독일 정부와 논의하기가 수월해졌지요. 노르트스트림2 프로젝트에는 항상 두 가지 선제조건이 있었습니다. 하나는 우크라이나의 현상 유지가 문제 되어서는 안 된다는 것이었고, 또 다른 하나는 우크라이나의 에너지 수급도 끊기지 않아야 한다는 것이었습니다. 저는 두 문제를 놓고 협상했습니다. 특히 우크라이나를 통과하는 가스관 유지 건을 다루었어요. 돈바스 전쟁이 2014년에 시작됐을 때 저는 푸틴에게 우크라이나 동부 지역에서 휴전할 것과 가스관 안전 보장을 얻어내려 했습니다. 당시 협상에 들어가는 제 입장은 그랬습니다."

"푸틴 생각은 어땠죠?"

"우크라이나 가스관 안전 보장은 받아들인 것 같은 인상이었습니다. 제 앞에서는 이 문제와 관련해서 항상 알렉세이 밀레르 가스프롬 회장과 반대 의견을 내비쳤거든요. 밀레르 회장은 우크라이나 가스관을 막고 싶어 했습니다. 그러더니 100억m³ 수송을 위해서라면 가스관을 사용해도 된다고 하더군요. 하지만 그 정도로는 어림도 없습니다. 우리는 최소 300억m³가 필요하다고 했죠. 푸틴이 가만히 지켜보다가 밀레르를 막고 우리에게 동의한다고 했습니다."

"좋은 형사, 나쁜 형사 게임을 한 것 같은데요?"

"제가 사람 속을 다 들여다볼 수 있는 건 아니니까요. 당시에 푸틴이 시작한 게임은 아니었다고 생각합니다. 코로나19가 유행하던 2년 동안 푸틴은 완전히 고립됐고 또 변한 듯 보였어요. 하지만 이런 종류의 동의는 절대 하지 않았고, 그저 때를 기다렸다가 우크라이나를 지도에서 사라지게 하려는 원래 계획을 실행하려든 것일 수도 있습니다. 어쩌면 푸틴의 연기력이 뛰어났을 수도 있고, 그가 정체를 드러내도록 우리가 꾀를 냈어야 하는데 그러지 못한 것일 수도 있죠."

"푸틴이 제국주의 같은 야망을 품고 러시아를 수정주의 국가로 만들려 한다는 사실을 깨달았을 때는 이미 노르트스트림2를 멈추기에 늦었나요?"

"개인적으로 저는 러시아가 크림반도에 개입하는 순간 그 사실을 눈치챘습니다. 그런데 그때는 우리가 푸틴을 상대하기에 훨씬 불리한 상황이었어요."

"그렇다면 왜 크림반도 병합 이후에 노르트스트림2 공사를 시작하게 내버려두었습니까? 메르켈 총리도 푸틴이 '현실감각을 잃었다'고 말하지 않았나요?"

"왜냐하면 당시 우리는 푸틴과 우크라이나 동부에서 휴전할 것을 협상하고 우크라이나를 통과하는 파이프라인의 안전을 확보하면서, 동시에 민스크에서 평화협정을 체결해야 했으니까요. 전쟁에 나간 사람에게 전쟁을 하지 말라고 말리고 싶을 때 '네가 원하는 프로젝트를 하지 않을 거야. 너는 싸움을 멈추고 휴전을 지시한 다음 여기 오른쪽 하단에 서명해야 해'라고 말하면서 협상을 시작하지는 않습니다. 돈바스 지역에서 사람들이 죽어나가는 판국이었으니, 우리 우선순위는 전쟁을 멈추는 것이었습니다. 2014년 크림반도 병합 이후로 우리는 우세한 위치가 아니었어요. 우리는 휴전이 가능하다고 확신했고, 협상을 막고 싶지 않았습니다. 그래서 이렇게 말했죠. '우크라이나를 통과하는 가스관의 안전을 확보해주고 휴전 협정을 준수하면 우리도 노르트스트림 프로젝트를 계속하겠다.' 그에 대한 조건은 이렇게 두 가지였습니다. 그런데 푸틴이 협정 체결을 받아들이더군요. 두 당사국이 서명했어요. 그러다가 다시 전쟁을 시작했습니다. 그렇다고 우리가 노르트스트림을 그만두면 푸틴도 우크라이나 가스관을 막았을 겁니다. 겨울인데 우크라이나에 가스를 공급할 수 없다? 우리는 그런 상황을 원치 않았어요."

"러시아 제재 해제를 찬성하셨는데요. 크림반도 병합 이후 메르켈 총리도 제재를 지지하지 않았습니까?"

"저는 민스크 협상 덕분에 전투가 멈췄을 때 제재를 순차적으로 해제하자는 데 찬성했습니다. 러시아는 유럽 안보와 평화에 핵심적인 국가예요. 러시아와 멀어지거나 대적하기보다는 협력하는 편이 나았습니다. 하지만 페트로 포로셴코Petro Poroshenko 당시 우크라이나 대통령이 유엔 안전보장이사회에서 했던 제안을 러시아가 진지하게 고민할 준비가 되어 있어야 했습니다. 왜냐하면 대통령 제안에는 우크라이나 동부 지역에서 협상한 휴전을 준수하게 만들려는 조치로, 강건한, 그러니까 무력을 동반한 유엔의 위임통치권이 담겼거든요. 러시아와 우크라이나가 휴전에 동의했지만 몇 번이나 휴전은 깨졌습니다. 러시아가 그럴 생각이 있었다면 저는 제재 일부를 완화해줘도 된다고 생각했습니다. 제재가 점차 강화됐으니 그 반대도 가능하지요."

"메르켈 총리나 올랑드 대통령처럼 민스크 협정이 불완전하긴 하지만 적어도 우크라이나가 전쟁에 대비할 시간은 줄 수 있었다고 말씀하시겠습니까?"

"네, 물론이죠. 하지만 일어날 전쟁에 대비할 시간을 벌게 하는 것이 전부는 아니었습니다. 우리는 무엇보다 전쟁을 피하고 우크라이나와 러시아의 위기를 타개할 출구를 찾을 수 있으리라 기대했습니다. 처음부터 푸틴은 협상을 원하지 않았어요. 메르켈 총리와 올랑드 대통령에게 파리로 만나러 오지 않겠다고 했죠. 총리와 대통령은 '그럼 우리가 가겠다'고 했습니다. '모스크바 공항에서 우리를 돌려보낼지도 모르지만 어쨌든 가겠다'고요. 그러고서 협상을 시작했고 민스크 협정에 이르게 된 겁니다. 물론 우크라이나가 받아들이기에는 조건이 매우 안 좋았어요. 사실대로 말하면 우크라이나는 민스크 협정을 받아들인 적이 없습니다."

"그런데 우크라이나는 왜 서명했나요?"

"전쟁에서 질까 봐 두려웠으니까요. 그게 유일한 이유입니다. 하지만 민스크 협정은 이행되지 않았죠. 유럽안보협력기구 OSCE 국제 감시단이 현장에 있었습니다. 휴전이 지켜지고 있는지, 또 교전 지역에서 중무기를 철수했는지 확인하려고 감시단이 두 번 방문했습니다. 하지만 감시단은 무기도 없었고 현장에는 낮에만 갈 수 있었어요. 밤에는 너무 위험했으니까요. 우크라이나 군대와 러시아 분리주의자들이 야간에 서로 총을 쏘고는 그다음 날 상대방이 먼저 시작해서 대응할 수밖에 없었다고 했답니다. 낮에는 감시단이 있으면 무기를 철수하고, 밤에 도로 가져와서 사용하는 식이죠. 매일 말입니다. 양쪽에서 다 그랬답니다. 결국 이득을 보는 건 러시아였죠."

"왜 평화유지군을 보내서 휴전을 지키도록 유도하지 않는 걸까요?"

"포로셴코 전 우크라이나 대통령이 그렇게 제안했죠. '이런 조건에서는 휴전이 있을 수 없다. 우리는 국제사회에서 지원해주기를 원한다. 유엔 평화유지군 파견을 요청하자.' 메르켈 총리와 올랑드 대통령은 좋은 생각이라고 했지만, 푸틴이 '그 생각에는 동의하는데 교전 지역에서만 그렇게 하자'고 했습니다. 물론 그건 받아들일 수 없었죠. 교전 지역이 새로운 국경으로 자리 잡을 테니까요.

평화유지군은 분쟁 지역 전체로, 그러니까 러시아 국경부터 교전 지역까지 파견해야 했습니다. 세 사람은 협상을 시작했어요. 이때 트럼프가 나타났고, 그렇게 모든 일이 끝나버렸습니다. 유엔 안전 보장이사회에서도 평화유지군 문제에 모두 입을 다물었고요. 공식적인 이유는 지금도 모릅니다. 하지만 2016년에 트럼프가 당선되고 8주가 지났을 무렵 제가 푸틴에게 물었어요. '도널드 트럼프를 어떻게 생각하느냐?' 그랬더니 푸틴이 장황하게 오바마를 비난하더군요. 그것이 대답이었습니다."

"그렇다면 트럼프 대통령이 우크라이나 휴전을 반대했다는 말씀인가요?"

"트럼프 대통령이 나타난 시점에 우리는 G7 정상회의를 열었습니다. 그때 렉스 틸러슨Rex Tillerson 미국 국무부 장관이 그러더군요. '우크라이나 문제는 의제에서 뺍시다. 미국 일도 아니고 일본 일도 아니고 순전히 유럽 문제니까요.' 제가 장관에게 개인적으로도 그렇게 생각하느냐고 물었습니다. 그랬더니 '내 견해는 아니지만 대통령이 그 문제를 어떻게 생각하는지 전달하고 싶었다'고 하디군요. 그러니까 아마 공식적이지 않은 방식으로 무슨 일이 벌어진 겁니다. 포로셴코 대통령이 정당하게 제안한 평화유지군 파견 건은 그렇게 불가능해졌어요. 이 문제는 협상 테이블에 오르지도 않았습니다. 사람들은 푸틴이 안전보장이사회에서 거부권을 행사했다고 생각하겠지만, 제가 직접 푸틴을 만나 협상할 생각이 있느냐고 물었더니 푸틴은 그렇다고 대답했거든요. 그렇게 해서 합의에 이르렀을지는 모르겠습니다. 그렇다고 협상 자체를 하지 않는 건 그렇게 똑똑한 처사는 아니었습니다. 지금 그 대가를 톡톡히 치르잖아요. 민스크 협정도, 포로셴코 대통령 제안도 실행으로 옮기지 않아서요. 프랑스도 독일도 최선을 다했습니다. 그들 잘못이 아니에요."

"출발점으로 되돌아올까요? 노르트스트림으로요. 슈뢰더 정부가 마련한 탈원전 계획이 가장 큰 정치적 실수 아니겠습니까? 장관님은 당시 환경부 장관이셨고요. 또 메르켈 총리가 그 계획을 이행하기로 했을 때 장관님은 야당인 사민당 대표셨습니다."

"탈원전은 반세기 동안 논의된 사안이에요. 당시 슈뢰더 총리가 이끌던 사민당과 녹색당 연립정부는 더 느린 속도로 탈원전을 계획했습니다. 그다음 메르켈 총리가 실행을 결정했죠. 그때는 기후변화에 대처하는 일과 석탄 발전 문제가 지금처럼 중요한 정치 의제가 아니었습니다. 기후변화로 향하는 관심이 커지면서 석탄 발전소를 폐쇄하기 시작했을 때, 저는 탈석탄과 탈원전을 동시에 진행하면 안 된다고 경고했습니다. 그렇게 하면 독일 경제에는 심장 수술 도중 외과의가 진단과 치료를 갑자기 바꿔버리는 모양새와 같거든요. 메르켈 총리는 탈원전과 탈석탄을 거의 동시에 점차 진행하기로 결정했죠. 물론 모자란 에너지를 보완할 태양에너지와 풍력을 충분히 개발할 수는 없으리라는 사실을 모두가 알고 있었습니다. 불가능한 일이었으니까요. 그러니 완충재가 필요했지요. 그것이 바로 천연가스였습니다. 저렴한 천연가스 말입니다. LNG가 아니고요. LNG는 파이프라인으로 수송되는 천연가스(PNG, Piped Natural Gas)보다 30~40%나 더 비쌉니다."

"하지만 2013년부터 2017년까지 경제부 장관으로 계실 때, 러시아산 천연가스 의존도가 두 배 가까이 상승했잖아요. 독일이 수입하는 천연가스 중 러시아산이 차지하는 비중이 장관님 재임 전에는 34.6%였는데 퇴임 직후인 2018년에 54.9%였다가 다시 하락했습니다. 이유가 뭘까요?"

"1990년에 독일에서 소비하는 천연가스의 40%가량이 이미 러시아산이었습니다. 2012년까지 그 비중이 거의 비슷하게 유지됐습니다. 2013년부터 의존도가 60%를 넘어섰는데, 2021년에 다시 약 45%로 내려갔죠. 이런 변화는 독일 경제와 에너지 산업의 발전을 반영합니다. 독일은 2008~2009년 금융위기 이후 장기간에 걸쳐 빠르게 경제를 회복했거든요. 경제 성장률이 높으면 에너지 소비가 증가합니다. 석탄과 원자력으로 생산하는 전기를 줄여야 했고 신재생에너지는 발전 속도가 더디다 보니 천연가스 수요가 늘어났죠. 다시 출발점으로 돌아오면, 러시아산 천연가스 가격은 LNG의 3분의 1을 늘 유지했습니다."

"2013년까지 수입처를 다변화하고 한 국가에 쏠리는 에너지 의존도를 30% 이하로 유지하려는 암묵적인 규칙이 있었습니다.

왜 이 규칙이 지켜지지 않았을까요?"

"가장 놀라운 점은 그런 변화가 어떻게 시작됐는지 아무도 기억하지 못한다는 거예요. 2002년에 유럽연합은 유럽 에너지 시장 자유화를 결정했습니다. 2002년까지 독일을 포함한 많은 나라에서 에너지 안보 문제는 국가가 결정했거든요. 그런데 1990년대 말과 2000년대 초에 '워싱턴 합의'를 중심으로 한 일종의 이데올로기가 구축됐습니다. 토니 블레어 전 영국 총리가 주창한 '제3의 길'에서 영향을 받은 워싱턴 합의에 따르면, 경제 세계화는 국가의 역할을 축소하고 시장 자유화를 촉진해야 합니다. 워싱턴 합의에 맞춰 유럽에서도 에너지 시장을 개방했죠. 영국, 독일, 그리고 정도는 다르지만 유럽 모든 나라가 '시장은 국가보다 우월하다'는 신조를 따랐습니다. 이 신조는 물론 에너지 안보에도 영향을 끼쳤고요. 국가보다는 시장과 기업이 에너지 안보를 더 잘 운영하리라고 생각했어요. 소비자에게 더 효율적이면서 비용도 저렴하니 에너지 시장을 민영화하고 유럽연합 차원에서 시장을 자유화하자는 얘기죠.

이 틀 안에서 일하는 사람들이 에너지원과 수급 안정을 책임집니다. 에너지 부문도 시장이 되면 투자를 일으키기 마련이거든요. 여기까지는 다 좋습니다. 그런데 수급 안정을 책임지는 기업에 국가가 방향을 제시해주지 않으면 어떻게 됩니까? 당연히 가장 값싼 자원을 찾겠죠. 그것이 러시아산 천연가스였습니다. 그렇게 해서 많은 기업이 달걀을 모두 같은 바구니에 담기 시작한 겁니다.”

"메르켈 총리실과 정부가 개입할 수 있지 않았을까요? 마치 러시아산 천연가스 의존도가 높아지는 사태를 막을 수 없었다는 듯이 말씀하시는데요. 기업이 다 책임을 져야 할까요?”

"결정에 따른 책임을 기업이 떠안으면 당연히 기업은 가장 저렴한 자원을 찾게 되고, 그것이 러시아산 천연가스였습니다. 그런데 정치 쪽에서나 기업 쪽에서나 독일과 러시아의 관계가 냉전시대만큼 틀어지리라고 생각한 사람은 아무도 없었어요. 냉전시대에도 소련산 석유와 천연가스 때문에 문제가 생긴 적은 없었거든요. 정치인들도 그렇고 산업가들도 에너지 시장의 모든 책임을 민간 기업에 맡겨서 자율 조정이 제대로 작동하도록 하는 것이 최선이라고 확신했습니다. 그러면서 유럽 에너지 시장이 점차 발전할 수 있도록 유럽 지역 상호연결을 개선하려고 노력했습니다. 다시 말해 결국에는 유럽 안에서 에너지가 모자란 곳과 넘치는 곳이 생기지 않도록 하자는 의미였죠. 이런 개념이 바로 에너지 공동시장입니다.”

"좀 전에도 말씀하셨다시피, 푸틴의 '가면을 벗기는 일'은 가능하지 않았습니까? 체첸전쟁 이후에 징후가 많았는데요. 푸틴이 지배하려고 나서면서 10만 명이 사망했고 수도 그로즈니는 거의 폐허가 됐습니다. 이후 조지아, 시리아, 속국이 된 벨라루스, 야당 인사 암살 사건, 폴란드와 발트해 국가들이 당한 위협, 안나 폴리코프스카야 기자 암살 사건 등이 있었죠."

"우리가 어디에서 실수를 저질렀냐고 물으신다면, 2007년과 2014년 사이입니다. 2007년에 푸틴이 뮌헨에서 연설(국제관계에서 중요한 연설로, 여기서 푸틴이 미국의 지도력과 나토 확장을 신랄하게 비판했다)한 이후죠. 그때 우리는 긴장 완화로 대응한 측면이 있습니다. 우크라이나와 조지아가 나토 회원국이 될 일은 없다면서 말이죠. 하지만 당사국이 원하면 언젠가 그럴 수도 있다고는 했습니다. 또 억제력으로 대응하기도 했고요. 방어력에 더 투자할 것이라고 했으니까요. 물론 실제로는 그러지 않았습니다. 푸틴의 연설에 중구난방으로 대응했고, 러시아에 분명한 메시지를 주지도 않았어요. 긴장 완화도 아니고 억제력 행사도 아니었으니까요."

"순진했다고 생각하세요?"

"우리가, 그리고 제가 저지른 정치적 실수가 있었습니다. 우리는 러시아가 작은 소련이라고 생각했어요. 2차 세계대전 때 독일과 피비린내 나는 전쟁을 치르면서 침해된 국경을 안전하게 확보하려는 '정체된 강대국'이라고 보았죠. 그런 국가와 협상하기는 쉽습니다. 빌리 브란트의 동방정책은 성공을 거뒀어요. 통합과 긴장 완화가 베를린장벽을 무너뜨렸고, 소련이 붕괴했으니까요. 우리는 러시아와 협상할 줄 안다고 생각했습니다. 그런데 그게 아니더군요. 우리는 냉전에서 쌓은 경험을 21세기 상황에도 반영할 수 있다고 믿었습니다. 바로 그 점이 우리 실수였어요. 러시아는 작은 소련이 아니었고 정체된 강대국도 아니라는 사실을 우리는 몰랐습니다. 러시아는 수정주의 강대국이 되었더라고요. 군사력을 동원해서 언제든지 국경을 바꿀 준비가 되어 있었습니다. 그런데 우리는 그런 러시아를 경험해본 적이 없잖아요. 폴란드 친구들이 우리에게 독일인은 블라디미르 푸틴의 러시아에 대해 아무것도 모른다고 할 때 우리는 꽤 간섭주의적으로 반응했습니다. 우리가 쌓은 경험이 있으니 우리가 가장 잘 안다고 생각했거든요. 마치 독일이 러시아와 협상하는 자리에 '만능으로 통하는 공식'을 손에 쥐기라도 한 것처럼 말입니다. 저를 포함한 독일 정치인 대다수는 자신감과 거만함이 지나칩니다. 제가 보기에는 불행히도 그래요."

"메르켈 총리는 푸틴을 잘 알던데요. 장관님보다 더 오래, 더 잘 아는 것 같더군요. 총리님이 더 의심이 많지 않으신가요?"

"직접 물어보시죠."

가브리엘은 사무실 옆 건물을 가리키며 말했다. 메르켈 전 총리가 사는 건물 말이다.

그러지 않아도 그럴 참이었다. 나는 몇 달 뒤에 메르켈을 만나기로 약속이 잡혀 있었다. 지그마어 가브리엘이 솔직하게 죄책감을 고백한 것은 독일 유력 일간지 〈프랑크푸르터알게마이네차이퉁Frankfurter Allgemeine Zeitung〉의 두 기자 라인하르트 빙게너와 마르쿠스 베너가 책을 출간하기 전이었다. 메르켈 전 총리를 중점적으로 다룬 책이었다. 슈프레강 강가에서 가브리엘 전 장관과 인터뷰를 하고 몇 달이 지난 2023년 봄에 출간된 《모스크바 커넥션》은 슈투트가르트에서 뮌헨까지, 함부르크에서 베를린까지 전국에 걸쳐서 정계를 떠들썩하게 만들었다. 이 책은 블라디미르 푸틴의 러시아와 메르켈 정부에서 장관을 지낸 사민당 출신 정치인들이 결탁한 실태를 정교하고 냉엄하게 조사해서 그 결과를 담았다. 독일 경제가 러시아산 천연가스에 의존하는 비율이 높아진 데 큰 책임이 있는 메르켈 총리는 게르하르트 슈뢰더가 중심인 사민당 네트워크보다 저자들의 관심을 덜 받았다. 두 저자는 노르트스트림 전선 최전방에 뛰어든 사람들이다.

푸틴은 슈뢰더를 고용해서 작전 공모에 필요한 넓은 인맥을 확보했다. 네트워크는 독일을 넘어 유럽 사회민주당 계열 지도자들로 확장해갔다. 앞서도 언급했듯이 스웨덴 예란 페르손, 핀란드 파보 리포넨 등이 여기에 해당한다. 게다가 네트워크는 연방정부와 니더작센주 정부로까지 파고들었다. 슈뢰더 총리는 여전히 사민당 내부와 독일 정계에 막강한 영향력을 행사한다. 그가 2005년 선거에서 참패하고 메르켈이 사민당과 대연정을 수립하며 총리가 됐을 때, 슈뢰더는 친구이자 1999년부터 총리실 실장을 지낸 프랑크-발터 슈타인마이어를 외무부 장관 자리에 앉혔다. 직전에 치러진 연방의원 선거에서 슈타인마이어는 슈뢰더의 정치 조력자이자 모든 문제를 해결하는 두뇌였다. 노동법과 관련된 하르츠 개혁부터 보스니아와 코소보에 참전하기로 한 결의, 이라크 전쟁 참전을 거부하기로 한 결정까지 중요한 사안을 두루 해결했다. 그래서 슈뢰더가 자신에게 소중한 푸틴의 프로젝트를 그에게 맡긴 것은 당연한 일이었다. 그 프로젝트가 바로 노르트스트림이다.

모스크바에 갔을 때 슈타인마이어는 드미트리 메드베데프와 함께 발트해를 지나는 파이프라인 프로젝트를 브리핑했다. 메드베데프는 부총리이자 당시 가스프롬 감시위원회 위원장이었다.

장관직에 오르고 며칠 뒤에 슈타인마이어는 푸틴에게 영접을 받았다. 의전상 외무부 장관은 대통령에게 그런 대접을 받을 수 없는 자리다. 《모스크바 커넥션》에서 저자들은 "푸틴이 지체하지 않고 모스크바 근교 별장에서 슈뢰더의 양아들을 맞이했다"고 썼다. 슈타인마이어는 크렘린궁 주인의 심기를 쓸데없이 건드리지 않으려고 야당 인사와 인권 운동가들은 만나지 않았다. "2006년 앙겔라 메르켈이 총리로서 러시아를 처음 방문했을 때 푸틴 반대자들을 모스크바 주재 독일 대사관으로 불러 함께 차를 마시고 난 다음에야 슈타인마이어도 러시아에 갈 때 야당 인사들을 만나기 시작했다." 그는 사민당의 동방정책 유산을 이어가야 한다고 느꼈나. 심지어는 자신의 기획팀에서 '신동방정책'을 수립하도록 조치했다. 신동방정책은 모스크바와 더욱 긴밀히 협력해서 "러시아 사회의 현대화와 변화를 촉진하고 민주개혁의 매개체가 돼야 할 중산층 강화를 돕는" 전략이었다. 쟁점의 핵심은 에너지였다. 메르켈은 슈타인마이어에게 이 분야의 전권을 넘겨줬다.

연방의원 임기로 따져볼 때 슈뢰더와 푸틴에게 가장 유리했던 시기는 2013년에서 2018년 사이다. 메르켈의 세 번째 정부에서 사민당이 대연정으로 다시 권력을 잡은 시절이다. 이때 슈타인마이어도 다시 외무부 장관이 됐다. 지그마어 가브리엘은 부총리 겸 경제에너지부 장관이 됐고, 차관에는 전 법무부 장관 브리기테 치프리스Brigitte Zypries가 임명됐다. 치프리스는 2017년에 가브리엘 뒤를 이어 장관 자리에 올랐다. 슈타인마이어, 가브리엘, 치프리스는 슈뢰더 조직망의 세 중심축이다. 빙게너와 베너 기자는 저서에서 "슈뢰더가 독러 정책의 핵심 부서인 외무부와 경제부 장관 임명을 전화 한 통으로 끝냈다. 이렇게 해서 노르트스트림2의 로비스트인 그는 두 부서를 집중적으로 활용할 터였다"라고 썼다.

슈뢰더가 총리실을 떠나 가스프롬과 노르트스트림AG 이사회로 갔을 때 러시아의 내정간섭과 슈뢰더의 이해충돌을 밝혀낼 연방의회 조사위원회가 왜 발족하지 않았는지 알 만하다. 2005년 12월 15일, 의회에서 있었던 현안 질의가 녹색당이 전 총리의 '불손함'을 비난하고 사민당이 그런 총리를 용서하는 유일한 기회였다. 사민당 전 사무국장 클라우스 우베 베네터Klaus Uwe Benneter는 "슈뢰더 총리가 독일에 에너지 수급 안정을 보장할 프로젝트의 감독을 맡아 독일의 이익을 옹호했다"고 주장했다. 나중에 마르틴 슐츠Martin Schulz도 "우리에게는 유럽의 경제 이익을 대변하고 최대 주주와 좋은 관계를 맺은 사람이 필요했다. 슈뢰더가 그 두 가지

조건을 다 갖췄다"고 말했다. 그는 슈뢰더 뒤를 이어 사민당 총재를 지냈고 유럽의회 의장을 거친 인물이다. 기민련도 당황하기는 마찬가지였다. 2015년에 고위공무원이 퇴임 후 민간 기업에서 활동하는 행보를 제한하는 '이해충돌 방지법'이 통과됐다. 러시아가 우크라이나를 침공한 이후에 독일 의회는 슈뢰더가 퇴임하고 나서 사용하던 집무실을 회수했다. 그러나 조사위원회는 열지 않았다. 거기에는 합당한 이유가 있었다. 독일 전체가 연루됐기 때문이다. 독일과 러시아가 서로 주고받은 경제 이익의 역사를 들여다보면 시체가 가득 든 벽장을 발견하게 되리라는 예상이 그 이유였다.

독일이 값싼 수입 천연가스를 토대로 만든 경쟁 모델에 의구심을 품었을 때, 그리고 두려운 마음을 안고 노르트스트림 프로젝트를 역사적 실수의 상징으로 바라보기 시작했을 때, 나는 피고인 중 한 명을 만나러 베를린으로 향했다. 페터 알트마이어. 메르켈의 가장 충직한 부하이며 오래전부터 보이지 않는 곳에서 그의 정치 고문 노릇을 한 알트마이어는 메르켈이 부상하는 데 꼭 필요한 동맹이었다. 메르켈이 기민련의 상징적 인물인 헬무트 콜의 위신을 실추시켰을 볼프강 쇼이블레를 밀어내고 기민련 대표 자리를 차지했을 때, 연방의회 선거에 입후보할 적절한 시기를 기다렸을 때, 2005년에 슈뢰더를 상대로 총리 선거에서 이겼을 때, 늘 곁에서 메르켈을 도왔다. 그는 내무부 장관과 환경부 장관을 거쳐 메르켈 총리실 실장이 됐고, 총리 집무실 바로 옆 사무실에서 업무를 보았다. 이후 재정부 장관으로 옮겨갔다가 마침내 경제부 장관이 됐다. 정치적 관점에서 봤을 때 그는 노르트스트림 프로젝트 핵심에 있는 믿을 만한 사람이었다.

12월 어느 오후에 알트마이어는 자택에서 나를 맞이했다. 사방이 19세기와 20세기 책들로 뒤덮였는데, 그중 나폴레옹 3세와 1870년 프로이센-프랑스 전쟁에 반대한 자유주의자 아돌프 티에르Adolphe Thiers의 전집이 눈에 띄었다. 테이블 위에는 다양한 케이크, 아몬드 크루아상, 직접 짠 오렌지 주스 등이 놓여 있었다. 알트마이어는 내가 무슨 책을 쓰는지 묻지도 않고 인터뷰를 수락했다. 10년 전부터 아는 사이였기 때문이다. 아마도 독일 정치와 앙겔라 메르켈에 관해 묻는 평범한 인터뷰라고 생각했을 것이다. 그는 프랑스와 국경을 맞댄 자를란트주 주민들이 그렇듯, 고맙게도 프랑스어를 완벽하게 구사한다. 독일어 억양이 살짝 섞여서 자음이 부드럽게 들려 매력적이다. 그가 프랑스어를 구사하는 만큼 우리도 독일어를 잘하고 싶다는 말은 굳이 할 필요가 없을 것이다. 그는 프랑스에서는 아쉽게도 좀처럼 찾아볼 수 없는 예의와 언어 구사력을 갖췄다. 지그마어 가브리엘의 고해성사, 드러난 사민당과 러시아 정부의 결탁, 거기에 연루된 많은 사람을 생각하면 알트마이어가 메르켈과 자신이 표적이 될 수 있는 혐의를 두고 빈정거리는 이유를 알 만하다.

"새 책 주제는 무엇입니까?"

알트마이어는 케이크와 크루아상이 담긴 쟁반을 내밀며 언제나처럼 정중하게 묻는다.

"노르트스트림이요."

쟁반이 테이블 위에서 한동안 허공에 매달려 있었다. 이어서 나는 '노르트스트림'이라는 단어가 터트린 너털웃음 소리를 들었다.

"하하하하하하하!"

"미안해요."

나는 그의 호탕한 웃음에 감염되고 말았다.

"그래서 죄인을 만나러 왔군요? 하하하하! 내가 죄인이군요!"

미국 기자 시모어 허시가 〈서브스택Substack〉이라는 유료 구독
뉴스레터 플랫폼에 긴 기사를 올렸다. 이 기사에서 그는 미국이
노르트스트림 사보타주에 관여했다는 혐의를 제기했다. 그의
시나리오에 따르면, 미국 잠수부들이 노르웨이(나토 회원국)와
공모해서 파이프라인에 C4 폭탄을 설치했다. 조 바이든
대통령이 비밀리에 지시한 이 작전은 '발트해 작전 22'라는
이름이 붙었는데, 해마다 6월에 실시하는 나토의 해군 훈련으로
가려졌다. 2022년 9월 26일에 노르웨이 해군 P8 순찰함이 소나
부표를 투하했는데, 이 부표가 폭탄에 신호를 보냈다는 주장이다.

　1937년에 출생한 시모어 허시는 미군이 베트남에서 자행한
학살과 이라크에서 벌인 고문을 파헤친 훌륭한 탐사보도를

진행했지만, 이후에는 근거 없는 기사를 써내려갔다. 예를 들면 실제 사건(6월에 실시한 나토 훈련)과 그럴듯한 미국의 목표(독일과 러시아의 통로를 끊어서 독일이 미국산 천연가스를 구입하게 만드는 일)를 버무려서 완벽하지만 순전한 가설에 기대어 시나리오를 쓰는 식이다. 그는 아무런 증거도 제시하지 못한 채 "작전 준비 과정을 속속들이 아는" 익명의 취재원만 들먹였다.

그의 기사는 친러 성향 네트워크를 거쳐 계속 확산하는 중이고, 러시아와 중국 정부가 이를 열렬히 환영했다. 2월 15일과 16일에 러시아 외무부 장관 세르게이 라브로프Sergey Lavrov와 중국 외교부장 왕웬빈汪文斌이 시모어 허시의 "자세한 보고서"에 나온 "증거들"에 관심을 기울여달라고 언론에 촉구할 정도였다.

샹젤리제의
우크라이나

N
O
R
D
S
T
R
E
A
M

7

저희가 할 일은 우크라이나를
신뢰할 수 없는 파트너로 부각시키는
것이었습니다.

"

샹젤리제 대로 68번지. 세계에서 가장 유명한 대로에 있는 아름다운 건물들 중 한 곳 1층에는 아치형 문이 돋보이는, 향수 브랜드 겔랑의 매장이 있다. 아르데코 양식의 건물 장식, 눈길을 끄는 진열창, 대리석, 금박, 고급스런 향수병…. 매장 오른쪽과 웅장한 철문 왼쪽에는 황동으로 만든 명패 네 개가 걸려 있다. 건물에 입주한 회사의 이름이 적힌 명패다. 겔랑, 액티스, SBA은행, 그리고…? 이상하게도 네 번째 명패에는 금색 테이프가 붙어 있다. 노르트스트림의 역사를 관심 있게 지켜본 사람이라면 테이프를 떼고 싶은 충동을 이기지 못할 터다. 나도 그렇다.

테이프를 벗겨내니 황동이 번쩍였다. 그리고 대문자로 적힌 이름이 드러났다. 사람들이 볼 수 없게 가려놓은 저주받은 이름, GAZPROM. G의 가로 선에 새겨진 가스 불꽃도 기업 로고 그대로다. 밑에는 '마케팅&트레이딩'이라고 적혀 있다. 러시아의 대형 석유기업은 4층 파리 지사 사무실을 버리고 야반도주했다. 파란색 바탕에 G라는 글자가 크게 새겨진 가스프롬 깃발은 건물 옥상에서 펄럭여 콩코르드광장에서도 볼 수 있었건만, 이제는 어디로 가고 없다. 유서 깊은 이 건물에 들어오려고 가스프롬은 파리시청과 힘든 협상을 했다. 그런데 우크라이나 전쟁이 시작되자 아무도 모르게 건물에서 재빨리 철수한 것이다. 집기도 모두 가져갔다.

2009년 1월 4일, 샹젤리제 대로 68번지 건물 4층은 분주했다. 공기 사이로 긴장감이 흘렀다. 가스프롬 경영진은 외신 기자들을 초청해 자신들의 분노와 천연가스 위기에 담긴 우려를 전달했다. 이번이 처음은 아니었다. 러시아와 우크라이나가 무역 분쟁을 겪고 천연가스 비용을 결제하는 문제 때문에 가스관을 임시 폐쇄한 사태는 1994년, 1996년, 2000년에도 있었다. 특히 2006년 위기는 유럽인들에게 고통스러운 기억을 남겼다. 한겨울인 2006년 1월 1일, 가스프롬은 천연가스 가격, 수송량, 수송 조건을 놓고 우크라이나 정부와 팽팽하게 맞서다가 갑자기 우크라이나로 가는 천연가스 수송을 중단해버렸다. 그 여파로 유럽 여러 국가에서 공급량이 감소할 수밖에 없었다. 공급이 부족하니 개인, 기업, 산업체가 모두 피해를 봤다. 신속 대응책을 발동해야 했다. 다른 에너지원을 찾거나, 선박으로 운송하는 탓에 더 비싼 LNG를 수입해야 했다. 그런데 3년 뒤에 똑같은 일이 거듭됐다. 2009년 1월 2일, 우크라이나가 러시아와 전년 결제액을 두고 의견이 갈리면서 채무 전액 결제를 거부한 것이다. 여기에 보복 차원으로 가스프롬이 천연가스 공급을 줄이다가 아예 끊어버렸다. 대혼란이었다.

우크라이나에만 해당하는 일이었다면 파리까지 들썩이지는 않았을 것이다. 우크라이나 파이프라인은 서유럽으로 공급하는 러시아산 천연가스의 핵심 시설이었기에, 샹젤리제 대로에 있는 가스프롬 지사에서는 감정이 격해질 수밖에 없었다. 브라더후드와 소유스는 각각 우크라이나 북동부와 동부를 거쳐 서쪽 국경에 이르고, 거기서 다시 폴란드, 슬로바키아, 체코, 오스트리아, 독일, 그리고 나머지 서유럽 국가의 가스관으로 이어진다. 트랜스발칸 가스관은 오데사를 거쳐 우크라이나 남부를 통과하고 몰도바를 지나 불가리아, 루마니아, 튀르키예에 천연가스를 공급한다.

가스관이 통과하는 나라가 우크라이나만은 아니지만, 러시아가 해마다 유럽에 수출하는 1500억~1800억m³ 천연가스 중 60~80%(해마다 다르다)가 우크라이나를 거친다. 우크라이나는 단순한 경유지가 아니다. 가스프롬에서 가스관 사용료를 지불할 뿐만 아니라, 러시아에서 유럽으로 천연가스를 공급하는 데 꼭 필요한 국가다. 러시아 정부는 이 부분을 참을 수가 없었다. 우크라이나에 러시아가 공급하는 천연가스의 대금을 결제해달라고 요청하면서, 동시에 자국 천연가스를 유럽으로 실어 보내는 가스관의 사용료를 지불해야 하는 처지인 것이다. 그래서 가스프롬과 우크라이나 국영기업 나프토가스 사이에는 분쟁이 끊이지 않았다. 나프토가스는 우크라이나 국내 공급가격을 인하하고 가스관 사용료를 인상하자고 요구했고, 가스프롬은 그 반대를 원했다. 나프토가스가 가스프롬에 대금을 결제하지 않자, 가스프롬은 보복으로 공급가격을 높이고 한겨울에 공급을 중단하겠다고 위협했다.

왜냐하면 주로 연말인 겨울에 계약이 만료되고 재계약을 하느냐 마느냐를 결정했기 때문이다. 러시아로서는 우크라이나를 거치지 않고 천연가스를 공급받으면 더 좋지 않겠느냐고 유럽인들에게 보여줄 계절로 겨울보다 더 좋은 시기가 있을까? 유럽연합에 에너지 안보를 강화할 해법을 찾으라고 촉구하기에 이보다 더 좋은 방법이 있을까? 노르트스트림1은 이미 슈뢰더와 계약을 끝냈다. 그렇다면 우크라이나를 거치지 않고 러시아와 독일을, 그러니까 유럽을 직접 연결하는 파이프라인을 하나 더 만들면 어떨까? 러시아 정부는 천연가스 수송을 둘러싸고 불거지는 모든 문제의 원인이 우크라이나 정부라고 귀가 따갑도록 말해왔다. 우크라이나 문제를 해결해야 했다.

그러던 중 우크라이나가 푸틴이 집착하는 대상 목록에 올랐다. 2004년 겨울 이후 '오렌지 혁명'이라 부르는 증오와 복수의 물결은 안 그래도 예민한 성격인 크렘린궁 주인에게 개인적인 치욕을 안겼다. 2004년 10월 우크라이나 대통령 선거에 출마한 한 후보 때문에 푸틴은 심기가 언짢았다. 이 후보는 선거 유세에 오렌지

색 스카프를 매고 나타나 감히 유럽연합과 나토의 관계를 강화하겠다고 공약을 내걸었다. 빅토르 유센코Viktor Yushchenko는 밤색 머리의 미남이었다. 선거 직전에 이상하게도 그의 얼굴에 푸르스름한 반점들이 나타나기 전까지는 말이다. '모르고' 섭취한 다이옥신 중독이 원인이었다. 빅토르 야누코비치Viktor Yanu kovych를 우크라이나 대통령으로 점 찍었던 푸틴의 입맛에 유센코는 딱 맞는 후보가 아니었다.

전직 총리인 야누코비치는 푸틴 발밑에 납작 엎드린 꼭두각시였다. '우크라이나 소비에트 사회주의 공화국'이었다가 1991년에 독립한 나라지만, 푸틴이 여전히 자신의 제국인 러시아 연방의 일부라고 생각하는 우크라이나를 손에 넣고 흔들려면 야누코비치가 이상적인 인물이었다. 푸틴은 야누코비치에게 저렴한 가격으로 천연가스를 제공할 계획이었다. 그렇게 해서 야누코비치가 대통령이 되어 이룬 성과를 국민에게 홍보하고 선거 유세에도 이용하려 했다. 가스프롬과 벌이는 협상의 달인 야누코비치를 뽑아주세요! 돈은 크렘린궁에서 댔다. 야누코비치는 친서방 성향 후보를 제치고 손쉽게 선거에서 승리했다.

모든 일이 계획대로 돌아갔다. 파업, 연좌 농성, 대규모 시위를 제외하면 그랬다. 부정선거에 사나워진 우크라이나 민심이 선거 무효와 새로운 선거를 부르짖으며 대규모로 들고 일어났다. '오렌지 혁명'은 이렇게 시작됐다. 유센코가 매던 오렌지색 스카프에서 착안해 '오렌지 혁명'이라는 이름이 붙었다. 유럽연합은 시위자들에게 필요한 물품을 지원했다. 푸틴과는 정반대의 이유로 우크라이나에 집착한 미국도 마찬가지였다. 미국은 우크라이나가 독립을 유지하고 러시아가 제국주의 야욕을 포기하는 길이 유럽 안정화의 조건이라 여겼다. 12월 말에 드디어 다시 선거가 치러졌다. 이번에는 국제사회 참관인과 유럽안보협력기구가 선거를 감시했다. 결국 빅토르 유셴코가 대통령에 당선됐다. 그의 얼굴에는 여전히 푸르스름한 색깔이 남아 있었다. 그의 임기는 오래가지 않았다.

푸틴은 어떻게 복수할지 깊이 생각했다. 오렌지 혁명은 그가 처음으로 경험한 엄청난 패배였다. 우크라이나에서 벌어진 일이니 우크라이나가 대가를 치러야 했다. 푸틴은 크림반도, 돈바스에 이어 우크라이나 전체를 병합하겠다는 목표를 세웠다. 그러려면 노르트스트림을 중심에 놓고 전략을 짜야 했다. 노르트스트림을 내세우면 우크라이나에 지불하는 가스관 사용료를 끊을 수 있고, 러시아와 유럽 국가들이 직접 관계를 강화할 수 있다. 하지만 아직은 그럴 때가 아니었다. 기존 파이프라인은 적이 된 양국이 휘두르는 협박과 압력의 수단이었다. 유럽으로 수출하는 러시아산 천연가스의 약 80%가 우크라이나를 통과하기 때문이다. 우크라이나 파이프라인들은 전략 시설이고, 당장에는 우크라이나를 비켜갈 수 없었다.

샹젤리제에서 기자회견이 열리기 몇 주 전인 2008년 말, 양국 관계가 다시 악화했다. 몇 주에 걸쳐 가스프롬이 천연가스 가격과 장기 계약 조건을 나프토가스와 협상하려 했지만 실패했다. 게다가 몇 달 전부터 긴장감이 계속 팽팽해졌다. 2008년 2월 11일 모스크바에서 가스프롬 설립 15주년을 기념하던 날, 알렉세이 밀레르는 우크라이나가 러시아산 천연가스를 도둑질한다고 공개적으로 비난했다. 그리고 자신의 두목인 블라디미르 푸틴에게 그 사실을 보고했다.

푸틴은 대통령 집무실에 앉아 나쁜 소식을 들고 온 밀레르를 만났다.

"우크라이나가 우리를 털어갔습니다."

"어떻게 하면 좋겠습니까?"

푸틴은 유도선수에게서 찾아볼 수 있는 침착함을 잃지 않고 물었다.

"우크라이나로 수송하는 천연가스를 줄여서 도둑맞은 분량을 상쇄할 수 있습니다."

푸틴 대답은 이랬다.

"좋습니다. 수송량을 줄이세요."

이 명령은 카메라 앞에서 떨어졌다. 대통령 집무실에서 두 사람이 나눈 대화는 영상으로 촬영되어 방송으로 나갔다. 왜 그랬을까? 가스프롬 고객들, 특히 독일에 가격을 인상하는 이유를 설명하고 싶었기 때문이다. 더욱이 어떻게 해서든 깡패 나라 우크라이나를 경유하지 않아야 하는 이유를 보여줄 보충 '증거'가 필요했다. 노르트스트림1 공사가 진행 중일 때 노르트스트림2도 필요하다는 점을 하루빨리 고객들에게 알려야 했다.

이후 이어진 논의는 결과가 매우 나빴다. 2009년 1월 2일, 가스프롬은 가스관을 일부 잠가서 우크라이나로 가는 천연가스 수송량을 줄여버렸다. 그러다 1월 7일에는 아예 잠가버렸다. 이유와 시나리오는 2006년과 비슷했다. 우크라이나 정부는 가스프롬에 부채를 갚지 않았고, 천연가스 가격 인상과 가스관 사용료 인하에 반대했다. 가스프롬은 우크라이나 정부가 내놓은 타협안을 거부했다. 2006년 거셌던 위기 상황에서 딱 3년이 지난 2009년 1월, 모든 일이 다시 시작됐고 정도는 훨씬 심각했다. 물론 한겨울이었다. 대립 상황은 한 달 내내 이어졌다. 가스프롬은 협상에 실패하면 천연가스 위기가 다시 올 것이라고 전 세계에 알렸다.

1월 4일, 샹젤리제 대로 68번지에 있는 화려한 사무실에는 외신 기자회견을 위한 의자가 놓여졌다. 긴장감은 최고조에 달했다. 유럽 언론들은 이틀 전부터 기사에 '천연가스 수도꼭지를 틀어막는 러시아' '우크라이나에 더 많은 돈을 요구하는 러시아'라는 제목을 붙였다. 기자회견을 여는 목적은 가스프롬에 우호적으로 흐름을 바꾸려는 데 있었다. 분위기는 당연히 달아오를 것이다. 모두가 기다리는 사람은 당시 러시아 연방 대통령이자 푸틴의 총리가 될 드미트리 메드베데프가 아닌 알렉산드르 메드베데프Alexander

Medvedev였다. 가스프롬 부회장이자 가스프롬엑스포트 본부장인 바로 그 사람이다. 그룹 회장이며 푸틴이 무척 총애하는 알렉세이 밀레르가 작달막하다면, 부회장은 큰 키에 덩치가 좋고 갈색 머리칼을 아주 짧게 쳤다.

알렉산드르 메드베데프가 당찬 발걸음으로 기자회견장에 들어섰을 때 그의 기분을 눈치채지 못한 사람은 아무도 없었다. 그는 피곤한 기색을 숨기지 않은 채 자신이 얼마나 화가 났는지 설명했다. "벌써 몇 달째 협상 중입니다. 합의가 코앞이었는데, 나프토가스가 지금 당장은 합의문에 서명할 수 없다면서 일어서서 나가버렸습니다. 그다음 회의에는 새로운 사람을 보냈더군요. 그래서 협상을 처음부터 다시 시작해야 했습니다." 메드베데프는 이제 더는 못 하겠다고 말했다. 그가 드러낸 낭패감은 과장된 몸짓일까? 아무튼 가스프롬 홍보부에서도 똑같은 기조로 나프토가스를 공격했다. 모든 언론에서 똑같은 메시지가 되풀이해 흘러나왔다. "가스관을 잠근 장본인은 절대 푸틴이 아니다. 협상을 난항에 빠뜨린 쪽은 우크라이나다. 가스프롬이 경유지에 관한 계약을 체결하지 못한 것도 우크라이나 때문이다. 그래서 이제 더는 천연가스를 수송할 수 없다." 기업 홍보 및 전략 커뮤니케이션 에이전시 지플러스유럽은 가스프롬을 대행해서 기업 이익을 옹호하는 업무를 맡았다. 알렉산느르 메드베데프의 유럽 방문을 기획한 곳이 이 에이전시다. 메드베데프 부회장은 닷새 동안 파리, 런던, 베를린, 브뤼셀 등을 돌며 정책 결정권자들을 만나 가스프롬의 입장을 전달했다.

지도자들은 모두 경계 태세에 들어갔다. 상황은 일촉즉발이었다. 이번에도 혹한기에 천연가스가 부족할 참이었다. 가스프롬 로비스트들은 잇따라 만남을 준비했고, 알렉산드르 메드베데프도 일관된 메시지를 전달했다. "우리가 공급하는 천연가스의 80%는 우크라이나 가스관을 거쳐 갑니다. 가스프롬은 우크라이나가 꾸민 방해 공작의 피해자입니다. 경유지 계약이 틀어지면 우리가 천연가스를 수송할 수 있을지 보장할 수 없습니다. 우리가 계약을 체결할 수 있게 도와주지 않으면 여러분은 이번 겨울을 추위에 떨며 보내게 될 것입니다. 우리를 도와 우크라이나를 압박해야 합니다."

유럽 정부 수반들을 설득하기란 그렇게 어려운 일이 아니었다. 당시 우크라이나는 유럽에서 몹시 부패한 국가 중 하나로 알려졌는데, 틀린 말은 아니다. 러시아 정보기관들이 우크라이나에 부패를 퍼트리고는 이를 서방에 고발하려고 공들였으니 더욱이 그랬다. 말하자면, 우크라이나 올리가르히 중 일부를 매수해서 러시아 요원으로 만드는 식이었다. 그렇게 매수된 올리가르히는 부를 축적하면서, 동시에 국내 정치인들에게 영향력을 행사하고 뇌물을 줬다. 가장 쓸 만한 표적은 억만장자 드미트로 피르타시Dmytro Firtash였다. 언론이나 에너지 산업 등 많은 분야에서 기업을 거느린 인물이다. 그가 엄청난 부를 축적할 수 있었던 것은 가스프롬과 비밀 협약을 맺고 가스관에서 천연가스를 빼돌릴 수 있었기 때문이다. 그 천연가스를 로스우크르에네르고라는 알쏭달쏭한 이름의 기업을 내세워 유럽으로 재수출했다. 이 기업이 오랫동안 가스프롬과 나프토가스의 중재자 역할을 했다. 드미트로 피르타시는 현재 빈에 망명 중인데, 미국 정부가 부패 혐의로 범죄자 인도를 요청한 상태여서 오스트리아 밖으로 나갈 수 없다. 그는 변호사를 앞세워 자신이 얼마나 열렬히 우크라이나 전쟁에 반대했으며 푸틴을 미워하는지 전 세계에 알리는 성명을 냈지만, 아무도 그를 믿지 않았다.

러시아 역시 적어도 우크라이나만큼은 부패했지만, 그 사실을 인정해봐야 어느 국가에도 이익이 되지 않는다. 전 세계가 의존하는 소중한 석유 자원을 보유한 국가와 척질 이유가 있겠는가? "해마다 12월 말이 되면 같은 소란이 반복됐습니다. 우크라이나 천연가스 산업도 계속 부패했고요. 그들과는 늘 모든 일이 복잡해서 투명한 것이라곤 하나도 없었습니다." 한 독일 공직자의 말이다. 그러나 이 공직자도 러시아가 우크라이나에 책임을 돌리며 퍼뜨리는 말들을 의심해본 적은 없다고 했다. 납득이 가지 않는 것은 아니다. "러시아와는 천연가스 계약을 맺은 관계이고 모든 일이 착착 진행됐다." 그렇다 보니 유럽 전역이 우크라이나를 배척하는 러시아 편을 들었다. 우크라이나는 러시아와 치르는 천연가스 분쟁에서 가스 공급 중단 사태를 책임지는 유일한 당사자가 됐다. 공급자의 자질이나 천연가스에 의존하는 산업과 국가의 꿈을 앞세우는 정치적 질문은 거들떠보지도 않았다. "가스프롬은 한 번도 약속을 어기지 않았다." "가스프롬이 쌓은 신뢰는 냉전이라는 긴장이 팽배하던 시절에도 모범적이었다"라는 식이었다. 사실, 맞는 말이다. 그런데 이런 면모도 러시아의 전략이었다. 정치체제와 상관없이 가스프롬은 명예를 걸고 항상 빈틈없는 거래처가 되려고 노력했다. 적어도 서유럽 큰 고객들과는 그랬다.

유럽 경제대국인 프랑스, 이탈리아, 독일은 러시아 정부가 우크라이나를 겨냥해서 늘어놓는 불평을 의심할 생각도 하지 않았다. 이탈리아의 실비오 베를루스코니는 세 번째로 총리에 선출된 인물인데, '진정한 친구' 블라디미르 푸틴과는 막역한 사이다. 푸틴과 선물을 주고받으며, 사르데냐주에 있는 자신의 대저택에 푸틴 거처를 따로 마련할 정도다. 정치 스캔들이 된 섹스 파티로 유명해진 바로 그곳이다. 독일에서는 러시아산 천연가스와 러시아 시장에 치우치는 의존도가 높은 점이 문제였다. 또 메르켈 총리가 네 번 중 첫 번째 임기를 마친 측면도 한 이유였다. 당시 부총리 겸 외무부 장관이었던 프랑크-발터 슈타인마이어는 크렘린궁에 드나들 수 있었다. 프랑스에서는 푸틴 친구인 프랑수아 피용이 총리에 오르고 2년이 지난 뒤에 대통령이 된 사르코지가 친푸틴 성향의 5년 임기를 시작했다. 2007년 5월 16일 선출된 사르코지 대통령은 당선된 지 3주 만에 독일에서 열린 G8 정상회의에서 푸틴을 처음 만났다. 그때 메르켈 총리는 세계의 여왕이었다. 일정상 우연히 회원국이 돌아가면서 맡는 유럽연합 의장과 G8 의장을 동시에 맡았다. 그는 발트해 연안에 있는 아름다운 휴양지 하일리겐담의 한 리조트 호텔에서 정상들을 맞이했다.

　2007년 6월 6일부터 8일까지 사흘 동안 양자 정상회담도 많이 열렸다. 푸틴과 사르코지의 만남도 이목을 끌었다. 회담 뒤에 사르코지 대통령이 참석한 기자회견 영상은 인터넷에서 조롱거리가 됐다. 몸도 불편하고 엉망으로 취한 듯 보였기 때문이다. 현장에 있던 기자들은 푸틴과 단둘이 만났을 때 무슨 일이 있었는가를 두고 온갖 가설을 쏟아냈다. 두 사람의 만남은 경색돼야 할 이유가 있었다. 사르코지가 대선 기간에 러시아의 인권 상황, 동성애자 차별, 민주주의를 거론하며 솔직하게 이야기했기 때문이다. 체첸을 열렬히 지지하며 푸틴의 제국주의 목적을 누구보다도 속속들이 파악한 철학자 앙드레 글뤼크스만André Glucksmann을 포함한 프랑스 지식인들의 입김이 작용한 탓이었다. 사르코지는 윤리와 인본주의를 외교정책, 그리고 G8 정상회의에서 푸틴과 만나는 첫 번째 사적인 자리의 중심에 두겠다고 지식인들에게 약속했다.

　대표단이 묵는 호텔에서 사르코지와 푸틴이 대면했다. 배석한 양국 대표단은 각각 네 명이었다. 그렇게 10명이 둘러앉은 낮은 테이블에는 물병과 초콜릿 한 상자가 놓여 있었다. 사르코지는 초콜릿이라면 사족을 못 쓴다. 그래서 친구에게 불편한 진실을 고백하려는 사람처럼 다소 과장되게 다정함을 내보이며 이렇게 말했다.

"친애하는 블라디미르 대통령님, 아시다시피 대선 기간에 제가 러시아를 두고 꽤 강경한 발언을 했습니다. 그렇게 얘기하는 것이 제 의무였기 때문에…."

그러자 푸틴도 사르코지만큼 정중한 목소리로 응답했다.

"친애하는 사르코지 대통령님, 저도 완벽과는 거리가 먼 프랑스 민주주의를 놓고 꽤 강경한 발언을 할 수 있습니다."

푸틴이 프랑스 민주주의의 결점과 서방의 도덕 상실을 꼬집으며 차분히 말을 늘어놓으려는 순간 커피가 나왔고, 힘겨웠던 인사가 끝나 마음이 놓인 사르코지는 초콜릿 상자를 뒤지기 시작했다.

"아, 초콜릿을 좋아하시는군요."

푸틴은 사르코지의 약점을 발견하고는 신이 나서 자신도 초콜릿을 하나 집었다.

"그럼요, 다크초콜릿은 마다할 수 없죠. 정말 좋아하거든요. 대통령님도 그러십니까?"

"물론이죠, 초콜릿이 제 강장제입니다."

"그렇군요. 자, 그럼 무엇부터 시작할까요?"

인권 문제는 이렇게 마무리됐다. 양국 정상은 초콜릿 문제에서 합의점을 찾았고, 덕분에 그날 회의 의제로 자연스럽게 넘어갔다. 두 사람은 동의하는 사안과 그렇지 않은 쟁점을 검토하고 양국 관계를 발전시키기로 약속했다. 푸틴은 늘 그렇듯 집중력을 보였다. 의제를 매우 꼼꼼하게 준비했고 자료를 보며 확인할 부분을 정확하게 짚었다. 회의는 한 시간 만에 끝났고, 두 정상은 유익한 만남으로 긴장이 풀려서 밝은 모습으로 객실을 나섰다. 기분이 좋았던 사르코지는 외교 고문인 장-다비드 레비트Jean-David Lévitte에게 다음 일정 이야기를 들었다.

"대통령님, 아시다시피 기자회견이 있습니다."

"기자회견? 예정에 없던 일이잖습니까? 아무것도 준비하지 않았는데요."

"아… 일정에 포함된 일입니다. 그럼 잠깐이라도 준비를 할까요?"

"아니, 괜찮아요. 알았습니다."

사르코지는 외신 기자들이 기다리는 회견실로 들어가기 전에 얼마 전부터 껄끄럽게 지낸 아내 세실리아에게 전화를 걸었다.

"내가 지금 누구랑 같이 있는지 알아? 블라디미르 푸틴하고 있어. 당신한테 인사를 하고 싶다는데…, 잠깐만, 바꿔줄게."

사르코지가 푸틴에게 전화기를 내밀었다. 기자회견에 늦었고 예상하지 못한 일이라 신경이 곤두선 상태였다. 회견실은 임시 건물 2층에 있었다. 고문인 다비드 마르티농David Martinon이 엘리베이터로 가자고 했지만, 이미 사르코지는 좁은 보폭으로 빠르게 계단을 오르고 있었다. 생각보다 계단이 많았다. 사르코지는 회견실 입구로 들어갔다. 연단에 서니 숨이 가빴다. 게다가 아무것도 준비된 게 없었다. 정신을 가다듬을 시간을 벌기 위해 발언권을 곧장 기자들에게 넘겼다. "여러분, 푸틴 대통령님과 나누던 이야기가 길어지다 보니 늦었습니다. 죄송합니다." 사르코지는 어깨를 가볍게 으쓱하며 미소를 짓고 통역 장비를 귀에 착용했다. 그리고 기자들을 쭉 훑어보며 말했다. "그래서… 질문 있습니까? 예, 하십시오. 네, 네, 그렇지요…." 그는 꼭 취한 것 같았다. 푸틴이 보드카를 줬나? 왜 저러지? 놀란 기자들은 서로 눈길을 주고받았다. "술은 한 모금도 마시지 않았습니다. 아무런 준비도 못 해서 생각 중이었던 겁니다." 15년 뒤에 이 이상한 기자회견의 책임은 자신에게 있다며 장-다비드 레비트가 한 말이다. "대통령님께 전하고 싶은 메시지를 잠깐이라도 다시 훑어보자고 끝까지 고집했어야 하는데, 그때가 워낙 임기 초반이어서 말이죠."

하일리겐담 정상회담에서 초콜릿을 나눠 먹고 1년이 넘은 2009년 1월 4일, 위기 대책 회의가 열렸다. 세계 금융위기로 각국 지도자들은 초긴장 상태였다. 푸틴은 2008년 여름 조지아와 전격전을 벌인 탓에 국제사회에서 호의 어린 반응이 줄어든 터였다. 이 전쟁으로 러시아는 분리주의 지역인 남오세티야와 압하지야를 포함한 조지아 영토의 약 20%를 차지했다. 유엔은 러시아에 조지아 영토를 보존하고 러시아군을 철수하라고 촉구했다. 미국도 푸틴의 전쟁을 비난했다. 서방 몇몇 국가는 러시아를 상대로 경제 및 정치 제재에 나섰다. 러시아는 G8 정상회의 참여가 중지됐고, 6년 뒤에는 크림반도 병합으로 G7 정상회의에서 퇴출됐다. 사르코지는 러시아와 조지아가 평화 계획을 협상할 수 있도록 중재에 나섰다. 훗날 역사학자들은 트빌리시를 차지하려는 푸틴을 사르코지가 막았는지, 아니면 반대로 사르코지 때문에 푸틴이 계속 제국을 확장할 수 있었는지 평가할 것이다.

아무튼 받아들여진 해법을 푸틴도 싫어하지 않았다. 그 덕분에 끈기를 발휘해야 하는 자신의 정복 계획을 펼치기 전에 도미노 게임의 첫 번째 조각을 가져다놓을 수 있었다. 2009년에는 러시아를 옭아맨 국제 제재도 일부분 풀렸다. 사르코지는 곧바로 프랑스 미스트랄급 전함 두 척을 러시아 해군에 판매하는 계약을 체결했다. 러시아의 '현대화'를 돕는다는 취지였다. 조지아는 영토 일부를 잃었지만, 러시아와 좋은 관계를 유지해야 모두에게 좋다는 논리가 유럽과 독일 총리에게 통했다. 러시아가 불법 장악한 땅은 자기네 영토가 아니었으니 말이다. 푸틴 대통령도 모든 일이 순조로웠다.

이후 가스프롬과 러시아 정부는 압박을 늦추지 않았다. 그들이 선보인 홍보 전략은 '우크라이나 책임론'이라는 버튼을 세게 누르는 것이었다. 우크라이나로 망명한 가스프롬 전직 간부가 직접 경험한 가스프롬 선전 행태를 〈우크라인스카 프라우다Ukrayinska Pravda〉에 털어놓았다.

이고르 볼로부예프Igor Volobuev는 1971년 우크라이나에서 태어난 러시아인이다. 하르키우에서 그리 멀지 않은 도시 오흐티

르카가 고향이다. 그의 표현대로라면, 그는 33년 동안 '가스프롬 시스템'에서 일했다. 2022년 4월 27일에 있었던 고해와 같은 인터뷰 자리에서 그는 이렇게 말했다. "저는 성실한 사람이라 직장에서 불평 한마디 들어본 적이 없습니다. 제가 악마를 위해 일한다는 생각은 꿈에도 못 했죠. 가스프롬이 해대는 선전을 늘 들어왔기 때문에 그게 거짓말일 줄은 짐작도 못 했습니다. 그때는 솔직히 푸틴이라는 인물을 중심으로 돌아가는 러시아 정부가 정상이라고 믿었어요." 그는 2013년에 '눈을 떴다'고 표현했다. "우크라이나 사람들이 돈바스 지역에서 러시아어를 쓰는 주민들을 학대한다는 소리가 들리기 시작했을 때 속았다는 걸 알았습니다. 제가 그곳 주민들을 잘 알거든요. 저는 우크라이나에 살 때도 그랬고 그곳을 방문할 때면 늘 러시아어를 썼습니다. 그때 우크라이나에 살던 제 아버지도 마찬가지였고요. 제가 우크라이나에서 아는 사람은 모두 러시아어를 썼는데, 그래서 문제가 생긴 사람은 아무도 없었습니다. 그제야 정신이 확 들더군요."

기자가 물었다.

"가스프롬에서는 무슨 일을 하셨습니까?"

"1999년부터 2015년까지 본사에서 홍보를 담당했습니다. 그 후에 알렉세이 밀레르가 저를 가스프롬 계열 은행인 가스프롬 방크의 대외 홍보 담당으로 보내더군요. 제가 친우크라이나 성향인 걸 알고 좌천시킨 셈이죠. 하지만 그전에 저는 우크라이나와 치른 천연가스 전쟁에 참여했습니다. 그때 직접 발을 담근 사람 중 하나죠. 저는 가스프롬이 수년 동안 어떻게 홍보정책을 만들었는지 잘 압니다. 2000년대 초, 그러니까 유센코 전 대통령이 나토 가입을 언급하고 2004년에 오렌지 혁명이 일어났을 때 러시아가 우크라이나를 상대로 전쟁을 벌이기 시작했거든요. 출발은 경제전쟁이었습니다. 천연가스로 압박하고, 채무와 천연가스 가격 등에서 생긴 의견 차이를 핑계로 댔죠."

"가스프롬이 우크라이나를 겨냥한 선전 전략을 어떻게 짰는지 예를 들어주실 수 있습니까? 2006년과 2009년에 내놓은 명분은 우크라이나가 유럽으로 갈 러시아산 가스를 훔쳤다는 것이었습니다. 그룹 내부에서는 일이 어떻게 돌아갔나요?"

"저희가 할 일은 우크라이나 수송체계가 신뢰할 수도 없고 효율적이지도 않다는 점을 보여주는 것이었습니다. 수송 문제는 우크라이나가 더 많이 일으켰지만 러시아가 원인일 때도 있었거든요. 2009년 1월 초에 2주 동안 유럽에 가스 공급이 차단됐는데, 그 결과가 말도 못 하게 심각했습니다. 그래서 저희가 할 일은 우크라이나를 신뢰할 수 없는 파트너로 부각시키는 것이었습니다. 이른바 독립 전문가라고 하는 사람들을 러시아나 해외에서 섭외한 다음 러시아에 유리한 보고서를 쓰게 했죠. 러시아 정부에서 홍보 전략을 맡은 사람은 알렉세이 그로모프Alexey Gromov입니다. 당시 가스프롬에서 홍보정책을 감독했어요. 가스프롬 대변인인 세르게이 쿠프리아노프Sergey Kupryanov는 메시지를 언론에 전달하는 역할을 했습니다. 행정부에 있는 모든 사람과 연락이 가능했던 인물입니다. 당시 가스프롬의 얼굴이었죠."

"가스프롬시스템은 러시아에 주재한 유럽 언론을 포함해서 언론을 매수하는 데 돈을 얼마나 썼습니까?"

"러시아 안에서는 돈을 쓰지 않았던 것 같습니다. 누구에게 돈을 쓰겠습니까? 러시아에는 독립 언론이 없어서 돈을 쓸 필요가 없습니다. 둥지에서 입을 벌린 새끼 새들처럼 언론은 정부에 충직합니다. 돈을 기대하기는커녕 위에서 내려준 정보를 조금씩 받아먹는 것이죠. 해외 언론이라면 돈이 많이 듭니다. 수백만 달러를 썼으니까요. 가스프롬에는 '스페셜 프로젝트'라는 부서가 있는데요. 솔직히 말하면 부패에 연루된 사람들을 다루는 부서였습니다. 독립 예산이 있었고, 쿠프리아노프 직속 부서였어요. 저는 가스프롬에서 넘어오는 공식 메시지, 보도자료, 언론 홍보를 처리했습니다. 외신 기자들의 출장을 기획했고, 외국인들에게 우리가 어떻게 천연가스를 생산하며 얼마나 어려운 조건에서 보관해야 하는지 보여줬습니다. 그것이 제가 맡은 업무였어요. 그때는 이런 일에 돈을 많이 썼습니다. 20주년이니 25주년이니 하면서 5년마다 한 번씩 가스프롬 설립도 기념했고요. 크렘린궁에서 음악회도 열었는데, 푸틴이 꼬박꼬박 참석하더군요. 유명한 러시아 가수들도 출연했고 해외 스타들도 왔습니다. 스팅도 무대에 올랐죠. 드미트리 메드베데프를 위해 티나 터너가 공연한 적도 있고요. 공연비가 500만 달러나 됐거든요. 춤을 춘 사람은 없었습니다."

샹젤리제, 그리고 유럽이 겪은 최악의 천연가스 위기로 다시 돌아오자. 가스프롬은 2009년 1월 2일 공급량을 줄이기 시작했다. 1월 4일에는 파리 사무실로 기자들을 불러들였다. 그리고 1월 7일, 공급이 전면 중단됐다. 최악을 피한 국가도 있었다. 프랑스, 독일, 영국은 자체 비축량으로 충당하거나, 노르웨이, 네덜란드, 북아프리카로 연결된 다른 가스관에서 천연가스를 공급받았다. 그러나 러시아산 천연가스와 우크라이나 파이프라인에 크게 의존하는 이탈리아, 그리스, 슬로바키아, 루마니아, 헝가리, 불가리아에서는 공급 중단이 참담한 결과를 몰고 왔다. 유럽의 겨울은 춥다. 매섭게 춥다. 유럽연합 집행위원회는 해당 국가들을 향해 비상 대책을 마련하라고 촉구했다.

1월 17일, 당시 러시아 총리였던 푸틴은 우크라이나 총리 율리아 티모셴코Yulia Tymoshenko를 모스크바에서 만났다. 오렌지 혁명을 상징하는 인물인 티모셴코를 우크라이나 국민은 '천연가스 공주'라고 불렀다. 이런 별칭이 늘 칭찬인 건 아니었다. 티모셴코가 천연가스 교역에서 개인적인 영리를 추구하기도 했고, 또 러시아와 협상하는 과정에서 논란을 불러일으켰기 때문이다. 그래도 그는 카리스마에 설득력까지 있었다. 2009년 두 사람이 만나서 새로운 천연가스 공급가격에 합의를 보았다. 우크라이나는 유럽 평균 공급가격에서 20%를 할인받고, 러시아는 가스관 사용료의 특별 가격 혜택을 계속 받는 조건이었다. 두 총리는 러시아가 우크라이나에 적용하는 천연가스 공급가격과 우크라이나가 받는 러시아의 가스관 사용료를 연계하지 않겠다고 약속했다. 티모셴코가 바라던 대로, 투명성을 믿을 수 없는 중재자였던 로스우크르에네르고는 공급체계에서 제외됐다. 이제부터 가스프롬은 나프토가스와 직접 거래할 터였다. 드미트로 피르타시로서는 큰 타격이었다.

푸틴이 거둔 성과도 실패는 아니었다. 가스프롬이 챙기는 경제적 이득 자체는 목적이 아니었다. 전체 전략에서 그저 수단일 뿐이었다. 푸틴이 집착한 대상은 가스프롬이 아닌 우크라이나였다. 그는 자신의 영향권에 있는 국가들이 민주주의에 오염될까 봐 두려웠다. 그래서 나토 가입 신청을 철회하게 만들려고 했다. 이 중요한 목표는 당연히 천연가스 합의를 위한 협상에 포함됐다. 푸틴은 원하는 것을 얻었을까?

2023년 2월 키이우에 있는 정당 사무실에서 만난 율리아 티모셴코는 그렇지 않다고 말했다. 그날도 그는 금발머리를 양쪽 귀 옆으로 땋아 올려 묶은 트레이드 마크를 선보였고, 눈빛도 총리 시절처럼 부드러웠다. 그는 이렇게 말했다. "합의를 끌어내기 몇 달 전에 나토 사무총장에게 나토 가입을 위한 행동 계획을 우크라이나에 마련해달라고 요청하는 서신에 서명한 사람이 접니다. 부쿠레슈티에서 열린 나토 정상회의에서 애석하게도 우리 요청을 거부했죠. 저는 이 결정이 지금 러시아가 벌이는 전쟁의 주요 원인 중 하나라고 생각합니다." 실제로 우크라이나가 나토에 가입하려던 시도는 합의가 성사되기 몇 달 전에 열린 2008년 부쿠레슈티 정상회의에서 사르코지와 메르켈의 중재로 중단됐다. 그런데도 푸틴은 더 많은 보증을 원했다. 2009년 티모셴코가 끌어낸 합의에 이어, 우크라이나 정부는 2010년에 새로운 중립정책을 채택했다. 의회는 우크라이나가 '비동맹국'이며 나토와 같은 군사동맹에 가입하지 않겠다고 선언한 법안을 통과시켰다. 티모셴코는 그 일을 두고 이렇게 말했다. "우크라이나가 비동맹국 지위를 선택한 결정은 부정선거로 저를 이기고 대통령이 된 빅토르 야누코비치가 시작한 일입니다. 2010년 6월 의회에서 우크라이나는 군사동맹 가입을 거부한다고 표명한 대통령 법안을 검토할 때, 제 정당을 포함한 다른 야당들은 단호히 반대했고 찬성표도 던지지 않았습니다."

티모셴코는 회담에서 푸틴에게 무엇을 양보했는지, 나토 가입 포기가 어떻게 언급됐는지 밝히지 않았다. 그러나 2009년 1월 20일, 우크라이나와 러시아는 합의에 도달했다. 천연가스 공급도 재개했다. 가스관 사용 계약도 10년 더 연장했다. 그래서 2009년 1월 31일부터 2019년 1월 31일까지 우크라이나를 거쳐 러시아산 천연가스를 유럽에 공급하는 일은 보증된 계약이었다. 10년이나 말이다. 그 시간은 정비를 위한 10년, 그리고 이런 일을 다시 겪지 않기 위한 10년이 되어야 했다. 다들 각자 계획이 있었다.

러시아는 이렇게 생각했다. '우크라이나를 병합할 시간이 10년 남았다. 천연가스로 숨통을 틀어줘어야지. 지금껏 유럽은 아무런 눈치도 채지 못했으니 우리 계획을 계속 밀고 나가자.'

미국은 이렇게 생각했다. '푸틴의 계획을 막을 시간이 10년 있다. 아제르바이잔에서 조지아, 튀르키에, 발칸반도를 거쳐 오스트리아에 이르는 가스관 나부코 프로젝트를 위해 유럽연합을 지지하자. 그래야 러시아든 우크라이나든 상대하지 않을 수 있다.'

그러나 나부코 사업은 무산됐다.

유럽은 이렇게 생각했다. '새로운 가스 공급지를 찾고 공급 경로를 다변화하고 가스관과 석유관 건설 프로젝트를 재정적으로 뒷받침할 시간이 10년 남았다. 유럽연합 집행위원회가 강조했듯이, 우리 천연가스 수요는 계속 증가할 테니까. 수입 물량이 2005년에는 5020억m³였지만 2030년이 되면 8150억m³로 뛸 것이다. 이 수요를 채우려면 러시아만으로는 어림도 없다.'

독일은 이렇게 생각했다. '우리 산업에서 증가하는 에너지 수요를 모두 메워줄 시간이 10년 남았다. 노르트스트림1은 훌륭하다. 2011년에 공사를 끝내야 한다. 하지만 공급 능력을 두 배로 늘리는 문제도 생각해봐야 한다. 두 번째 노르트스트림을 건설하는 것은 어떨까?'

2009년 에너지 위기는 유럽 각국 도시에서 문제를 인식하는 전환점이 됐다. 스스로가 얼마나 취약한지 또 한번 알려주는 경고음이었다. 하지만 푸틴에게는 그 위기가 전략을 펼치는 한 단계였다. 최악의 에너지 위기는 가스프롬 고객들에게 잊히지 않는 기억, 공포로 남았다. 사회 전체 운명을 러시아와 우크라이나가 빚는 갈등에 계속 맡겨야 할까? 사람들은 회의하기 시작했다. 하지만 이는 계획된 일이었다. 푸틴이 만든 덫의 일부였다. 이 덫은 푸틴에게 치욕을 안긴 우크라이나 오렌지 혁명이 끝나고 정확히 2005년 11월 24일에 작동하기 시작했다. 이날 노르트스트림1 건설과 운용을 맡은 노르트스트림AG를 설립하고 스위스 추크에 기업 등록을 했다. 스위스 중부에 있는 추크는 아름다운 호수, 알프스산맥, 그리고 조세천국으로 유명한 도시다.

2023년 3월 7일

미국에 이어 우크라이나가 수사 선상에 올랐다. 노르트스트림
사보타주 사건을 맡은 독일 연방형사청 수사관들은 작전 수행에
쓰인 것으로 보이는 레저용 요트를 특정했다. 요트 발견 소식은
독일 언론사 두 곳에서 공동 기사로 보도했다. 독일
제1 공영방송사인 ARD와 주간지 〈디 차이트〉는 비슷한 가설을
세운 〈뉴욕타임스〉 기사가 보도된 이후에 공동 기사를 내보냈다.
"수사관들이 요트 안드로메다호에서 폭발물 흔적을 발견했다.
이 요트는 우크라이나인 2명이 폴란드에 설립한 한 기업에서
임대했다." 재구성한 시나리오에 따르면, 국적 불명의 남성 5명과
여성 1명 등 6명으로 구성된 팀이 가짜 여권으로 해당 요트를
빌린 다음 9월 6일 발트해 연안에 있는 독일 로스토크항에서

승선했다. 이때 트럭으로 옮겨온 폭발물도 함께 실었다. 다음 날인 9월 7일, 요트는 로스토크 동쪽 마을인 비크에 정박한다. 그라이프스발트와 가까운 곳이다. 이후 요트는 덴마크의 작은 섬인 크리스티안쇠 해역에서 발견됐다. 서너 차례 폭발이 일어난 보른홀름섬 북동부다. 특수부대는 가스관이 있는 해저 80m까지 잠수해서 폭발물을 설치한다. 미국에 따르면 군사용 폭발물로, 수백 킬로그램이라고 한다. 몇 시간 뒤 천연가스 거품이 엄청나게 해수면으로 떠오른다. 그런데 그곳에서 70km 떨어진 보른홀름섬 남동부에 첫 번째 폭발을 일으킨 폭발물을 설치한 이유는 뭘까? 사실 여기에 놀란 사람은 없다.

우크라이나가 지목되자 우크라이나, 미국, 독일, 심지어 러시아마저도 이를 부인하거나 유보하는 태도를 보였다. 볼로디미르 젤렌스키Volodymyr Zelensky 대통령 고문인 미하일로 포돌랴크Mikhaïlo Podolyak는 "우크라이나 정부를 끌어들이는 음모설이 재미있기는 하지만, 우크라이나는 발트해 사건과 아무런 관련이 없고 사보타주를 일으킨 친우크라이나 성향 집단과 관련해 아는 정보도 없다"고 밝혔다. 러시아 정부 대변인 드미트리 페스코프Dmitry Peskov는 "테러 공격을 감행한 자들은 시선을 돌리고 싶어 한다. 이는 사전에 준비된 언론 홍보다"라고

말했다. 진짜 테러리스트는 미국이라는 얘기다. 보리스

피스토리우스Boris Pistorius 독일 국방부 장관은 "가짜 국기를 달고

수행한 작전일 수도 있다. 역사를 돌아봐도 그런 일이 처음은 아닐

것이다"라고 자평했다.

그들이 사랑한
스파이

"

소련이 몰락하고 동구와 서구가
융합하는 과정에 탄생한 새로운
세계에서 마티아스 바르니히는
권력자들이 언제나 기댈 수 있는
사람이었다.

"

노르트스트림AG를 경영하는 남자는 볼이 통통하고, 사시가 약간 있어 상대방을 똑바로 쳐다보지 않는다는 인상을 준다. 입술로는 가끔 살짝 기분 좋은 내색을 비치기도 하지만, 눈으로는 웃는 법이 없다. 그가 했던 몇 안 되는 공개 발언은 변화 없는 뇌파도와 비슷했다. 그를 보고 있으면 왼쪽 눈 때문에 시선이 약간 불안정하다. 극히 드물었던 인터뷰에서 그는 3차원을 구분하지 못하고 모든 것이 2차원으로 보인다고 밝힌 적도 있다. 가깝고 먼 거리도 구분하지 못한다. 튀어나오고 쑥 들어간 것도 마찬가지다. 이런 특성 때문에 그는 사람들 앞에 나서지 않게 됐고, 그럴수록 권력자들에게는 없어서는 안 될 존재였던 듯하다.

그는 신문에 실린 사진 밑 캡션에 이름도 언급되지 않는 사람이다. 어느 사진에서도 알아보는 이가 없지만, 대통령 관련 행사라면 등장하지 않는 사진이 없는 사람이다. 푸틴, 슈뢰더, 메르켈, 그리고 총리실 고문이나 독일 산업체 회장들 옆에 자주 등장한다. 2012년 5월 7일에 열린 블라디미르 푸틴 러시아 연방 대통령 취임식에서 맨 앞줄에 앉은 사람도 바로 그다. 푸틴은 총리로 4년을 재임한 뒤 세 번째로 대통령에 선출됐다. 2018년 5월 7일 푸틴이 네 번째로 대통령에 선출되어 취임식이 열렸을 때도 우리의 남자는 드미트리 메드베데프와 게르하르트 슈뢰더 사이에 앉아 있었다. 2006년 10월 11일 가스프롬이 후원하는 FC샬케04 경기에서 슈뢰더 옆자리에 앉은 사람도 바로 그다. 알렉세이 나발니Alexey Navalny가 다큐멘터리에서 이름을 밝힌 자도 그다. 다큐멘터리에서 나발리는 드론으로 촬영한 호화로운 '푸틴 궁'을 폭로했다. 흑해 연안에 있는 이 푸틴 궁은 푸틴이 빼돌린 돈으로 지은 건축물이다. 서방에서 푸틴과 친분이 그렇게 두터운 사람은 그가 유일하다. 그러나 '미스터 노르트스트림'이 바라지 않던 세간의 관심을 받기 전까지, 그의 이름은 한동안 전문가 또는 구세계의 오랜 친구들 사이에나 알려진 상태였다. "저는 전면에 나서는 것도 신문 1면에 오르는 것도 싫어 한다. 아마 그건 내 인생으로 충분히 설명될 것입니다." 몇 년 전에 오스트리아 일간지 〈디 프레세Die Presse〉와 나눈 인터뷰에서 그가 한 말이다.

마티아스 바르니히Matthias Warnig는 직업이 투명 인간이다. 처음에는 동독 슈타지 스파이였다. 그는 경감으로 승진하고 나서

드레스덴으로 파견됐다. 그때 소련 쪽에서는 푸틴 중령이 KGB 요원으로 같은 업무를 담당했다. 노르트스트림AG에 이어 노르트스트림2AG에서 푸틴에게 매우 중요한 가스관 두 개의 건설과 운용을 맡을 이사를 찾을 때, 당연히 마티아스 바르니히의 이름이 등장했다. 푸틴이 자신의 옛 동료보다 더 신임할 수 있는 인물이 있을까? 첩보 활동에서 피어난 두 사람의 우정은 서로 부족한 부분을 채워주는 그들의 야망으로 단단해졌다. 푸틴은 권력과 빛을 원했고, 바르니히는 어둠 속에서 섬기는 일 말고는 아무것도 달갑지 않았다.

바르니히는 조용히 지내려고 노르트스트림AG 사무실이 있는 스위스 중부 추크주에서 차로 2시간 거리인 슈타인하우젠시에 정착했다. 그리고 바덴뷔르템베르크주 프라이부르크임브라이스가우라는 예쁜 도시 근교에 집을 한 채 지었다. 집이 언덕에 있어 슈타우펜시가 내려다보이는 맞은편에는 옛 성이 있다. 지평선으로는 프랑스 알자스 지방과 보주산맥까지 보인다. 거기서 몇 킬로미터 떨어진 곳에 바르니히의 또 다른 옛 친구 클라우스 만골트Klaus Mangold가 산다. 묑스테르 계곡의 멋진 부지를 알려준 사람도 바로 만골트였다. 독일·프랑스·스위스 국경이 만나는 곳이다 보니 아름다우면서도 조용하고 살기 편하다. 취리히 국제공항이 멀지 않아 상트페테르부르크와 모스크바에 있는 자택(거의 가지 않지만)에 간다든지, 지중해나 인도양으로 휴가를 떠난다든지, 대서양을 바라볼 수 있는 에스파냐 그란카나리아섬 별장에 들르기에도 편리하다.

클라우스 만골트는 일명 '검은 숲'이라고도 하는 슈바르츠발트에 있는 자신의 화려한 집에서 나를 만나줬다. 16세기에 지은 이 집은 역사 유적으로 지정되기도 했다. 집 앞에 도착하니 철문이 자동으로 열렸다. 만골트는 건물 세 채가 둘러싼 예쁜 정원 끝에서 나를 기다리고 있었다. 그곳은 가장 안쪽에 있는 건물 현관이었다. 그는 부유한 농장주 차림으로 초록색 스웨터, 그리고 건물 벽 색깔과 잘 어울리는 옥색 벨벳 바지를 입고 있었다. 우리는 거실에 자리를 잡고 앉았다. 천장은 골조가 운치 있게 드러나 있고 몇 미터나 되는 높은 벽면에는 책이 빽빽이 꽂힌 널따란 거실이었다. 그는 친구이자 이웃인 마티아스 바르니히에게 내 인터뷰 요청을 전달했지만, 바르니히는 "노르트스트림, 그리고 이미 많은 문제를 일으킨 과거와 완전히 결별"하기로 했다고 한다.

미국의 제재로 바르니히가 거래하던 은행은 그를 고객 명단에서 제외했다. 그의 계좌들은 동결됐고, 인터넷 접속도 안 된다. 그는 〈디 차이트〉 기자 슈테판 빌레케에게 "나는 나쁜 영향을 주는 사람이다"라고 말하기도 했다. 슈타우펜에 있는 집에 머물 때면 수영장에서 하루에 1000m가량 수영을 한다. 도자기로 만든 코끼리에 푹 빠져, 전 세계 벼룩시장에서 그것을 사 모으고 장식장에 넣어놓는 일이 취미다. 정원에서는 자동 운전으로 설정된 로봇 잔디깎이가 돌아다니며 잔디를 깨끗이 깎는다.

만골트도 바르니히처럼 독일과 러시아 지도자들과 산업체 대표들이 참석한 여러 공식 행사에서 찍힌 사진에 등장한다. 2019년 12월에는 소치에 있는 푸틴 저택에서 푸틴과 함께 화기애애한 대화를 나누는 장면이 찍혔다. 2017년에는 경제 대표들과 만난 자리에서 알렉세이 밀레르 가스프롬 회장 어깨에 손을 얹고 카메라를 향해 활짝 웃는 모습이 찍혔다. 전직 스파이인 바르니히와 달리, 만골트는 사진에 찍혀도 불편해하지 않고 비밀로 하지도 않는다.

1953년에 콘라트 아데나워Konrad Adenauer 서독 총리가 독일과 러시아를 포함한 동구권 국가들의 경제관계를 강화하기 위해 동구무역위원회Ost-Ausschuss를 설립했는데, 그곳 사무총장을 지낸 만골트는 독일에서 대단한 권세를 누렸다. 가장 존경받는 로비스트였고, 정계와 재계에서 가장 영향력 있는 인물들의 측근이자 고문이었다. 그리고 1992년부터 2008년까지 16년 동안 동구무역위원회 사무총장으로서 러시아와 맺은 관계를 발전시키는 데 결정적인 역할을 했다. 만골트는 이렇게 말했다. "러시아 시장과 값싼 천연가스를 바라보며 그때 독일이 얼마나 흥분했는지 지금에 와서 상상하려니 어렵군요. 노르트스트림은 기업, 소비자, 독일 그리고 유럽에 특별한 기회로 받아들여졌습니다. 기업가들은 슈뢰더가 이사회에 있다는 것만으로도 대놓고 반겼습니다. 경제관계가 계속 나아지리라는 전망을 추가로 보장해주는 것만 같았으니까요. 러시아에 투자한다는 결정은 수익을 약속했고 평화를 기약했습니다. 두 국가가 무역으로 서로 의존하면 분쟁 위험이 줄어들 줄 알았거든요." 2005년에 클라우스 만골트는 러시아 연방 명예영사로 임명됐다.

부유한 생활을 누렸지만, 만골트와 바르니히는 공통점이 없었다. 만골트는 서독 출신에 부유하고 품위 있고 친절하고 세속적이며 여러 언어를 구사하는 사람이었다. 반면 바르니히는 플로리안 헨켈 폰 도너스마르크 감독의 영화 〈타인의 삶The Lives Of Others〉에 등장하는 사람처럼 1980년대 동독의 낙인을 아직 지우지 못했다. 과묵하고 신중한 성격, 권위적인 분위기, 트레이드 마크인 회색 양복…. 만골트가 재산을 애써 숨기려 하지 않는 우아한 여유를 풍긴다면, 바르니히는 수백만 달러에 이르는 재산이 자신의 삶을 뒤흔들지 않게 통제하는 사람이다.

바르니히는 과거 동유럽 국가에서 유행한 속셔츠를 지금까지도 흰 셔츠 안에 받쳐 입는다. 젊은 시절에는 브란덴부르크주에 있는 갈탄 광산에서 일하기도 했는데, 옛 동독 지역인 브란덴부르크주는 그가 1955년에 태어난 고향이다. 아마도 마음속 깊이 간직한 이런 상처가 그의 슬픈 얼굴, 그리고 늘 중앙보다는 옆으로 비켜나 권력자 그늘에 머물고 싶어 하는 그의 마음에 드러나는 것이리라. 만골트는 80세이고 바르니히는 67세로 닮은 구석이 별로 없는 두 사람이지만, 둘 다 러시아에 정통하다. 러시아에서 많은 사업을 추진했고, 푸틴 주변에서, 그리고 독일과 러시아 사이에서 공동의 친구들을 만들었다.

여기에 세 번째 인물이 등장한다. 바로 81세 마르틴 헤렌크네히트Martin Herrenknecht다. 그도 바덴뷔르템베르크주에 산다. 추크주와도 멀지 않은 곳이다. 그는 터널 굴착 기계를 제조하는 세계적으로 유명한 독일 기업 헤렌크네히트AG를 설립한 창업주다. 이런! 터널 굴착? 그렇다면 파이프라인도 가능하지 않을까? 헤렌크네히트AG는 세계 곳곳의 해저 시설물 건설 공사에 설비를 공급한다. 그렇다면 강철관으로 파이프라인의 섹션을 공급하면 어떨까? 천연가스 수송을 위해 특별히 설계한 섹션들을 용접으로 이으면 될 터였다.

확인해보았더니 내 짐작이 맞았다. 클라우스 만골트, 마티아스 바르니히와 함께 바덴뷔르템베르크주에 사는 마르틴 헤렌크네히트의 회사, 본사가 바덴뷔르템베르크주 작은 도시인 슈바나우에 있는 그 기업은 노르트스트림 가스관 건설에 참여했다. 심지어 핵심 역할을 했다. 가스관이 직접 설치되는 공간인 해저의 기반을 닦는 데 사용할 굴착기를 공급했기 때문이다. 앵커를 설치하기 위해 굴착하고, 앵커를 설치하고, 발트해 해저에 가스관을 안정적으로 묻기 위해 필요한 기타 설비 등을 맡았다. 그 밖에도 노르트스트림의 지상 시설인 압축과 처리 시설 건설 공사에도 설비를 댔다. 그렇다면 헤렌크네히트AG 이사회에는 누가 있었을까? 바로 게르하르트 슈뢰더가 있었다. 총리를 그만둔 뒤에 그는 2005년 노르트스트림AG와 헤렌크네히트AG에 동시에 들어갔다. 2018년에 마르틴 헤렌크네히트는 "독일과 러시아의 협력 강화에 기울인 지대한 공헌"을 인정받고 러시아 대통령령으로 우정 훈장을 받았다.

슈뢰더는 슈바르츠발트 은신처에 사는 세 친구를 몇 번이나 만나러 갔다. 바르니히와 슈뢰더가 각각 대표와 이사장을 맡은 노르트스트림2 기업은 몇 년 동안 바덴뷔르템베르크주 루스트에 있는 대형 놀이공원 유로파파크의 승마 연습장을 후원했다. 그들은 클라우스 만골트 집에 저녁을 먹으러 가고, 마티아스 바르니히의 아들 슈테판이 운영하는 골프클럽 투니베르크 레스토랑에 들르기도 했다. 슈테판 바르니히는 베를린에도 '카페 데 자르티스트'라는 레스토랑을 열었는데, 이곳에서 푸틴과 슈뢰더에게 굴을 대접했다. 슈뢰더, 바르니히, 만골트 세 명 다 귄터 외팅어Günther Oettinger를 잘 안다. 외팅어는 독일 기민련 소속으로 유럽연합 에너지 담당 집행위원을 지냈고, 직무상 러시아산 천연가스와 노르트스트림 사안에 관여했으며, 바덴뷔르템베르크주 주총리를 거친 인물이다. 그는 유럽연합에 있을 때 클라우스 만골트의 전용기를 타고 부다페스트로 이동해서 헝가리 총리 오르반 빅토르를 만난 일을 해명해야 했다.

독일의 '노르트스트림 커넥션'은 인상적이다. 니더작센주에 이어 바덴뷔르템베르크주까지 이어진다. 게르하르트 슈뢰더, 지그마어 가브리엘, 프랑크-발터 슈타인마이어가 니더작센주 커넥션이라면, 귄터 외팅어, 마티아스 바르니히, 마르틴 헤렌크네히트, 클라우스 만골트는 바덴뷔르템베르크주 커넥션이다. 여기에 또 다른 주에 있는 그네들 친구들이 추가된다. 메클렌부르크포어포메른주에서는 새로운 장이 펼쳐졌다. 기민련뿐 아니라 사민당 거물들까지 포함하는 넓은 정계 스펙트럼과 거대한 거미 슈뢰더 총리가 그 주인공이다. 이들은 푸틴을 위해 모인 매우 영향력 있는 인물들이었으며, 장소도 의미가 깊었다. 독일은 유럽에서는 1위, 세계에서는 4위 경제대국이다. 니더작센주와 바덴뷔르템베르크주는 독일에서 가장 부강한 도시이고, 지리적으로도 전략 지역이다. 북서쪽 니더작센주는 네덜란드와 국경을 맞댄 교역과 운송의 중심지이며, 폭스바겐을 포함한 많은 대기업과 산업체의 본사가 있는 곳이기도 하다. 남서쪽 바덴뷔르템베르크주는 프랑스, 스위스와 국경이 맞닿으며, 독일에서 1인당 GDP가 가장 높은 고장이다. 메르세데스벤츠(다임러 후신)와 포르쉐, 가전업체 보슈, 머신툴 제조기업 트럼프, 태양광 모듈 제조업체 솔라파브릭, 초콜릿 제조업체 리터 스포트, 청소 장비 전문업체 카처 등 세계적으로 인기 있는 고가품 생산업체들 본사도 여기에 몰려 있다.

충직하고 헌신을 다하는 이 두 주에 또 다른 주를 추가해서, 푸틴은 노르트스트림 커넥션을 만든다. 바로 매우 부유하고 보수 색이 짙은 바이에른주다. 독일 남동쪽에 있는 이 산업 지역은 에너지 의존성이 높고, 거대한 러시아 시장과 러시아 파이프라인의 매력에 푹 빠진 에드문트 슈토이버Edmund Stoiber와 호르스트 제호퍼 Horst Seehofer가 각각 14년(1993~2007년)과 9년(2008~2018년) 동안 주총리를 지냈다.

바르니히-푸틴 커넥션은 성격이 또 다르다. 두 사람은 베를린장벽이 무너진 뒤 상트페테르부르크에서, 그리고 새롭게 자본주의 국가로 변신한 러시아의 산업계에서 만났다고 사람들이 믿도록 신경을 썼다. 하지만 사실 그들은 드레스덴에서 만났다. 푸틴이 5년 동안 러시아 정부를 위해 그곳에서 일하던 시절에 말이다. 〈파이낸셜타임스〉 기자 가이 차잔Guy Chazan은 2005년 〈월스트리트저널〉에 이 사실을 폭로했다. 동료 기자 데이비드 크로포드와 함께 여러 정보기관의 문서, 개인 서신, 두 사람의 친구·동료들과 나눈 인터뷰를 분석해 푸틴과 바르니히의 관계를 재구성한 결과다. 소련이 해체된 이후 시민단체들이 손에 넣은 슈타지 문서들에는 스파이였던 바르니히가 1970년대 중반에 동독 정보기관에 들어갔다는 기록이 남아 있다.

바르니히는 '아르투어'라는 코드명으로 서독 지역이던 뒤셀도르프에서 3년 동안 영업사원 행세를 하며 활동했다. 그의 감독관이었고 베를린장벽이 무너진 뒤로는 베를린에 있는 한 기업 사원으로 조용히 살던 프랑크 바이겔트Frank Weigelt는 마티아스 바르니히가 뛰어난 스파이들을 모집해서 유명해졌다고 말했다. 1980년대에 그는 뒤셀도르프에서 스파이를 20명 모집해 서독 미사일 기술과 군용기 기술을 빼돌렸다. 〈월스트리트저널〉은 "바르니히의 천재성을 꼽으라면 이데올로기보다 개인적 우정을 이용해 협력하라고 설득했다는 점이다"라고 보도했다. 그는 경사, 경위를 거쳐 경감으로 승진했다. 에리히 밀케Erich Mielke 동독 국가보안부(슈타지) 장관은 1984년에 바르니히가 '민족과 조국에 봉사'한 공로를 인정하고 훈장을 수여했다. 바르니히는 음울한 목소리로 〈디 차이트〉와 나눈 인터뷰에서 "나는 열정을 다해 이 일을 했다"고 고백했다.

마티아스 바르니히는 베를린장벽이 무너지기 한 달 전인 1989년 10월에 드레스덴으로 파견됐다. 비공식적으로 KGB와 협력하기 위해서였다고 프랑크 바르겔트는 밝혔다. 그러나 KGB 현지 사무실은 푸틴을 포함해 다섯 명이 일하는 작은 지부일 뿐이었다. 푸틴은 상트페테르부르크로 복귀하기까지 몇 달을 남겨둔 상태였다. 1989년 1월 24일 드레스덴에서 열린 KGB와 슈타지 회의에 참석한 45명을 찍은 사진에서 푸틴과 바르니히를 볼 수 있다. 〈파리마치Paris Match〉에 실린 이 사진에는 러시아 올리가르히인 세르게이 체메초프Sergey Chemezov도 있다. 그는 KGB 드레스덴 지부에서 일하던 푸틴의 동료였다. 공산주의 체제가 무너지고 KGB가 독일에서 벌이던 작전을 대부분 중단하면서, 요원들은 뿔뿔이 흩어졌다. 푸틴도 상트페테르부르크로 돌아가야 했다. 곧 상트페테르부르크 부시장이 될 그는 이렇게 정보기관에서 공식적으로만 15년 쌓은 경력을 마감했다. 2000년에 출간한 자서전 성격의 인터뷰집《푸틴 자서전》에서 푸틴은 이 결정을 "생애 가장 힘들었던" 순간이라고 말했다.

푸틴만큼 바르니히도 소련의 붕괴에 충격을 받았다. 푸틴과 마찬가지로 바르니히도 전향을 위한 자질과 인맥을 갖춘 사람이었다. 1991년 8월, 미하일 고르바초프를 상대로 일어난 쿠데타 시도가 보리스 옐친 대통령을 중심으로 모인 개혁자들의 승리로 끝났다. 공산주의가 무너지자, 서방 기업가들은 러시아에 진출하기 위한 기회를 엿봤다. 바르니히를 눈여겨본 곳은 그가 경영 수업을 받았던 드레스드너방크였다. 러시아어를 구사하고 경제학도 소화하는 그였다. 프랑크푸르트의 대형 은행인 드레스드너방크에서 고용한 모든 동독인처럼, 바르니히도 슈타지와는 아무런 관련이 없었다고 응답지에 서명했다. 그런 사람은 그 혼자만이 아니었다. 러시아에는 올리가르히나 고위 공직자의 이력서를 보고 정보기관에서 일한 기간과 모순되는 허점을 찾는 게임이 있을 정도였다. 드레스드너방크는 상트페테르부르크로 이름이 바뀐 레닌그라드에 지점을 열기 위해 바르니히를 파견했다. 모든 일이 우연이었다. 바르니히 친구 푸틴도 제국의 옛 수도 상트페테르부르크로 돌아와서, 대외관계와 외국인 투자를 담당하는 부시장이 되어 있었다. 그는 서방 사업가들을 맡았다. 시장인 아나톨리 솝차크도 상트페테르부르크를 금융 중심지로 만들고 싶어 했다. 모든 일이 아귀가 딱딱 맞아떨어졌다.

전체주의 국가를 방어하며 형제처럼 지낸 두 스파이는 비즈니스 전쟁에서 다시 형·아우가 되었다. 기본 규칙은 같았다. 먹잇감을 찾고 유혹해서 매수하는 방식이다. 한번 스파이는 영원한 스파이다. 새로운 자유주의 러시아는 야만인들의 세계였다. 폭력이 난무하는 그곳에서 보호자를 찾는 일은 생존이 걸린 문제였다. 러시아 사람들은 그런 보호자를 '지붕'이라는 뜻의 '크리샤krycha'라고 부른다. 가이 차잔은 "그 지붕이 범죄 조직 일원일 수도 있고 정부 구성원일 수도 있다. 1990년대 말 러시아에서는 두 조직 모두에 속한 지붕이 많았다"고 설명한다. 크리샤는 보호받는 사람에게 신체적 안전을 약속하고, 동시에 기회도 열어주어야 했다.

마티아스 바르니히의 보호자는 블라디미르 푸틴이었다. 여기에는 공조가 포함됐다. 상트페테르부르크 부시장은 바르니히가 1993년에 드레스드너방크 지점을 개설할 수 있도록 도왔다. 지점 자리는 외관이 바로크 바로크 양식이고 실내는 로코코 양식인 화려한 스트로가노프궁에 마련해줬다. 과거에 독일제국 대사관이 있었던 건물이다. 이듬해 드레스드너방크는 푸틴의 아내 류드밀라 푸티나가 심각한 자동차 사고를 당해 독일로 치료 받으러 갈 때 항공료를 지불했다. 〈월스트리트저널〉 조사에 따르면, 드레스드너방크는 그 밖에도 푸틴의 두 딸이 함부르크에 있는 공립학교에 다닐 수 있도록 체류 비용을 댔다.

슈타지 소속 옛 스파이가 지휘하는 드레스드너방크 러시아

지점은 크렘린궁의 중요한 파트너였고, 러시아 사업계의 핵심 축이었다. 이 은행에서 러시아 정부를 위해 민영화 대상인 석유와 석탄 부문 대기업들을 평가했다. 또한 상트페테르부르크에서 푸틴을 보좌했던 알렉세이 밀레르가 2001년 회장에 오른 가스프롬과 관계를 강화하기 위해 나섰다. 그사이 푸틴은 승진을 이어갔다. 아나톨리 숍차크가 1996년 선거에서 패배하자, 푸틴은 정부 공무원이 됐다. 옐친 대통령은 그를 러시아의 안정과 권위를 회복할 수 있는 차기 지도자로 여겼다. 그래서 그를 KGB 후신인 연방보안국 수장으로 앉혔다. 이후 푸틴은 총리를 거쳐 옐친의 뒤를 잇기 위해 대선 후보가 됐다. 그리고 2000년, 러시아 연방 대통령으로 선출됐다. 2006년에 마티아스 바르니히는 발트해 해저에 파이프라인을 설치하기 위해 막 설립된 노르트스트림AG의 회장에 선임됐다.

《푸틴의 사람들》을 쓴 캐서린 벨턴Catherine Belton은 에너지 부문과 독일 내부에 있는 가스프롬 중개자들을 지휘하는 데 관여한 슈타지 옛 요원들이 얼마나 많은지 알게 됐을 때 공포를 느꼈다고 말했다. KGB는 침묵 속에 활동했고, 행정부에 많이 존재했다.

소련이 몰락하고 동유럽과 서유럽이 융합하는 과정에 탄생한 새로운 세계에서 마티아스 바르니히는 권력자들이 언제나 기댈 수 있는 사람이었다. 무색·무취·무미의 스파이는 양쪽 모두에서 사랑받을 줄 알았다. 그는 푸틴이 스파이 소굴을 만들고 시작한 이 천연가스 전쟁의 핵심 부품이었다.

블라디미르 푸틴은 3월 14일 울란우데 항공기 공장에서 국영
텔레비전 채널 로시야1과 인터뷰를 하며 노르트스트림 폭발
사건을 다시 언급했다. "폭발물이 여럿 설치됐는데, 그중
일부는 폭발하고 나머지는 그러지 않은 것 같습니다. 이유는
모르겠습니다."

　2022년 10월 12일 모스크바에서 열린 '러시아 에너지 주간'
국제 포럼 중 '다극화된 세계의 국제 에너지' 세션에서 이미 푸틴
대통령은 두 파이프라인의 가스관 네 개 중 한 개는 폭발하지
않았다고 강조했다. 그것은 노르트스트림2의 관 두 개 중 하나다.
푸틴은 공급 재개 가능성도 거론하며, 이렇게 말했다.

　"발트해 해저에서 폭발한 가스관은 물론 수리할 수 있습니다.

하지만 수리를 한다고 해도 앞으로 가스관 운영이 경제적으로
실현되고 가스관 안전이 확보될 때만 의미가 있겠죠. 이 부분이
근본적인 선제조건입니다.

노르트스트림2 가스관 중 하나는 멀쩡한 것으로 보이는데,
우리가 남아 있는 가스관으로 천연가스를 공급하는 문제를
유럽과 합의 본다손 쳐도… 가스관이 손실됐을 가능성을
우리로서는 알 수가 없습니다. 제가 말했다시피 우리는 조사
허가를 받지 못했으니까요. 그러나 압력이 살아 있는 것으로 봐서
작동할 수 있는 상태입니다. 수송력은 연간 275억m³로, 유럽에서
수입하는 천연가스의 약 8%에 해당하는 물량입니다.

러시아는 공급을 재개할 준비가 됐습니다. 이제 공은 유럽연합
쪽으로 넘어갔어요. 유럽연합이 원한다면 가스관을 열 수
있습니다. 그건 간단한 문제예요. 다시 한번 말하지만 우리는
아무것도 줄이지 않을 참이고, 가을과 겨울에 추가로 공급할
준비가 됐습니다.”

가스관
경쟁

N
O
R
D
S
T
R
E
A
M

9

“

어떻게 기뻐하지 않을 수 있겠는가?
독일 기업 대표들이 보기에 러시아산
천연가스와 노르트스트림은 국가를
위한 기회였다.

마티아스 바르니히는 물론 사진 속에 있다. 여전히 뒤로 물러서 있는 그의 입술에서 살짝 만족감이 드러난다. 천진난만하게 웃는 나머지 사람들은 마법에 걸렸거나 트리비얼 퍼슈트 보드게임 또는 거액을 따기 위해 텔레비전 게임에 출연한 사람처럼 완전 집중한 모습이다. 이들은 무슨 게임을 하고 있었던 걸까?

그들은 관 위에 커다란 흰 바퀴를 얹어 굴리고 있었다. 가장 재미있어하는 사람들은 첫 줄에 서서 바퀴를 움직일 수 있는 지도자들이었다. 프랑수아 피용 프랑스 총리, 앙겔라 메르켈 독일 총리, 네덜란드 총리 마르크 뤼터Mark Rutte, 그리고 러시아 대통령 드미트리 메드베데프였다. 그 자리에는 앞에서 언급했던 유럽연합 에너지 담당 집행위원이자 바덴뷔르템베르크주 전임 주총리인 귄터 외팅어도 있었다. 뒤에서 소개할 메클렌부르크포어포메른주 주총리 에르빈 젤러링Erwin Sellering도 빠지지 않았다. 메클렌부르크포어포메른주에는 룸빈이라는 작은 휴양 도시가 있는데, 거기서 더 동쪽으로 가다 보면 앙겔라 메르켈의 선거구가 나온다. 사진 뒤쪽에는 노르트스트림AG 대표 게르하르트 슈뢰더와 가스프롬 회장 알렉세이 밀레르가 독일 기업 에온, 그리고 바스프 회장들과 나란히 서 있다. 영화 〈시실리안〉처럼 대부는 비밀을 간직한 만큼 권력도 세다. 블라디미르 푸틴의 빈자리가 이 역사적인 사진에서 오히려 더 눈에 띈다. 러시아 연방 전임 대통령이자 미래 대통령이 될 그는 꼭두각시인 드미트리 메드베데프 뒤로 잠시 모습을 감췄다. 크렘린궁에 화려하게 복귀하는 날까지 '민주적인 정권 교체 시기'의 마지막 몇 달을 총리로서 보냈다.

그들은 낄낄대며 웃었다. 기분이 좋고 즐겁다. 때는 2011년 11월 8일. 이들은 노르트스트림의 상징적 개통을 위해 룸빈에 모였다. 그보다 두 달 전인 9월 6일에 이미 푸틴 총리와 슈뢰더는 가스관 반대쪽 끝이 있는 발트해 저편 비보르크에서 개통식을 치렀다. 이제 룸빈에 모인 사람들이 파이프라인에 설치된 개폐문을 돌린다. 노르트스트림1이 개통됐다. 실질적인 운용은 2012년 초로 예정됐다. 서시베리아에서 비보르크를 거쳐 오는 천연가스는 유럽으로 갈 가스관 연결망으로 분사될 터다. 그때는 노르트스트림에 번호가 매겨지지 않았다. 공식적으로는 아직 두 번째 가스관이 존재하지 않았기 때문이다. 하지만 모두 만족감에 들뜬 분위기 속에서 이미 똑같은 가스관이 하나 더 준비되고 있었다.

모두 흡족해했다. 유럽 지도자들은 가스프롬에서 사들인 천연가스가 장점이 많아 좋았다. 품질 좋고 저렴하고 수송도 빨랐다. 절대적 신뢰도에 명예를 건 가스프롬이 정확하게 일을 처리하기도 했다. 러시아 지도자들은 유럽이라는 최고 고객을 상대할 수 있어 좋았다. 그들은 그런 고객을 애지중지했다. 유럽연합이 압도적으로 중요한 천연가스 수출시장이었기 때문이다. 중국같이 거대한 시장도 유럽연합에는 댈 게 아니었다.

게다가 천연가스를 수송하는 데는 그 무엇도 파이프라인을 대신할 수 없었다. 선박이나 유조차로 수송하려면 탈수한 천연가스를 영하 161도 초저온으로 냉각해서 액화한 다음 LNG선에 실어야 한다. 천연가스를 액화하면 부피가 훨씬 줄어들어 저장과 수송을 하기에 수월하다. 그러나 목적지에 도착하면 액체 상태를 다시 기체로 만드는 재기화 과정을 거쳐야 한다. 탈수, 액화, 수송, 재기화, 저장할 특수 저온 탱크, 출발지와 도착지에 필요한 특수 시설, 운반 작업, LNG선 등을 고려하면 환경적으로나 경제적으로 드는 비용이 적지 않다. LNG는 파이프라인으로 수송하는 천연가스보다 이산화탄소 배출량도 많고 판매가도 높다. 지리적 위치, 프로젝트 규모 등 변수를 따지면 비용은 더 높아지기도 한다. 이렇게 추가 비용이 서너 배나 더 높기 때문에 유럽에서는 천연가스를 대부분 가스관으로 수송한다. 반면 상온에서 액체 상태인 석유는 해상으로 운송한다.

그래서 러시아가 유럽으로 가는 매우 광활한 가스관 연결망을 펼쳐놓은 것이다. 유럽인들이 러시아산 천연가스를 선호하는 이유도 그래서인데, 이제는 그 의존성에서 벗어나려는 것이다. 유럽은 러시아에 기댔고, 러시아는 유럽에 의존했다. 그러나 모든 건 2022년 2월 24일 러시아가 우크라이나를 침공하기 전 이야기다.

각자 이득을 보았던 파이프라인에 매달리게 된 데는 또 다른 평계가 있었다. 1990년대 초반부터 2000년대 초반까지 천연가스 가격이 하락해서 20~30년간 장기 공급 계약을 체결하기가 수월했다. 수입국인 유럽 국가들은 최저 판매가를 보장해주는 계약에 앞다투어 뛰어들었다. 그러나 그런 계약은 수출국 러시아가 그들을 사슬로 옭아매는 수단이었다. 유럽연합도 이런 위험성을 모르지 않았다. 이미 유럽연합은 러시아 정부를 의심하던 차였다. 그렇다고 천연가스 수입과 관련해 회원국들의 에너지 의존도를 낮추자니, 유럽연합으로선 불가능했다. 유럽 대륙에 석유 자원 매장량이 적었기 때문이다.

중요한 것은 회원국들을 독려해 수입원을 다각화하는 일이었다. 그런데 러시아에 더 의존하지 않고 단기 계약을 늘릴 방법이 있었다. 바로 LNG였다. 2007년에 천연가스 세계 교역량의 29%를 LNG가 차지했다. 그러나 이런 단기 전략을 모두가 반기는 건 아니었다. 소비자가 출렁이는 가격 변동 위험을 떠안게 되고, LNG

를 변환하는 과정에서 천연가스보다 비용이 3~5배 뛰기 때문이다. 독일 산업을 대표하는 경영인들은 이 대안이 마음에 들지 않았다. 자동차 대기업인 폭스바겐, BMW, 다임러(메르세데스와 스마트 보유)의 경영인들이 특히 그랬다. 에온 같은 에너지 대기업도 마찬가지였고, 세계 최대 석유화학 기업인 바스프도 예외가 아니었다. 바스프는 천연가스를 워낙 많이 소비하기 때문에 본사가 있는 독일 루트비히스하펜까지 가스관이 곧장 연결됐다.

그래서 2011년 11월 8일에 프랑수아 피용, 앙겔라 메르켈, 마르크 뤼터, 드미트리 메드베데프는 얼굴에 웃음이 가득했다. 유럽연합 에너지위원회 소속인 외팅어도 유럽연합의 우려와는 상관없이 만족스러웠다. 가스프롬의 충직한 부하인 게르하르트 슈뢰더와 알렉세이 밀레르도 물론 빠질 수 없다. 요하네스 테이센Johannes Teyssen 에온 회장과 쿠르트 보크Kurt Bock 바스프 회장도 당연히 이 무리에 낀다. "어떻게 기뻐하지 않을 수 있겠는가? 독일 기업 대표들이 보기에 러시아산 천연가스와 노르트스트림은 국가를 위한 기회였다." 동구무역위원회 클라우스 만골트 사무총장 후임인 미카엘 하름스Michael Harms는 이렇게 분석했다. 그날 앙겔라 메르켈은 노르트스트림이 독일과 러시아의 관계 강화를 상징하는 자리를 축하하기 위해 발언에 나섰다. "이 프로젝트로 우리가 러시아와 맺은 확실하고 지속적인 동반자관계의 미래를 확신합니다." 이 발언은 2011년 9월 6일에 있었던 블라디미르 푸틴의 연설과 완벽한 조화를 이룬다. 푸틴은 "천연가스 공급량은 원자력 발전소 11곳에서 생산하는 에너지 양과 비슷할 것입니다"라고 자랑스럽게 말했다.

노르트스트림 개통이라는 위대한 순간을 맞이하기 위해, 그리고 브뤼셀에서 바르샤바를 거쳐 워싱턴에 이르기까지 노르트스트림의 우크라이나 우회를 염려하는 목소리를 누르기 위해, 가스프롬은 반대 논리로 선공을 날렸다. 우크라이나의 중요한 소득원을 빼앗고 유럽 국가들의 러시아 의존도를 위험한 수준으로 높이기에 염려하는 목소리가 컸다. "전혀 아니다. 노르트스트림은 우크라이나를 우회할 목적으로 설계된 가스관이 아니다. 그 반증으로, 우크라이나를 지나는 지상 파이프라인이 계속 가동되고 있지 않나. 아니다, 노르트스트림은 부패하고 정치적으로 불안한 국가를 통과하지 않고 유럽행 천연가스의 80%를 공급해서 유럽의 에너지 안보를 보장하자는 데 그 목적이 있다. 아니, 아니, 노르트스트림은 유럽의 러시아산 천연가스 의존도를 위협적인 수준으로 높이기는커녕 오히려 그 반대다. 노르트스트림으로 파이프라인를 하나 더 추가해서 공급 경로를 다변화하자는 얘기다."

타당하고 썩 괜찮은 논리처럼 들린다. 공급 경로의 다변화를 능숙하게 강조하는 어조다. 유럽연합에서 수입 경로가 아닌 수입국을 다변화하라고 콕 집어 권유한 차였다. 2009년에 천연가스 위기로 트라우마를 겪은 뒤여서, 가스프롬이 내세운 이런 논리는 특히 유럽 지도자와 산업가들에게 큰 장점처럼 들렸다. 정확히 그들이 듣고 싶은 소리였다.

그러나 푸틴은 실수하지 않으려고 조심했다. 물론 독일과 이탈리아는 이미 그의 손안에 들어왔고, 원자력 발전소가 많아 천연가스 의존도가 높지 않은 프랑스는 태도가 상대적으로 중립적이었다. 그러나 유럽연합과 미국이 유보하는 견해를 보이면서 천연가스 문제는 정치적으로 민감한 사안이 돼버렸다. 미래를 생각한다면 가스프롬은 노르트스트림의 정치적 담보와 건설을 위한 유럽 동맹자를 찾아야 했다. 그렇다면 유럽 기업에서 끌어들이는 자본보다 더 좋은 담보가 있을까? 가스프롬은 유럽 기업들의 돈도 필요하지 않았고 그들이 프로젝트에 공공연하게 참여하지 않아도 됐다. 그러니 유럽 기업들을 주주로 만들면 그만이었다.

독일 기업들은 초기인 2001년 4월부터 프로젝트에 참여했다. 여기에는 게르하르트 슈뢰더의 가호가 있었고, 이때는 9월로 예정된 푸틴의 독일 연방의회 방문을 몇 달 앞둔 시점이었다. (에온에 합병된) 루어가스와 (바스프 자회사인) 빈터스할은 가스프롬과 함께 러시아에서 발트해 해저를 지나 독일 북부로 이어지는 파이프라인의 타당성 조사 보고서를 이미 채택했다. 핀란드 에너지 기업 포르툼도 프로젝트에 참여했다가 나중에 탈퇴했다. 2005년 9월 8일, 그러니까 독일 연방의회 선거가 있기 열흘 전에 바스프, 에온, 가스프롬은 여전히 당시 총리였던 슈뢰더와 푸틴 대통령의 지휘 아래 발트해 해저 파이프라인 공사를 위한 기본 협정을 체결했다. 같은 해 11월 22일에는 슈뢰더가 메르켈에게 패배를 인정했다. 11월 30일에는 노르트스트림AG가 스위스 추크에서 설립됐고, 12월 9일에는 가스프롬이 러시아 영토에 있는 노르트스트림 지상 구간 공사를 시작했다. 슈뢰더가 가스프롬에 공식 영입되기 20일 전이었다. 에온과 바스프는 처음부터 이해 당사자였다. 네덜란드 천연가스 운송기업인 가스유니는 지분 배분 갈등으로 주저하다가, 결국 노르트스트림 컨소시엄 소주주가 됐다. 가스유니와 가스프롬이 2006년 10월 모스크바에서 협정을 체결했을 때 요프 베인Joop Wijn 네덜란드 경제부 장관은 이렇게 썼다. "네덜란드와 러시아의 경제관계는… 점점 중요해진다."

노르트스트림에 자본 참가를 하라고 설득할 유럽 대기업이 하나 더 있었다. 푸틴은 프랑스가스공사에 손을 내밀었다. 당시 프랑스가스공사는 천연가스를 생산·유통·판매하던 국영 기업이었다. 나중에 쉬에즈와 합병해 GDF쉬에즈가 됐다가 다시 엔지가 됐다. 상트페테르부르크 국제경제포럼이 프랑스에 접근할 절호의 기회였다. 러시아판 다보스인 이 포럼은 1997년에 전 세계 정계, 재계, 학계 지도자들을 한자리에 모아 경제 협력관계를 도모하기 위해 시작됐다. 2005년 6월에 열린 포럼에서 알렉세이 밀레르가 장-프랑수아 시렐리Jean-François Cirelli 프랑스가스공사 사장에게 접근했다. 시렐리가 직접 그 순간을 들려줬다.

"러시아는 노르트스트림을 유럽화해야 이득이라는 점을 빨리 알아차렸습니다. 유럽연합에 가스관을 건설해야 한다고 주장하려면 프랑스가스공사가 필요했죠. 가스관은 독일에서 끝나지만 말입니다."

"왜 프랑스가스공사를 선택했을까요?"

"러시아는 노르트스트림 주식의 51%를 보유하기로 결정했습니다. 그래서 나눠줄 주식이 49% 남았죠. 독일 기업들이 가장 많이 가져가리라는 것은 기정사실이었습니다. 러시아는 나머지 지분을 놓고 파트너로 적당한 기업을 골랐습니다. 프랑스와 네덜란드 기업들이 1순위였어요."

"그런데 왜 참여하기로 했나요?"

"참여하지 않을 수 없잖습니까? 정치적으로도 경제적으로도 말입니다. 프랑스가스공사는 가스프롬의 큰 파트너였고, 가스프롬이 노르트스트림을 꼭 만들겠다고 하니, 그걸 유럽화하고 프랑스도 거기에 끼어들게끔 도와야 했습니다. 독일만이 아니라 프랑스도 중요하다는 걸 보여줄 필요가 있었거든요. 프로젝트에 참여할 때 저는 가스프롬이 통행료를 낼 정도로 믿을 수 있겠거니 생각했습니다. 구상이 그랬으니까요. 파이프라인은 가스프롬이 소유할 고속도로이고 프랑스가스공사는 지분에 해당하는 돈을 냅니다. 천연가스는 러시아가 100% 소유하고요. 천연가스가 독일에 도착해도 그건 100% 러시아 자산입니다. 그 천연가스를 우리에게 파는 것이죠. 여기서부터 문제가 생깁니다. 유럽연합은 공급과 유통을 동시에 하는 걸 막고 있거든요."

"자크 시라크 대통령과 도미니크 드 빌팽Dominique de Villepin 총리가 러시아의 제안을 받아들이고 노르트스트림에 참여하라고 종용했나요?"

"프랑스가스공사가 국영 기업이었으니 대통령과 총리도 관여할 수 있었죠. 하지만 이 사안에는 개입하지 않았습니다. 프랑스가스공사가 얻는 이익을 따지면 결론이 저절로 나왔으니까요. 유럽 에너지 기업들이 보기에 노르트스트림 주식을 보유할 수 있다는 건 엄청난 기회였습니다. 유럽에서는 천연가스가 나지 않으니까요. 러시아가 우리에게 요구하는 게 무엇인지 잘 봐야 합니다. 독일과 네덜란드에도 같은 걸 요구했거든요. 바로 공급망 일부를 위한 자금이었습니다. 기업마다 10억 유로 정도였어요. 파이프라인 건설을 위한 순수 자본 참여였습니다. 가스프롬이 천연가스를 100% 보유하고요. 그래서 저도 망설이지 않고 참여했습니다."

"그렇다면 러시아산 천연가스를 왜 사들이지 않았나요?"

"저도 그러고 싶었습니다. 실제로 말을 꺼내보기도 했고요. 노르트스트림 자본 참여에 해당하는 지분으로 러시아에 매장된 천연가스를 사겠다고 말이죠. 그랬더니 러시아 쪽에서 (안 된다고 손가락을 흔들며) '아니오, 안 됩니다. 천연가스는 독일에 도착할 때까지 우리 자산입니다'라고 하더군요. 그래서 노르트스트림 주식 9%

를 매입하는 선에서 만족했습니다."

계약은 그렇게 체결됐다. 2005년 12월 9일, 발트해 가스관 노르트스트림 건설 공사가 공식적으로 시작됐다. 노르트스트림 AG 초기 자본이 변경되어 지분을 러시아 가스프롬(51%), 독일 빈터스할홀딩과 에온-루어가스(각각 15.5%), 네덜란드 가스유니(9%), 프랑스가스공사(9%)가 나눠 가지게 됐다. 유르겐 함브레이트Jürgen Hambrecht 당시 바스프 회장은 다큐멘터리 〈가스프롬〉을 제작한 안나 사도프니코바와 디르크 랍스에게 이렇게 털어놓았다. "노르트스트림1은 엄청나게 중요했습니다. 그래서 저는 전혀 후회하지 않습니다. 해야 할 일이었으니까요. 바스프뿐만 아니라 유럽을 위해서도요. 서시베리아 천연가스를 유럽을 위해 최대한 확보하자는 것이 우리 목표였습니다." 바스프, 에온, 가스유니, 프랑스가스공사 대표들은 자신들이 한 일을 자축했다.

2005년 말에 우리는 아직 다른 세계에 살고 있었다. 푸틴은 2006년 7월 상트페테르부르크에서 G8 정상들을 맞이할 준비를 했다. 주요 의제는 세 가지였다. 에너지, 기후, 국제 테러는 러시아와 유럽이 에너지를 놓고 서로 의존하는 근거를 서방에 설득할 수 있는 주제였다. 테러를 뿌리 뽑기 위해 공동 대응에 나섰듯이 말이다. 2001년 9월 11일에 터진 테러로 러시아와 미국이 가까워졌고, 2003년 미국과 영국이 참전한 이라크 전쟁으로 푸틴과 자크 시라크 프랑스 대통령, 게르하르트 슈뢰더 독일 총리가 함께 전쟁에 반대하면서 친분을 돈독히 다졌듯이 그렇게. 이라크 전쟁으로 푸틴은 국제 정치 무대에서 중요한 인물로 떠올랐다. 세계 최대 면적을 자랑하는 러시아는 그렇게 해서 세계화의 파도에 올라탈 수 있었고, 다자주의에 찬성하며 외국인 투자를 끌어들이고 천연가스로 유럽을 쥐고 흔들었다.

2001년 9월 25일 베를린 연방의회에서 연설하던 얌전하고 수줍은 대통령은 이미 사라지고 없었다. 5년 뒤 뮌헨에 착륙한 비행기에서 내리던 푸틴의 얼굴은 5년 전 그 남자가 아니었다. 약간 살이 올랐고 수줍은 미소도 잃었다. 나토, 미국, 유럽연합, 서방, 동성애 등 특정 단어를 발음할 때 입술을 살짝 비틀고 코를 찡그리는 버릇이 생겼다. 푸틴은 전쟁이 통치의 한 방식이라는 점을 증명했고, 그가 생각하는 정치 개념을 체첸에서 수도 그로즈니를 쑥대밭으로 만들며 보여줬다. 말을 듣지 않는 올리가르히들을 사냥하러 나섰고, 러시아의 굵직한 석유기업 중 하나인 유코스의 미래 소유주이며 자신을 향해 비난을 쏟아내더라도 마다하지 않는 한 남자를 선택했다. 그가 바로 미하일 호도르콥스키다. 호도르콥스키는 푸틴 대통령이 2007년 2월 10일 뮌헨안보회의에서 연설할 때 시베리아에서 10년간 이어진 복역 생활을 마쳤다. 해마다 열리는 뮌헨안보회의는 전 세계 정치 지도자, 기업가, 전문가를 한자리에 모아놓고 국제 안보 문제의 현안과 새로운 과제를 토론하는 자리다.

푸틴의 뮌헨 연설은 전환점이었다. 그는 40분에 걸쳐 나토와 미국의 외교정책을 비난했다. 미국은 "경제, 정치, 인도적 활동 등 모든 영역에서 국경을 넘어섰습니다. 미국은 다른 국가들을 향해 자국의 권위를 강요합니다. 그런다고 누가 인정할 수 있겠습니까? 그것은 매우 위험한 일입니다. 누구도 안전하다고 느끼지 못하기 때문입니다. 나는 누구에게도 안전감을 주지 못한다는 사실을 강조하고 싶습니다. 이런 정책은 당연히 군비 증강을 부추깁니다." 푸틴은 러시아가 손에 쥔 다른 무기를 언급하는 것도 잊지 않았다. 그 무기란 바로 에너지 가격 상승이었다. 에너지 가격 상승은 생산국과 소비국 사이에 긴장과 갈등을 불러온다. 이때가 푸틴이 서방과 결별하겠다고 분명하게 밝힌 첫 시점이다. 그는 '나토 확장'을 비난했다. 2004년에 발트3국이 불가리아, 루마니아, 슬로바키아, 슬로베니아와 함께 나토에 가입했다. 푸틴이 뮌헨에서 던진 메시지는 분명했다. 2001년 독일 연방의회에서 떨리는 목소리로 '냉전은 끝났다'고 외치던 시대가 이제 끝났다는 것이다. 냉전은 끝이 나지도 않았고, 오히려 다시 시작됐다.

유럽은 반응이 시원찮았다. 폴란드는 이미 오래전에 러시아의 확장주의를 경고하지 않았느냐며 날을 세웠다. 미국은 러시아가 에너지를 외교정책의 무기로 사용한다고 강조했다. 그러나 앙겔라 메르켈 총리는 "두려움과 불신이 아닌 신뢰와 협력"을 바탕으로 러시아와 관계를 바로세워야 한다고 말했다. 두 번째 임기를 마친 자크 시라크 대통령은 푸틴의 생각이 러시아 전체를 대변하지는 않는다고 믿고 싶어 했다.

이듬해인 2008년에도 상황은 변하지 않았다. 2월 11일, 가스프롬은 주식회사로서 창립 15주년을 자축했다. 4월 2일, 부쿠레슈티에서 열린 나토 정상회의에서 메르켈 총리와 선출된 지 1년 된 사르코지 대통령은 우크라이나와 조지아의 나토 가입을 반대했다. 독일과 프랑스는 러시아의 심기를 건드리고 싶어 하지 않았다. 긴장 완화를 선택해서 푸틴의 야욕을 잠재우기만 바랐다. 5월 7일에는 드미트리 메드베데프가 러시아 연방 대통령으로 당선됐다. 푸틴은 메드베데프를 지지하며 4년 임기의 총리가 됐다. 당시 헌법에 명시된 '민주적 정권 교체'를 준수한 기간이었다. 그러나 2012년에 최고 권력자로 복귀할 준비를 하려는 그의 간계를 모르는 사람은 없었다.

신임 러시아 대통령은 유럽이 러시아와 사업을 계속할 수 있도록 해주는 소중한 근거였다. 메드베데프는 푸틴보다 훨씬 더 자유주의자처럼 행세했다. 미래를 상징하는 인물답게 성격이 좋고 늘 미소를 띠었다. 미국을 방문했을 때 오바마 대통령 옆에서 햄버거를 베어 물 정도였다. 서방에 보여준 인류애, 긴장 완화, 우정 등 수많은 신호는 러시아산 천연가스 의존도라는 물웅덩이를 행복에 젖어 아무 걱정 없이 껑충 뛰어넘을 수 있다는 증거가 아니었던가? 독일 부총리 겸 외무부 장관이었던 프랑크-발터 슈타인마이어는 자신의 신념이 더 확고해지기만을 바랐다. 푸틴과는 알려진

대로 친분이 좋았고, 메드베데프와도 퍽 잘 지냈다. 사민당 출신인 자신의 장관들보다 푸틴을 더 의심했던 메르켈도 기뻐했다. 뮌헨 연설은 기억에서 사라졌다. 친구끼리 통 크게 화해했다고 믿는 쪽을 선호했다. 2008년 7월 3일, 상트페테르부르크 회담에서 슈타인마이어는 감동적인 발언을 했다. 이 회담은 상트페테르부르크 국제경제포럼과 별개로 열리는 러시아와 독일의 양자 포럼이다. "러시아가 있어야만 우리가 긴 안목으로 안전하고 평화롭게 에너지 수급을 이어갈 수 있습니다. 러시아가 있어야만 우리가 비무장으로 나아갈 수 있고, 국제 테러와도 맞서 이길 수 있습니다. 저는 그렇게 확신합니다. 러시아가 없다면, 또 그렇게 러시아와 대적한다면 유럽과 유라시아는 안전하지 못할 것입니다."

열정 넘치는 이 발언이 있은 지 두 달도 채 지나지 않은 8월 26일, 러시아는 조지아 남오세티야와 압하지야를 빼앗았다. 두 분리주의 지역의 독립을 인정해주고 러시아 관할 아래 둔 것이다. 미혜일 사카슈빌리Mikheil Saakashvili 조지아 대통령의 무모한 공격도 한몫했다. 이 사건은 2003년에서 2006년 사이에 조지아, 우크라이나, 키르기스스탄, 벨라루스에서 일어난 반러시아 민중 봉기에 푸틴이 뒤늦게 보인 반응 중 하나였다. 바르샤바조약기구 가입국이었던 국가들뿐만 아니라 옛 소련 공화국들에서 일어난 '색깔혁명 Colour revolution'이야말로 푸틴이 뮌헨 연설에서 언급하지 않은 분노의 진짜 이유다. 그 혁명들을 떠올리면 그가 받은 모욕감이 되살

아날 테니 말이다. 그 혁명들은 푸틴에게 옛 소련 공화국들을 자신의 영향권 안에 둘 능력이 없음을 보여주는 증거였다. 부패가 만연한 러시아의 전제주의보다 유럽연합과 미국이 수호하는 자유민주주의를 선호한 국가들은 푸틴에게 그 자신의 실패를 비춰줬다. 도저히 참을 수 없는 일이었다. 푸틴이 생각하기에 민주주의의 오염은 제거해야 할 위험 요소였다. 뮌헨에서 푸틴이 드러낸 분노는 복수극으로 실현될 터였다. 조지아가 그 무대였다. 우크라이나는 저항했다. 그러나 노르트스트림이 첫 번째 형벌로 다가왔다. 오렌지혁명 이후 개통된 노르트스트림은 우크라이나가 천연가스 경유지로서 획득한 전략적 위치를 빼앗는 데 필요한 서막이었다.

유럽 국가들은 푸틴의 뮌헨 연설과 러시아가 조지아 영토를 침해한 사건을 러시아산 천연가스 수입에 제동을 걸어야 할 요인으로 생각하지 않았다. 그들은 비난 의사를 표시했고, 일부 국가는 러시아 정부에 제재를 단행하거나 외교적 조치를 내렸다. 그러나 2009년 천연가스 위기로 트라우마를 겪으면서 러시아산 천연가스 보이콧을 논의하는 정부는 사라졌다. 결국 노르트스트림1은 2011년 11월 8일에 개통됐고, 즐겁고 편안한 분위기 속에서 가동에 들어갔다.

유엔 안전보장이사회가 시모어 허시의 기사 이후에 노르트스트림
사보타주를 조사할 독립된 국제 조사위원회 설립을 요구하는
러시아의 결의안을 거부했다. 결의안에 찬성한 국가는 세 곳밖에
없었고(브라질, 중국, 러시아), 나머지 12개 이사국은 기권했다.
러시아는 "우리가 어떤 세계에 살고 있는지, 우리가 어떤
세계를 향해 가고 있는지 명백히 보여주는" 투표 결과에 유감을
표명했다. 그 세계는 러시아가 꿈꾸는 세상과는 정반대였다.
러시아가 원하는 세상은 "국제법이 준수되고 그런 행위를 저지른
책임자들이 그 이유를 설명하는 곳"이다. 러시아 대표단은
"사보타주로 가장 큰 피해를 본 (러시아와) 협력할 의사를 전혀
표시하지 않은 독일, 덴마크, 스웨덴이 제각기 국가 차원에서

시행한 조사"의 "객관성"과 "투명성"에 매우 진지하고 "아주
정당한" 의심이 들어서 이 결의안을 준비하게 됐다고 설명했다.
그리고 이 국가들이 증거를 감추며 범죄 현장을 "치우려" 한다고
넌지시 비난했다.

　이사국들은 "각국에서 진행 중인 조사는 끝을 맺어야 한다"고
반박했다. 미국은 러시아가 '유죄' 추정에 따라 결의안을 낸 처사는
고의로 결론을 왜곡해서 조사의 신뢰성을 해치려는 시도라고
주장했다. 미국 대표단은 결의안 초고가 미국 정부 책임자들이
한 발언을 왜곡했다며 러시아의 주장을 전면 거부했다. 영국,
알바니아와 마찬가지로, 미국은 러시아가 우크라이나의
기반시설을 어떻게든 파괴하려고 들면서 주요 시설 보호에는
관심을 둔다는 사실에 놀랐다고 밝혔다.

　그러나 러시아가 먼저 점수를 땄다. 의심이 확산한 것이다.
러시아를 비난할 만한 조사 결과는 이유를 따지기도 전에 전부
의심을 샀다.

희한한
환경운동가

10

> 천연가스에 중독된 독일이 환경주의자가
> 된다면, 가스프롬에게는 이익이었다.
> 일거양득인 셈이다.
> 이번에도 푸틴이 이겼다.

"

마티아스 바르니히는 밝은 갈색 종이로 감싼 해바라기와 프리지
어 꽃다발을 들고 나타났다. 그날은 2020년 8월 11일. 푹푹 찌는
여름날이었다. 목이 꽉 조여 보이는 흰 셔츠 안으로 속셔츠가 비칠
정도였다. 바르니히는 자켓을 벗었지만 넥타이는 풀지 않았다. 땀
이 쏟아진다. 발트해가 멀지 않은데도 바닷바람은 메클렌부르크
포어포메른주 주도인 슈베린까지 닿지 않았다. 바르니히는 주의
회가 사용하는 동화처럼 아름다운 성에 초대받았다. 노르트스트
림 CEO인 그는 9년 전에 슈뢰더, 메르켈, 피옹, 메드베데프와 룸
빈에서 행복하게 찍은 유명한 사진 속보다 더 살이 오른 모습이다.
그 9년은 그가 임무를 잘 수행한 보람찬 기간이었다. 노르트스트
림1이 독일과 유럽 전역에 천연가스를 해마다 550억m³씩 실어 나
르고 있고, 쌍둥이 가스관인 노르트스트림2 건설이 2년 전인 2018

년에 시작됐다. 우니온과 사민당이 연립한 독일 연방정부는 유럽 연합에서 노르트스트림2를 홍보해줬고, 독일 의회는 2019년 11월 가스관에 길을 터줬다.

그런데 문제가 있었다. 미국이 훼방을 놓았다. 메르켈을 미워하는 트럼프 대통령이 독일 경쟁력에 집착하고 유럽의 러시아산 에너지 의존도를 탐탁지 않게 생각하며 새 가스관 개발을 가로막는 데 앞장섰기 때문이다. 2019년 12월, 크리스마스를 얼마 앞두고 미국 정부가 노르트스트림2 공사에 관여한 건설기업들을 제재하고 나서서 기업들이 즉각 자사 선박들을 철수시켰다. 1224km에 달하는 파이프라인 중 마지막 160km에 들어갈 관이 부족했다. 얼마 안 되는 그 160km에 100억 유로와, 우크라이나의 생계 수단을 빼앗기 위해 오랫동안 준비한 계획의 성패가 달렸다. 러시아가 가만있을 리 없었다. 트럼프의 제재가 민간 기업들을 겨냥했으니 국영기업이 노르트스트림2 공사 비용을 대면 어떨까? 아니면 공공재단? 아주 좋은 생각이었다. 해결책은 아마 슈베린에 있을 것이다. 바르니히가 노르트스트림 1과 2의 도착지인 룹빈과 그라이프스발트가 있는 이 독일 동북부 지역에 온 이유가 바로 그것이었다.

슈타지에서 스파이를 채용하는 수완이 좋았던 마티아스 바르니히는 마누엘라 슈베지히Manuela Schwesig에게서 자신이 찾던 모습을 발견했다. 주총리였던 슈베지히는 바르니히의 계획을 수행하는 데 필요한 모든 자질을 갖췄다. 그는 1974년 프랑푸르트안데

어오데르에서 태어났는데, 이곳은 1945년 이후 독일과 폴란드를 구분하는 '오데르-나이세 선'에 위치한다. 그러니까 슈베지히는 바르니히처럼 구동독 출신이다. 두 사람은 같은 구세계에서 왔다.

메르켈 정부에서 가족부 장관을 지낸 슈베지히는 독일 정치를 대표하는 인물이었고, 특히 유방암을 꿋꿋이 이겨낸 사연으로 독일 국민에게 감동을 줬다. 사민당 당원으로, 러시아와 쌓은 관계 강화를 지지하는 빌리 브란트와 게르하르트 슈뢰더의 계승자이기도 했다. 당연히 슈타인마이어-슈뢰더 네트워크에 속하는데, 이 네트워크의 고문, 협력자 또는 지역 장관들은 연방정부, 니더작센주, 메클렌부르크포어포메른주에서도 활동한다. 메클렌부르크포어포메른주는 노르트스트림 가스관이 도착하는 지역이다. 슈타인마이어가 2009년 총리 선거 당시 사민당 후보로 나섰을 때, 슈베지히는 선거 유세팀 소속이었다. 2013년 대연정이 수립됐을 때는 가족부 장관으로 임명됐으나, 지병을 이유로 사임한 에르빈 젤러링 메클렌부르크포어포메른주 주총리의 뒤를 잇기 위해 사임했다. 에르빈 젤러링도 같은 네트워크 일원이었다. 또 다른 인물인 하이코 고이에Heiko Geue가 모든 사람을 연결해줬다. 슈뢰더 연설문 작성자 중 한 사람이었던 그는 슈타인마이어가 슈뢰더 총리실 실장일 때 개인비서이기도 했다. 또한 지역 재정부 장관이 되기 전 슈베지히의 비서실 실장으로도 일했다.

〈슈피겔〉에 따르면 슈뢰더와 슈베지히는 노르트스트림2 건설 기간에 여러 차례 만났다. 특히 공사가 시작된 2018년에 베를린의 한 펍에서 만난 적도 있다. 또 바르니히가 슈베린에 찾아오고 몇 주 지난 뒤인 2020년 9월에도 만났다. 〈슈피겔〉은 우제돔섬에서 음악 페스티벌이 열렸을 때 두 사람이 만나 미국의 제재를 우회할 방법을 논의했다고 전했다. 그러나 주총리실은 그 문제는 그들이 나눈 대화의 주제가 아니었으며, 당시 만남은 '개인적 교류'일 뿐이었다고 일축했다. 같은 9월에 슈뢰더, 바르니히, 슈베지히가 모여 저녁 식사를 같이했다. 더 중요한 점은 슈베지히가 열성을 다해 노르트스트림을 위해 싸웠다는 사실이다. 관련 기반시설이 마련된 메클렌부르크포어포메른주 주총리가 되고부터 특히 그랬다. 그해 12월에는 푸틴의 최대 정적인 나발니가 독살됐지만, 슈베지히는 그리 당황하지 않았다. 메르켈은 베를린의 한 호텔에서 반체제 인사를 만나는 모범을 보였지만, 슈베지히는 이렇게 논평만 하고 그쳤다. "독살 사건은 최대한 빨리 처리돼야 한다. 그러나 노르트스트림2 프로젝트를 문제 삼는 데 이 사건을 악용해서는 안 된다."

전직 슈타지 스파이인 바르니히가 2020년 여름에 꽃다발을 들고 메클렌부르크포어포메른주를 찾을 이유는 이렇게나 많았다. 슈베지히는 바르니히를 국가원수처럼 성대하게 맞았다. 두 사람은 주총리실 앞에 기자들을 불러 모아놓고 미국이 노르트스트림 프로젝트에 반대하려고 보인 행보에 분노했다. "이건 있을 수 없는 일입니다!" 노르트스트림 CEO가 옮긴 발걸음은 주정부가 정체 불명의 재단을 설립하는 구체적인 결과로 이어졌다. 재단 겉모습은 환경문제를 다루는 '기후 및 환경보호 재단'이지만, 진짜 사명은 미국 제재에 대비해 가스관 관련 기업들을 보호하며 마지막 구간 건설을 끝내는 것이었다. 말하자면, 노르트스트림을 위해 일하는 재단인 셈이었다. 이 재단은 러시아 정부 돈을 받고 천연가스에 중독된 국가와 대륙의 등에 빨대를 꽂아 번영하는 거래자들의 넓은 네트워크를 이루는 한 톱니바퀴일 뿐이다.《모스크바 커넥션》저자들은 이 재단이 "가스프롬의 막강한 영향력 아래" 있다고 밝혔다. 그러면서 "연방정부도 이 프로젝트를 알고 있었다. 비록 적극 나서서 찬성하지는 않았지만 말이다"라고 주장했다. 12월 18일, 슈베지히는 메르켈을 만났다. 한 보고서에 따르면, 메르켈은 노르트스트림 프로젝트를 곱게 보지 않았고 그 목적이 불 보듯 뻔한 '작전'이라고 생각했다. 페터 알트마이어 경제부 장관도 "즐겁지 않다"고 말했다.

비밀이 탄로 나면서 국가적 스캔들이 됐다. 2021년 1월에 재단이 발족했는데, 2022년 4월에 독일 일간지 〈디 벨트〉가 환경 재단은 "노르트스트림2AG 자회사" 같은 "가짜 재단"이라고 고발했다. 슈베지히는 가스관 완공은 재단의 "부차적인 임시 목표"일 뿐 재단을 설립한 이유가 아니라고 주장했지만, 자금 흐름이 드러나면서 이 주장은 신뢰를 잃었다. 메클렌부르크포어포메른주는 20만 유로나 되는 공공 기금을 재단에 기부하는 방식으로 지지를 표명했다. 여기에 가스프롬이 대주주인 노르트스트림2AG가 2000만 유로를 보탰다. 공사를 추진하기 위해 재단은 1억 6500만 유로를 추가로 모았다. 2021년 여름에는 파이프라인 공사에 속도를 내려고 '블루십'이라는 특수 화물선을 매입하기까지 했다. 슈베지히는 대변인을 동원해서 슈뢰더가 발트해 가스관을 둘러싼 자신의 견해에 아무런 영향력도 행사하지 않았다고 설득하려 했다. 〈슈피겔〉은 "슈뢰더가 노르트스트림AG 이사장이고 그가 하는 일의 성격 자체가 프로젝트에 영향을 끼치는 것임을 안다면 놀라운 주장"이라고 평가했다. 우크라이나에 러시아군이 진입하기 직전 슈베지히는 재단 해체를 발표했지만, 때는 이미 늦었다. 2022년 4월에 주의회가 조사위원회를 발족했다. 그리고 두 달 뒤 〈디 벨트〉와 인터뷰하는 자리에서 슈베지히는 자신이 지휘한 친러시아 정책의 오류를 인정했다.

아무튼 러시아 정부가 부리는 간계는 딱딱 들어맞았다. 세계 최대 천연가스 그룹 가스프롬이 환경 재단에 돈을 대는 모습은 자극적이고 비정상적이었다. 그러나 독일 주요 환경 단체와 녹색당은 단 한 순간도 속지 않았다. 슈베지히가 재단을 설립하자 곧바로 환경운동가들은 그의 위선을 고발하고 모든 협력을 거부했다. 베를린장벽이 무너지기 전에 저항 세력을 지지하고 인권과 자유, 소수 집단의 권리를 보호하던 동맹90/녹색당은 러시아 독재 체제에 가장 강력하게 반대하기도 했고, 러시아산 천연가스 의존도 문제를 가장 정확하게 파악했으며, 푸틴과 타협하는 방침에도 가장 크게 반발했다. 녹색당은 독일 내부에서 푸틴의 가장 큰 적이며 푸틴의 의도를 가장 통찰력 있게 꿰뚫어봤다. 아날레나 베어보크An-nalena Baerbock 현 독일 외무부 장관은 처음부터 노르트스트림 프로젝트를 맹렬히 비난했다.

그러나 녹색당의 이데올로기는 독일의 아킬레스건이기도 하고, 푸틴이 역공세에 나설 수 있는 지점이었다. 유럽에서 반원전 운동이 독일보다 활발한 국가는 없다. 게다가 환경 관련 정당이 1980년에 창당한 뒤로 유력한 정치 세력으로 성장해 지방선거, 주 선거, 연방 선거에서 많은 의석을 차지하며 주와 연방 차원에서 연정 구성에 여러 번 참여한 국가는 독일밖에 없다. 1970년대 반원전 운동에서 출발한 녹색당의 기본 특징은 원전을 향한 뿌리 깊은 적대감이다. 푸틴 사람들과 가스프롬도 독일의 급진적인 반원전 성향이 자기네 대의를 위한 최고 동맹이 되리라는 점을 알아차렸다. 유럽 최대 산업국이며 최대 에너지 소비국인 독일이 유럽 환경 규제에 적응하려면 석탄 사용을 제한해야 하는데 이데올로기 때문에 원자력도 거부한다면 어떤 해결책이 남겠는가? 이산화탄소를 가장 적게 배출하는 이상적인 에너지는 무엇인가? 바로 천연가스다. 유럽 대륙에 수송관을 거미줄처럼 깔고 저렴한 가격에 천연가스를 공급할 유일한 국가는 어디인가? 바로 러시아다. 천연가스에 중독된 독일이 환경주의자가 된다면, 가스프롬에게는 이익이었다. 일거양득인 셈이다. 이번에도 푸틴이 이겼다.

푸틴이 권력을 잡았을 때 이미 별들은 그를 섬기기 위해 정렬을 마쳤다. 무엇보다 동방정책에 찬성하고 유혹하기 쉬우며 러시아인들의 친구인 사민당 당원이 독일 총리였다. 슈뢰더는 독일 연방정부에 최초로 참여하는 녹색당과 연정을 꾸렸다. 요슈카 피셔 당시 독일 외무부 장관은 러시아 대통령을 믿지 않았지만, 그때는 환경 쟁점이 대중의 지지를 받아 승승장구하던 시절이다. 사민당과 녹색당 연정을 지휘하는 슈뢰더가 '단계별 탈원전'을 계획하며 이 중요한 전환기에 길을 열었다. 1998년에 사민당과 녹색당이 연정을 수립하며 맺은 계약서에는 이런 목표가 적혀 있다. "우리는 신재생에너지를 더욱 발전시키고 에너지 소비를 크게 줄일 수 있는 기본 환경을 만들어 최대한 빨리 원전에서 벗어날 것이다."

날짜도 우연이라기에는 기막히다. 2001년 6월 11일, 그러니까 탈원전을 약속하고 3년이 지났을 때 슈뢰더가 독일 4대 에너지 그룹(RWE, 에온, 파텐팔, ENBW) 대표들과 협약을 맺었다. 그의 말대로라면 "본인 정부의 가장 중요한 개혁"인 협약이다. 여기에 독일 원전 19기의 전기 생산을 즉각 제한하고 2020년까지 가동을 종료한다고 명시했다. 슈뢰더는 이런 '전진'을 자축하며 다음과 같이 말했다. "원자력을 놓고 힘겨운 토론을 하느라 오랫동안 우리 에너지 정책이 마비됐다. 1년 전에 우리는 돌파구를 마련했고 이제 그 결실을 봤다. 당사자가 모두 협력하려는 의지가 있었기에 가능했다."

그보다 몇 달 전인 2001년 4월에 독일 천연가스 기업인 루어가스와 빈터스할은 앞에서도 언급했듯이 가스프롬과 함께 러시아에서 발트해를 거쳐 독일 북부를 잇는 파이프라인인 노르트스트림에 대한 타당성 조사 보고서를 채택했다. 그리고 석 달 뒤인 2001년 9월 25일에는 푸틴이 독일 연방의회에서 주빈 자격으로 연설을 했다. 슈뢰더는 노르트스트림 계획을 시작하기 위해 푸틴과 협의해서 원전을 포기한 것일까? 아니면 그 둘이 노르트스트림 계획을 정당화하기 위해 연정 구성원인 녹색당이 요구하는 탈원전을 기회로 잡은 것일까?

연방정부 법안은 2001년 독일 연방의회에 제출됐다. 그전에는 슈뢰더를 저지하려 했던 사람이 원전 중지와 관련해 가장 급진적인 결정을 내리게 된다는 점이 역사의 아이러니다. 그가 바로 당시 야당 당수였던 앙겔라 메르켈이다. 바이에른 기독교사회연합 보수주의자들과 마찬가지로, 메르켈도 탈원전 계획을 "순전히 사상적인 결정"이라고 비난했다. 기민련 대표이면서 여당인 보수당처럼 원전을 열렬히 지지했던 그는 1995년에 헬무트 콜 총리 재임 시절 환경부 장관을 지내며 이렇게 말하기도 했다. "원자력이 없으면 지구온난화를 해결하기 위한 우리 목표를 달성할 수 없을 것이다." 총리가 되고 나서는 2010년부터 슈뢰더가 정한 목표를 더 낮게 잡았고 원전 수명을 몇 년 더 연장했다. 그러다 2011년에 갑자기 왼쪽으로 돌아서더니 전임자보다 한 발 더 나아갔다. 원전 가동을 완전 중단하고 노르트스트림을 향해 무턱대고 돌진한 것이다.

이런 반전은 아무도 예상하지 못한 사건이 벌어졌기에 가능했다. 순전히 우연이었다. 2011년 3월 11일에 일본에서 발생한 쓰나미가 후쿠시마 원전을 덮쳤다. 결과는 비극적이었다. 쓰나미가 불러온 원전 사고는 방사능 유출량으로 따지면 1986년에 발생한 체르노빌 사고와 그 심각성이 비슷했다. 거대한 파도가 도시들을 파괴하고 1만 5000명 넘는 사망자를 냈지만, 공식 보고서에는 원전 사고와 방사능 노출이 단기로든 장기로든 직접 원인이 된 사망은 단 한 건도 포함되지 않았다.

독일 국민이 받은 충격은 컸다. 그 무렵 독일에서는 환경 관련 정당이 영향력을 점점 키워가는 추세였고, 보수 성향의 기민련 지지자들과 재계를 열렬히 응원하는 자유민주당 자유주의자들마저도 탈원전 주장에 점점 관심을 기울이며 원자력이 안전하고 깨끗한 에너지원이라는 생각을 차츰 버리던 차였다. 그랬기에 후쿠시마 원전 사고를 지켜보며 독일 국민 전체가 의구심을 품었다. 메르켈이 내린 급진적인 결정은 그 충격에 비례한 행보였다. 그렇다면 그 결정은 감정에서 우러나온 결과였을까, 아니면 정치적 계산이었을까? 둘 다였다. 두 번째 임기 중이던 메르켈 총리는 여론을 읽는 데 도가 튼 노련한 정치인이었다. 그러나 무적의 전술가에게도 순수한 확신에 따라 신속하게, 그리고 자신의 원칙대로 행동할 때가 온 것이다. 2015년 유럽 난민 사태 당시 오갈 데 없는 난민 100만 명을 받아들이는 결정을 내렸을 때처럼 그렇게.

후쿠시마 효과는 재깍 나타났다. 독일은 완전히 원전에서 벗어날 것이다. 이 결정은 뉴턴의 사과처럼 별안간 떨어졌다. 물리학을 전공한 메르켈은 반사적으로 그 결정이 가져올 결과와 대안을 단숨에 훑었다. 원전을 중지하면 독일 산업과 전기 대량 생산에 문제가 생길 것인가? 그렇지 않다. 바로 눈앞에 대안이 있었기 때문이다. 바로 러시아산 천연가스! 러시아와 우크라이나가 빚는 갈등 때문에 나타날 수 있는 수급 문제는 발트해를 지나는 전략 파이프라인으로 금방 해결될 터였다. 노르트스트림1이 곧 가동에 들어간다.

이 소식을 발표하기 전에 먼저 메르켈은 사르코지에게 이 결정을 알렸다. 후쿠시마 원전 사고가 터지고 다음 날인 3월 12일, 리비아 전쟁에 관한 유럽이사회 임시 회의가 열린 브뤼셀에서 그는 사르코지를 만났다. 두 사람은 유로존 채무 위기 문제를 의논할 참이었는데, 갑자기 메르켈이 힘든 고백을 하는 사람처럼 횡설수설하더니 불편한 기색으로 말을 툭 내뱉었다. "원전을 중지하기로 했으니 알아두세요." 사르코지는 깜짝 놀랐다. 노르트스트림1은 대통령궁에서도 총리실에서도 정치 쟁점이 아니었다. GDF쉬에즈가 컨소시엄에서 작은 지분을 보유하고 있는데도 그랬다. 프랑스가 천연가스에 기울이는 관심은 제한적이었다. 프랑스는 원전 의존도가 높은 국가이고, 유럽 원전 산업은 프랑스와 독일 기업들이 협력하기에 달린 분야였다. 유럽연합 안에서도 두 국가는 원전과 관련해 공동 전선을 폈다.

사르코지는 충격을 받았다. 그래서 분노했다.

"무슨 소리입니까? 원전을 중지하다니요? 왜요?"

"후쿠시마 사태 때문에 이제 더는 안 되겠어요."

"그게 무슨 상관이랍니까? 라인강에 쓰나미라도 닥친답니까? 독일 원전들은 지진대 위에 있나 보군요? 앙겔라, 농담하지 말아요. 원자력은 안전한 에너지예요. 소련이 가동했던 체르노빌과 위험 지역에 있는 후쿠시마 말고는 사고가 단 한 번도 없었어요."

"니콜라, 나는 과학자 출신이에요. 환경부 장관이었고요. 이 문제는 내가 잘 알아요. 깊이 생각하고 내린 결정이에요."

"하지만 앙겔라, 이건 정말 중요한 결정이에요. 갑자기 충동적으로 내릴 사안이 아니라고요. 우리는 파트너입니다. 혼자서 이런 결정을 내리고 나한테 말 한마디 없었다니요."

오후가 끝날 무렵, 메르켈은 일본에서 벌어진 사건과 관련해 기자회견을 열었다. 그는 일본에서 벌어진 비극이 "전 세계에 단절"을 불러왔다고 말했다. "이 재앙 때문에 독일에서 우려하는 사람들이 있다는 걸 압니다. (…) 안전 규정이 철저한 일본 같은 국가에서 원전 사고가 일어났다면 동일한 규정을 적용하는 독일이 팔짱만 끼고 있을 수는 없습니다." 메르켈은 분위기만 조성하려고 모호함을 충분히 남겼다. 재계와 원전 로비스트들을 설득할 시간을 벌기 위해서였다. 그런데 정작 자신이 이끄는 여당에 설득해야 할 사람이 가장 많았다. 기민련 거물들은 그의 결정을 "환경독재"라 부르며 격렬히 비난했다.

독일은 메르켈이 확보하고 싶었던 토론 시간을 허락하지 않았다. 3월 12일 당일 바덴뷔르템베르크주에서 6만 명이 모여 벌인 원전 반대 시위가 슈투트가르트에서 네카르베스타임까지 45km 행진으로 바뀌었다고 토마 비데르가 〈르몽드〉에서 전했다. 바덴뷔르템베르크주 주총리(기민련)는 주 선거가 2주 앞으로 다가온 시점에서 녹색당이 승리하게 되는 상황을 우려했다. 이웃인 바이에른주에서도 보수 성향의 기사련CSU 대표인 호르스트 제호퍼Horst See-hofer 주총리가 똑같은 걱정에 사로잡혔다. 자유민주당 부총리 기도 베스터벨레Guido Westerwelle도 마찬가지였다. 이 세 사람은 원전 찬성론자들이었다. 메르켈처럼 그들도 국민들 사이에서 반원전 운동이 시작되는 움직임을 느꼈고, 그 흐름을 막지 못한다는 사실을 알았다. 3월 14일 메르켈은 원전이 독일에서 생산하는 전기의 22%를 해결하지만 "정부가 원전 수명을 연장한다는 최근 결정을 철회하겠다"고 발표했다. 그리고 3월 17일에는 금기된 말을 했다. "현실적인 방법으로 원전에서 벗어날 때입니다."

6월 30일 연방의회는 독일 원전을 점차 폐쇄하고, 2022년 12월 31일까지 폐쇄를 완료한다는 내용의 법안을 채택했다. 그때만 해도 누구 하나 2022년이 러시아가 우크라이나를 침공하는 해가 되리라고는 생각지도 못했다. 2022년이 러시아산 천연가스에 의존하는 독일 경제모델이 급격한 종말을 맞는 해라는 사실도 예측하지 못했다. 의원들은 '에네르기벤데Energiewende'(에너지 전환)라고 부르는 역사적 법안을 압도적인 찬성으로 채택했다. 이 법안은 에너지 믹스에서 신재생에너지 비중을 높이는 방침을 의무로 규정한다. 페터 알트마이이 전 총리는 이렇게 말했다. "전후 독일에서 이처럼 만장일치를 얻어낸 사안은 없었다. 원전 가동을 중지한다는 결정은 앙겔라 메르켈 혼자가 아닌 독일 국민 전체가 내린 선택이다." 의원 중 513명이 탈원전에 찬성했고, 79명이 반대했으며, 8명이 기권했다. 반대한 의원들은 주로 극좌파인 좌파당 소속이었다. 독일에서 중요한 결정을 내린 다른 사안과 비교했을 때 독일 통일도, 난민 수용도, 성소수자 결혼도 이처럼 많은 표를 얻지는 못했다. 메르켈은 이렇게 예외적인 합의를 이끌어낸 문제에 쉽사리 반대할 수 없었을 것이다.

탈원전은 메르켈이 진심으로 바라던 결정이었을까? 몇 차례 예외를 제외하면, 정치적 계산은 메르켈주의에 담긴 주요 상수였다. 메르켈은 길게 보면 성급하고 비극이었던 이 결정이 정치적으로는 자신에게 유리할 수 있다는 점을 재빨리 눈치챘다. 2011년 3월에 있었던 후쿠시마 재앙보다 5월에 바덴뷔르템베르크주에서 녹색당이 승리한 선거 결과가 총리를 급선회하도록 부추겼다. 녹색당은 역사상 처음으로 독일 최대 산업 지역이자 가장 부유한 주에서 승리를 거머쥐었다. 그리고 메르켈은 그 승리를 자기 것으로 만드는 데 성공했다. 후쿠시마 사태 이후에 여론이 탈원전으로 바짝 돌아서는 상황에서 녹색당이 이익을 독차지하도록 내버려두지 않으려면, 녹색당 영역에서 그들을 앞질러야 했다. 자유민주당과 기민련이 탈원전 계획을 내세우면 녹색당은 가장 강력한 선거 전략 중 하나를 잃게 된다. 녹색당 싸움을 내 것으로 만들면서 적의 힘을 빼는 방식이 권력을 유지하기 위해 메르켈이 곧잘 사용한 '비대칭 여론 약화' 전략이다.

만장일치를 끌어낸 독일은 탈원전에 박수갈채를 보냈다. 정부에 참여하게 된 녹색당은 선거 승리를 자축했다. 메르켈은 자신이 거둔 정치적 승리를 자축했다. 푸틴은 그들 모두에게 박수를 보냈다. 원전 위험성을 완전히 배제했지만 신재생에너지에 기댈 수 없었던 독일은 에너지 전환을 위해 천연가스에 100% 의존했다. '에네르기벤데'에 환호하는 독일인들을 지켜본 푸틴은 자신이 조금씩 만들기 시작한 덫을 독일인들이 완성하는 장면을 보았다. 노르트스트림1은 후쿠시마 재앙이 일어난 해에 개통됐다. 9월 6일 비보르크에서, 그리고 11월 8일 룸빈에서 개통식이 열렸다. 이렇게 시작한 독일인들은 머지않아 똑같은 것을 또 원하게 된다. 모든 일이 착착 진척됐다. 다음 목표는 노르트스트림2다.

미국과 우크라이나에 이어 러시아에 씌어진 혐의를 살펴보자.
덴마크 독립 분석가인 올리버 알렉산더는 공개 출처 정보OSINT
사이트에서 덴마크군이 출처인 정보를 찾아냈다. 폭발 사건이
발생하기 나흘 전인 2022년 9월 22일, 노르트스트림 가스관
근처에 있는 보른홀름섬 동쪽에서 덴마크 경비함 P524님펜이
찍은 사진에 러시아 해군 선박 SS-750이 잡혔다. 덴마크 일간지
〈인포메이션Information〉은 이 러시아 선박이 "해저 작전을
수행하기 위해 설계됐으며, 프리즈급 소형 잠수함 AS-26를
장착했다"고 밝혔다.

　　러시아 국방부는 보도자료를 내고, SS-750이 폭발 전후로 잠수
시험을 하던 우파 잠수함을 보조하는 중이었으며 두 선박 모두

노르트스트림 근처에 가지 않았다고 발표했다. 그러나 덴마크 군대가 SS-750을 목격했다. "소형 잠수함을 장착한 SS-750이 어떤 우연의 일치로 폭발이 일어나기 나흘 전에 공식 임무를 수행하던 장소에서 멀리 떨어진 노르트스트림 사보타주 현장에 있었는지 모르겠다"고 올리버 알렉산더는 자신의 블로그에 적었다.

덴마크 국방부는 9월 22일 해당 지역을 지나던 덴마크 경비함 P524 님펜에서 촬영한 러시아 선박 사진 26장을 국가 기밀로 분류해서 보관 중이라고 〈인포메이션〉에 확인해줬다. 〈인포메이션〉이 만난 전문가들 말을 들어보면, SS-750은 해당 지역에 있을 이유가 하나도 없었다. 전문가들은 이 선박이 해저 작전을 위해 특수 설계됐으며 "그런 작전, 그러니까 발트해 해저 80m에 묻힌 파이프라인 사보타주를 제대로 완수할 역량"이 있다고 말했다. 그들은 이 사진이 현재 진행 중인 수사에 매우 중요한 단서가 될 것이라고 덧붙였다.

2014년,
수치스러운
해

N
O
R
D
S
T
R
E
A
M

11

> 우리는 노르트스트림2가 완공되면
> 러시아와 우크라이나 사이에 전면전이
> 벌어질 것이라고 확신했습니다.
> 안타깝게도 우리 생각이 들어맞았죠.

”

앙겔라 메르켈이 프랑수아 올랑드에게 말했다. "프랑수아, 러시아
인들에게 미스트랄을 넘기면 안 돼요!" 독일 총리와 프랑스 대통
령은 2014년에 벌어진 일들로 큰 타격을 받았다. 2014년은 푸틴
에게 무척 보람찬 해였다. 크림반도를 병합했고, 유럽과 미국의 제
재는 한없이 물러터졌으며, 국제사회 관심 밖에 있던 돈바스 지역
에서 러시아 군인을 한 명도 투입하지 않고 전쟁을 조장하는 데도
성공했기 때문이다. 우크라이나는 반도를 빼앗겼고, 도네츠크와
루한스크가 '인민 공화국'을 자처하며 독립을 선포했다. 2014년은
정말 풍년이었다.

　수치스러운 해로 기억될 2014년에 프랑스는 미묘한 상황으
로 빠져들었다. 3년 전인 2011년 6월에 미스트랄급 전함 두 척을
러시아에 판매하기 위한 협약을 체결했기 때문이다. 그때는 프랑

스가 무역 기회를 잡으려는 생각이 있기도 했지만, 강한 러시아 대통령과 친분을 다지는 일에 마음이 동한 니콜라 사르코지가 대통령으로 재임하던 시절이다. 후임 대통령인 올랑드는 사르코지의 전임인 시라크 대통령이나 자신의 후임인 마크롱 대통령처럼 '러시아를 모욕해서는 안 된다' '냉전을 초월해야 한다'고만 생각했다. 푸틴의 러시아가 그런 초월에는 아무런 관심이 없고 냉전을 되살리려는 동기를 완벽하게 살려놓고 있다는 사실은 까맣게 몰랐다.

2008년 부쿠레슈티에서 열린 나토 정상회의에서 사르코지는 메르켈과 함께 조지 W. 부시 미국 대통령의 뜻을 거스르며 우크라이나의 나토 가입을 반대했다. 우크라이나 통제에 집착하는 푸틴의 예민한 심기를 건드리지 않기 위해서였다. 3년 뒤에 체결한 미스트랄급 전함 판매 계약은 결국 잔을 넘치게 하는 마지막 물 한 방울이었다. 푸틴이 인권을 철썩같이 약속해주는 대가로 사르코지는 2007년 자신의 선거 유세를 도왔던 지식인들에게 등을 돌리는 쪽을 선택했다. 앙드레 글뤽스만은 〈르몽드〉에 대통령을 비난하는 글을 기고했다. 대통령이 러시아 지도자들에게 무릎을 꿇고 판매 계약을 체결해서 '최악의 사태를 부추겼다'는 내용이었다.

미스트랄급 전함 인도 기한도 하필이면 2014년이었다. 그해는 러시아가 크림반도를 병합한 시점이다. 사르코지 후임인 올랑드에게는 그야말로 불운이었다. 그중에서도 가장 큰 불행은 두 전함 이름이 블라디보스토크와 세바스토폴이었다는 사실이다. 특히 세바스토폴은 러시아가 장악한 크림반도 남쪽에 있는 도시로, 예로부터 러시아의 흑해 전략기지였다. 러시아가 우크라이나 침략 전쟁을 준비하던 그때 프랑스는 어떻게 아무렇지도 않게 러시아에 (전투 헬리콥터, 차량, 부대를 수송할 수 있는) 전함을 인도할 수 있겠는가? 더구나 거래를 떠나서 전함 중 하나에 붙은 이름이 그런데도 말이다. 이런 비극적인 상황에서 메르켈은 장례식에서 터지는 폭소와도 같은 세바스토폴의 익살스런 부적절함을 강조했다. "프랑수아, 러시아인들에게 미스트랄을 넘기면 안 돼요!" 프랑스 국가원수 중에서 푸틴과 관련해 가장 냉철했으며 적어도 푸틴과 모호함이라는 게임을 하지 않았던 올랑드는 확신했다. 극우파, 극좌파, 그리고 일부 우파 세력은 그가 러시아를 '배신'했다고 비난했지만, 올랑드는 전함 판매를 보류했고, 2015년 8월에 계약을 무효로 돌렸다. 전함은 결국 이집트에 팔렸다. 세바스토폴은 문제가 덜 될 만한 이름인 '안와르 사다트Anwar el-Sadat'(이집트 세 번째 대통령 – 옮긴이)로 바뀌었다.

이상하게도 독일 총리는 프랑스 대통령에게 해준 좋은 충고를 자신에게는 적용하지 않았다. 발트해를 지나는 두 번째 가스관, 독일을 거쳐 러시아와 유럽을 잇는 노르트스트림1의 쌍둥이 가스관 건설 계획이 진행 중이었다. 러시아가 우크라이나를 침공하고 11개월이 지난 2023년 1월, 올랑드는 파리 리볼리로에 있는 자신의 집무실에서 이 점을 힘주어 말했다.

"메르켈이 미스트랄급 전함 판매를 중단하라고 했을 때, 그건 어려운 결정이었습니다만, 이미 노르트스트림2 프로젝트가 진행 중이었어요." 그는 재미있다는 표정으로 말했다.

"하지만 대통령님은 유럽 여러 기업과 특히 프랑스 기업 엔지가 참여하는 그 프로젝트에 반대하지 않으셨습니까? 엔지는 국가가 주주이자 이사로 있는 기업인데요."

"2014년까지 노르트스트림1은 오로지 경제적인 사안이었습니다. 있을 만한 위험이라고는 유럽이 러시아산 천연가스에 지나치게 의존하게 된다는 점이었지만, 그건 주로 독일과 관련된 얘기였죠. 제가 컨소시엄에서 빠지라고 엔지에 요구할 방법은 없었습니다. 프랑스 에너지 수급을 다각화하기 위한 투자였으니까요. 2014년부터 노르트스트림2를 둘러싼 압박이 커졌습니다. 메르켈은 '노르트스트림이 독일과 러시아의 사안이라고 생각하지 마라. 프랑스도 관여된 일이다. 프랑스 기업들이 얽혀 있다. 프랑스에도 흥미로운 사업이니만큼, 만약 이걸 멈춘다면 그 결과를 각오해야 한다'라고 말하더군요."

"대통령님이 유보의 뜻을 보이셨나요? 아니면 우려를 나타내셨습니까?"

"러시아가 크림반도를 흡수하자, 노르트스트림2 건설 계획을 그만둬야 할지 아니면 일단 중단해야 할지 하는 문제가 제기됐습니다. 메르켈은 이 사안이 한편으로는 산업가들의 문제이기도 하지만, 다른 한편으로는 푸틴에게 압력을 행사할 수 있는 수단이라고 주장했어요. 푸틴이 독일 같은 중요한 고객을 잃게 될 모험을 시작하지는 못할 테니까요."

"엔지에 러시아에서 철수하라고 요구할 생각은 하셨습니까?"

"아니요, 우선 엔지가 철수하더라도 독일은 노르트스트림 프로젝트를 계속 진행할 참이었습니다. 그리고 같은 논리로 생각하면 토탈에도 러시아 사업을 멈추라고 해야 하는 거죠. 2014년 10월에 크리스토프 드 마르주리Christophe de Margerie(세계적인 에너지 그룹 토탈 CEO)가 비행기 사고로 모스크바에서 사망했잖습니까. 사고라는 데는 의심의 여지가 없었고, 러시아와 접촉을 줄일 때는 분명 아니었습니다. 우리가 투자를 포기하라고 엔지와 토탈에 요구하려면, 러시아가 크림반도를 병합하고 돈바스 분리주의자들을 지지한 사건에 국제사회가 보인 반응보다 훨씬 더 큰 반발이 필요했습니다. 우리가 그랬던 것처럼 몇몇 제재에 그쳐서는 안 됐죠. 돌이켜보면, 유럽이 더 거세게 반발하기 어려웠다는 점을 인정합니다."

"2014년에 유럽 각국은 반응이 왜 그렇게 미지근했을까요? 유럽 대륙에서 아무렇지도 않게 이웃 국가 영토를 병합하는 엄청난 만행을 러시아가 저질렀는데도 말입니다. 거기서 푸틴은 이후에 벌어진 일을 해도 된다는 허락의 신호를 본 거죠."

"유럽연합에서 의견이 갈렸습니다. 제재가 약하다며 반발한 국가도 있었죠."

"어떤 국가였습니까?"

"헝가리, 슬로바키아, 체코였습니다. 그때 스웨덴과 핀란드도 그렇게 적극적이지는 않았어요. 유럽 조치는 곧바로 받아들였지만요. 오히려 러시아와 관계를 잘 유지하고 싶어 했습니다. 이탈리아도 마찬가지였고요. 미테오 렌치Matteo Renzi(중도좌파로 2014년 총리에 선출됨)는 전임 총리인 엔리코 레타Enrico Letta처럼 러시아와 우정을 지키는 이탈리아 민주당의 전통을 계승한 사람입니다. 베를루스코니도 푸틴과 아주 각별한 사이였고요."

"메르켈은 지그마어 가브리엘이나 프랑크-발터 슈타인마이어 같은 사민당 출신 장관들과 생각이 달랐습니다. 그가 주장하듯이 더 강한 제재를 위해 싸웠나요?"

"그럼요. 유럽연합이 미국과 동일한 수준의 제재를 채택하기를 바랐죠. 천연가스 수송이 아니라 개인, 단체, 올리가르히를 상대로 제재를 강화하고자 했습니다. 연정을 구성한 파트너들은 생각이 달랐어요. 서방은 대화를 단절하지 않은 상태에서 푸틴을 G8에서 배제하고 러시아를 여러 기구에서 매장하는 방식을 선택했습니다."

"대통령님이 메르켈과 함께 선택한 길은 대화를 시도하는 것이었습니다. 그 결과가 '노르망디' 형식(러시아·우크라이나·독일·프랑스 4국 회담)의 민스크 협상이었는데요. 지금에 와서 돌아볼 때, 이 전략이 강력한 제재보다 푸틴에게 잘 먹혔습니까?"

"민스크 협상이 있다 보니 푸틴과 관계를 끊을 수 없었습니다. 평화협정을 맺으려고 시도하면서 노르트스트림 같은 산업 프로젝트를 막을 수는 없었죠. 그래서 미스트랄을 둘러싼 결정을 내리기가 어려웠지만, 러시아에 전함을 파는 건 도저히 안 되는 일이었습니다. 저는 2014년 11월부터 계약 무효를 언급하기 시작했고, 2015년 봄에 법적으로 계약을 해지했습니다. 이 일이 물론 제 공로라는 소리는 아닙니다. 그 결정을 비판한 프랑스 정치인들의 공이지요. 우파는 프랑스가 약속을 어겼다고 흥분하더군요. 극우, '굴복하지 않는 프랑스', 공산당은 미국 결정에 굴복해서 프랑스의 독립성을 해쳤다고 비난했고요. 우크라이나 침공 이후에 유럽이 한 일을 이때 했어야 할까요? 지난 뒤에 생각해보니 그랬더라면 좋았겠지만, 그때 우리에게는 러시아가 매일 급하게 나오는 쪽대본 같았습니다. 러시아는 분리주의자들을 지지하기만 하고 직접 개입하지는 않았거든요. 사안이 시급했습니다. 빠르게 전선을 안정시키고, 돈바스 지역에서 우크라이나와 러시아 분리주의자들의 전쟁을 멈춰야 했으니까요. 푸틴은 아는 것이 없다고, 상황을 수습할 수도 없다고 잡아떼다가 우리 앞에서 전화기를 들고 분리주의자들에게 연락해 지시를 내렸죠."

"메르켈은 민스크 협정이 있었기에 우크라이나가 시간을 벌고 전쟁 준비를 하며 자신감 있는 민주주의 국가로 거듭날 수 있었다고 말합니다. 푸틴의 고문이었고 줄리아노 다 엠폴리의 표현대로라면 '크렘린의 마법사'였던 블라디슬라프 수르코프Vladislav Surkov도 드물게 수락한 인터뷰 중에 민스크 협정이 이행될 가능성은 없었다고 언급했는데요. 여기에 동의하십니까?"

"물론이죠. 민스크 협정은 러시아 군대가 우크라이나에서 최대한 많은 땅을 차지하지 못하도록 만드는 게 목적이었습니다. 가장 중요한 문제는 2015년 2월 11일에서 12일로 넘어가는 그 긴 밤에 언제 휴전을 선언하고 이행할지 알아내는 것이었습니다. 돈바스 전쟁 희생자가 수천 명이나 되지 않습니까. 하루하루가 러시아에는 더 많은 영토를 차지할 가능성을 의미했고, 우크라이나에는 수치스럽게 패배할 가능성을 보여줬습니다. 메르켈이 옳았던 부분은 민스크 협정이 영토를 장악해나가는 러시아를 저지하고 전선을 안정시켰다는 사실입니다. 그렇다 보니 우크라이나에는 숨을 고르고 힘을 재정비할 시간을 벌어줬죠."

"민스크 협정이 푸틴에게도 시간을 벌어주고 더 강력한 제재를 피해 가게 해주지 않았나요? 덕분에 노르트스트림2가 존재할 수 있었고, 푸틴도 계획을 밀어붙일 수 있지 않았습니까?"

"그렇기도 합니다. 푸틴은 적을 깎아내리는 기회로 민스크 협정을 활용했으니까요. '서방인들은 민스크 협정을 적용하지도 않으니 믿을 수가 없다'는 식의 사고방식을 퍼뜨렸죠. 푸틴은 우크라이나 유권자들이 포로셴코 대통령을 몰아내고 친러 성향의 대통령을 선출하기를 바랐습니다. 완전히 잘못 생각한 거죠."

"그렇다면 우크라이나도 러시아도 지키지 않은 민스크 협정이 뭔가에는 도움이 됐다고 생각하시나요?"

"그래도 우크라이나는 제도를 견고히 다졌고 푸틴이 실수를 저질렀을 때 러시아 군대에 맞설 방법이 있었습니다. 푸틴이 돈바스 전쟁을 더 길게 끌고 가고 2014년에 그곳을 장악했다면 더 많은 우크라이나 영토가 러시아로 넘어갔을 거예요."

민스크 협상이 진행되는 동안에 독일은 노르트스트림2를 준비했다. 말하자면 그 일은 필연이었다. 독일의 러시아산 천연가스 의존도는 크게 치솟아서 메르켈의 세 번째 임기인 2013년부터 2017년까지 두 배로 뛰어올랐다. 그때는 사민당, 그러니까 권력의 가장 좋은 자리로 복귀한 슈뢰더 일당과 대연정을 수립한 시기였다. 프랑크-발터 슈타인마이어는 외무부 장관이었고, 지그마어 가브리엘은 막강한 경제에너지부 장관 겸 부총리였다. 그는 노르트스트림2를 열성을 다해 적극 지지한 인물이다. 그런데 메르켈의 이 세 번째 임기 도중에 유럽연합이 공식 권고했고 결정권자들이 암묵리에 수용한 규칙이 말 그대로 공중분해됐다. 바로 한 국가에서 수입하는 에너지에 대한 의존도가 30%를 넘지 않도록 하자는 규칙이었다. 지그마어 가브리엘은 앞에서도 소개했다시피 자신의 죄를 고백했다. 그가 2013년 정부에 참여하면서 독일의 러시아산 천연가스 의존도가 "40%에서 60% 이상으로" 증가했다고 인정했다. 그는 이런 추세를 "2008~2009년 금융위기 이후에 독일 경제가 길고 강한 회복세"로 들어선 덕분에 에너지 소비가 증가한 탓으로 돌렸다. 물론 그는 원전을 포기한다는 그의 결정도 설명했다.

이런 현상의 정치적 순간이 언제였는지는 그렇게 분명하지 않다. 독일이 러시아산 천연가스 의존도를 높이기로 한 시기는 푸틴이 러시아 국내에서 사행하는 독재와 해외에서 보여주는 공격성이 한 단계 더 나아갔을 때다. 2012년 3월 4일에 푸틴은 러시아 연방 대통령으로 세 번째 당선됐다. 중간에 4년 동안은 총리로 지냈는데, 이런 행보는 러시아 헌법에 명시된 연임 제한을 피하기 위한 농간이었다. 그가 다시 선출된 순간, 러시아 국민은 분노했고 대규모 시위가 벌어졌다. 푸틴은 수천 명을 체포하고 표현의 자유를 심각하게 제한하며 반정부 인사들을 괴롭혔다. 그러고도 대통령 임기를 4년에서 6년으로 연장하는 데 성공했다. 그는 독재적인 통치 방식, 서방 민주주의 국가를 향한 적대감, 망상에 가까운 제국주의 야망을 숨기려고 쓰던 공손한 표현도 점점 줄이기 시작했다.

그런데 푸틴이 한층 더 권력을 집중한 시점인 2012년은 중국이 새로운 지도자를 선출한 해이기도 하다. 그 인물이 바로 시진핑이다. 푸틴과 시진핑은 자유민주주의를 비판한다는 점에서 곧바로 공통분모를 찾았다. 두 사람이 힘을 합쳐 서방에 도전장을 내밀 수 있을 정도였다.

그때가 크림반도 병합을 준비하던 시기다. 2013년 8월 푸틴은 시리아에서 화학무기 테러가 발생했을 때 버락 오바마가 얼마나 수동적으로 대응했는지 예의주시했다. 과거 오바마는 화학무기를 사용하는 시리아 정부에 '레드라인'이라고 경고한 적이 있고, 프랑스도 단호히 대응하겠다고 밝혔지만, 반응은 미지근했다. 여기서 푸틴은 서방의 비겁함과 나약한 동맹을 보았다. 그리고 그런 반응이 자신의 제국을 넓혀도 좋다는 암묵적 승인이자 우크라이나를 품은 백지수표라고 이해했다.

푸틴의 생각은 들어맞았다. 2014년 2월 28일에 러시아 군대가 크림반도를 장악했고, 3월 16일에는 러시아 군대가 점령한 상태에서 꼭두각시 국민투표가 시행됐다. 그 결과, 러시아 정부는 국제법과 자신들이 직접 그은 국경을 무시하고 크림반도 병합을 선언했다. 4월로 접어들자 비극적인 사건이 잇따랐다. 푸틴 측근인 빅토르 야누코비치 우크라이나 대통령이 키이우와 유럽연합 간 협정을 거부하고 국외로 달아났다. 뒤이어 수십만 명이 유럽연합 가입에 찬성하며 벌인 대규모 시위 유로마이단이 시작됐다. 혁명은 유혈 진압됐다. 우크라이나 동부 지역에서는 친러시아 성향 분리주의 민병대들이 들고일어났다. 이때 '초록색 옷을 입은 작은 남자들'로 위장한 러시아 군대가 이들을 지원했다. 이 갈등이 바로 메르켈과 올랑드가 푸틴과 포로셴코를 여러 차례 한자리에 불러 모아놓고 중단시키려 했던 돈바스 전쟁이다. 2014년 9월 5일 민스크 협정이 체결될 때까지는 말이다. 이 협정을 러시아도 우크라이나도 준수하지 않았다. 그러다가 2015년 2월 12일에 2차 민스크 협정이 체결됐다. 이번에는 휴전도 명시했지만, 역시 양쪽 모두 지키지 않았다. 이 협정은 러시아가 2022년 2월 21일에 완전히 종지부를 찍었다. 러시아가 우크라이나를 침공하기 사흘 전이다. 러시아는 이날 도네츠크 공화국과 루한스크 공화국을 공식 인정했다.

푸틴의 계획은 이때까지 착착 진행됐다. 그를 방해할 것이라고는 하나도 없었다. 그러나 모자란 고리, 곧 노르트스트림2 건설은 끝내야 했다.

이 프로젝트가 시작된 날은 슈뢰더의 70번째 생일이었다. 2014년 4월 상트페테르부르크에서 파티가 열렸다. 푸틴이 주빈이었다. 슈뢰더와 푸틴은 이때 발트해 해저에 두 번째 파이프라인을 건설하자는 멋진 생각을 주고받았다. 첫 번째와 똑같은 파이프라인은 러시아와 독일을 직접 연결해서 수송량을 두 배로 늘릴 것이다. 겉으로 드러난 목적은 우크라이나를 통과하는 가스관을 유지하되, 필요하면 이 가스관을 우회하는 데 있다. 그렇게 해서 550억m³인 노르트스트림1의 수송력을 두 배로 높인다는 계산이다. 그러면 해마다 1100억m³나 되는 천연가스 수송을 러시아에서 곧장 유럽연합까지 수출할 수 있게 된다. 따라서 겉으로 드러나지 않은 목적은 우크라이나를 경유하는 천연가스 수송을 전면 중단하는 것이 된다. 노르트스트림2가 있으면 우크라이나는 유럽에 쓸모없는 존재가 될 터다. 슈뢰더와 푸틴은 밝은 미래를 음미했다. 슈뢰더는 엄청난 돈을, 푸틴은 확장된 제국과, 밀란 쿤데라가 말한 '납치된 서유럽'을 꿈꿨다. 체코의 위대한 작가 쿤데라의 죽음은 납치된 서유럽이 끌려가지 않으려고 또다시 애쓰는 이 순간에 묘하게 공명했다.

2015년 7월 15일, 노르트스트림2AG의 국제 컨소시엄 정관이 추크 상업재판소 서기과에 등록됐다. 세금이 적은 이곳은 10년 전에 노르트스트림1의 정관이 등록된 장소이기도 하다. 소도시 추크 끄트머리인 슈타인하우젠에 자리를 잡은 노르트스트림2AG가 상업등록부에 기재한 중요한 직책에는 낯익은 이름이 올랐다. 바로 게르하르트 슈뢰더와 마티아스 바르니히다.

노르트스트림2AG

기업 형태 : 주식회사

등록일 : 2015년 7월 15일

본사 : 힌테르베르크스트라세 38A, 6312 슈타인하우젠

자본금 : 1억 2670만 5000스위스프랑

목적 : 러시아에서 발트해를 거쳐 독일로 가는 가스관 기획, 건설, 개발, 재산권 소유, 경영, 운영, 유지 및 사용

대표 : 아르투르 마티아스 바르니히(독일 국적, 스타우펜 거주)

이사장 : 게르하르트 프리츠 쿠르트 슈뢰더(독일 국적, 하노버 거주)

노르트스트림2는 크림반도 병합 직후 이렇게 구상됐고 돈바

스 전쟁 도중에 등록됐다. 2017년 4월 24일, 러시아와 우크라이나가 산발적인 전투를 벌이는 사이 가스프롬 운영진과 자본에 참여하는 유럽 기업 다섯 곳이 노르트스트림2 프로젝트를 공식 발표했다. 그 다섯 기업은 독일 빈터스할과 우니퍼, 프랑스 엔지, 네덜란드 로열더치쉘, 오스트리아 OMV다. 이들은 파이프라인 건설에 들어갈 100억 유로 투자 협정에 서명했다. 그러나 지분의 51%만 가져갔던 노르트스트림1 때와는 달리 이번에는 노르트스트림2의 지분 전량을 가스프롬이 소유한다. 기업이 각각 10억 유로씩 투자하고, 나머지 자금은 가스프롬이 충당하기로 했다. 대신 저렴한 가격에 천연가스를 공급한다는 계약을 체결했다. 푸틴이 우크라이나에서 보인 행보가 노르트스트림2에 찬물을 끼얹었기 때문이다. 유럽 기업 다섯 곳은 계약을 망치지 않기 위해 주주가 되기를 포기하고 컨소시엄에만 참여하기로 했다. 물론 이는 모순된 해결책이다. 관여는 하지만 아주 많이는 아니고, 한 발은 문 안에, 다른 한 발은 문밖에 둔 모양새이니.

그러나 독일과 러시아는 노르트스트림이 우크라이나 가스관을 대신할 일은 없다고, 그저 수급 경로만 다변화할 뿐이라고 가슴에 손을 얹고 맹세했다. 메르켈은 어디를 가나 "노르트스트림은 정치 프로젝트가 아닌 경제 프로젝트다" "정부 프로젝트가 아니고 민간 기업이 서로 무역을 하는 프로젝트다"라고 말하고 다녔다. 지그마어 가브리엘은 우크라이나 가스관 유지가 푸틴과 대화를 이어가는 조건이었다고 강조했다. "러시아가 무슨 일이 있어도 우크라이나 가스관 가동을 중단하지 않겠다고 명시한 협정에 서명하지 않으면 우리도 노르트스트림 프로젝트를 시작하지 않겠다"고 말했다는 것이다.

메르켈의 경제정책 고문이었던 라르스-헨드릭 룈러Lars-Hendrik Röller는 내가 노르트스트림2에 관심을 보이다니 놀랍다는 표정까지 지었다. 그는 정중하면서도 불쾌하다는 듯 말했다. "노르트스트림 때문에 러시아산 천연가스 의존도가 높아졌다는 얘기인가요? 그렇지 않습니다. 천연가스는 천연가스죠. 독일로 오는 러시아산 천연가스는 공급원과 공급량이 변하지 않습니다. 노르트스트림 가스관이 두 배로 늘었다고 해서 천연가스 수송량도 두 배가 되는 것은 아닙니다." 그의 다음 말도 틀리지는 않는다. "우크라이나 사람들도 독일이 러시아산 천연가스에 의존한다고 항의한 적은 없습니다. 오히려 그 반대죠. 그들이 요구한 사항은 독일이 계속 우크라이나 가스관에 매달려야 한다는 것이었습니다." 그는 "노르트스트림2는 우크라이나를 우회하기 위해서가 아니라 독일 에너지 안보를 보장하려고 만든 가스관"이라는 사실을 강조했다.

안드리이 코볼리에우Andriy Kobolyev는 이 말을 한마디도 믿지 않았다. 우크라이나 석유·천연가스 국영기업인 나프토가스 CEO였던 그는 노르트스트림의 진짜 목적을 처음부터 경고했다. 유럽의 러시아산 천연가스 의존도를 상징하는 노르트스트림은 단순한 파이프라인이 아니라 우크라이나의 방어 수단이자 러시아의 전쟁 무기였다. 그런 만큼 노르트스트림은 푸틴이 세운 우크라이나 병합 계획 전략의 핵심이었다.

44세인 코볼리에우는 쉴 틈 없이 바쁜 사람인데, 2023년 2월 어느 날 키이우 중심부에 있는 자신의 사무실에서 나를 만나줬다. 바깥에서는 공습을 경고하는 사이렌이 울려 퍼졌다. 창문이 없는 곳으로 몸을 피하라는 신호였다. 코볼리에우는 사이렌 소리에 귀를 기울이며 잠시 망설이더니 다시 대화를 이어갔다. 키이우 시민들은 사이렌과 산발적인 폭격에 워낙 익숙해져서 대부분 일상생활을 그대로 유지하려고 노력한다. 2014년 유로마이단 이후 포로셴코 대통령의 총리였던 아르세니 야체뉴크Arseniy Yatsenyuk가 나프토가스 수장으로 코볼리에우를 임명했다. 그때부터 그는 끊임없이 이런 말을 했다. "발트해에 설치하는 두 번째 파이프라인은 목적이 하나뿐입니다. 우크라이나 전체를 병합하는 일이죠. 노르트스트림2가 완공되면 러시아와 우크라이나는 전면전에 들어갈 것입니다."

2018년 9월 4일에 코볼리에우는 독일 국제방송인 도이체벨레와 인터뷰를 하며 우려를 나타냈다. "러시아가 우크라이나를 경유하는 천연가스 수송을 중단하려는 목적은 아주 간단합니다. 계속 경유하면 우크라이나 침공에 드는 비용이 상당해지거든요. 전쟁이 일어나면 우크라이나를 거쳐 서유럽으로 가는 천연가스 공급이 오랫동안 불안정해질 텐데, 그러면 러시아로서는 신뢰도나 자금 면에서 큰 대가를 치러야 하죠." 코볼리에우는 2021년까지 유럽 각국과 미국의 수도를 돌며 노르트스트림 프로젝트를 중단하게 만들거나 아니면 중단하도록 압력을 넣어달라고 설득했다. 키이우 사무실에서 그는 허공에 대고 외치던 그 시절에 사무치던 무력감을 이야기했다.

"2021년 9월 10일에 가스프롬이 노르트스트림2 완공을 발표했습니다. 2022년 2월 24일에는 푸틴이 우크라이나 침공을 개시했고요. 이 두 사건에 인과관계가 성립하나요?"

"우리는 노르트스트림2가 완공되면 러시아와 우크라이나 사이에 전면전이 벌어질 것이라고 확신했습니다. 안타깝게도 우리 생각이 들어맞았죠. 우리에게 노르트스트림은 천연가스 문제가 아닙니다. 노르트스트림이 건설되면 우크라이나가 가스관 사용료를 받지 못하니 수입이 줄어들겠지만요. 우크라이나 경제에서 보면 200만 달러에 달하는 사용료는 엄청난 금액입니다. 하지만 우리가 가장 우려한 지점은 우크라이나의 군사 안보였습니다. 푸틴이 천연가스를 유럽으로 수송하려면 우크라이나가 필요했으니, 그동안은 러시아의 주요 고객들이 의존하던 우크라이나를 공격하지 못한 거죠. 우크라이나로서는 천연가스가 수입원이기도 했지만 무엇보다 군사 안보를 보장해주는 담보였습니다. 어떻게 보면 우리가 천연가스를 인질로 잡고 있었다고도 할 수 있죠. 천연가스는 푸틴의 전쟁을 막는 성벽이었습니다."

"푸틴이 노르트스트림2 완공을 일부러 기다렸다가 전쟁을 일으켰다고 생각하세요?"

"그럼요. 우리는 영향력을 잃었고, 그 바람에 푸틴이 우크라이나를 장악하는 길이 열렸습니다. 푸틴이 한 일도 바로 그것이고요. 지금 그 결과를 보고 있지 않습니까."

"러시아군이 우크라이나를 장악하리라는 사실을 언제 아셨습니까?"

"노르트스트림2 공사가 끝났을 때 각국 정보기관에서 러시아가 군사행동 준비에 들어갔다고 우크라이나에 경고하기 시작했습니다. 모든 일이 두세 달 만에 일어났죠."

"푸틴이 우크라이나 정복을 노리고 있다는 건 언제 깨달으셨나요?"

"푸틴은 우크라이나가 러시아 땅이 아니라는 사실을 인정한 적이 없습니다. 하지만 진짜 출발점은 2004년과 2005년에 있었던 오렌지 혁명이죠. 푸틴은 그 시민운동을 모욕으로 받아들였더군요. 그래서 그때부터 우크라이나를 제국의 일부분이나 뭐 그런 것으로 만들려고 전략적 목표를 세웠고요. 그때 저는 나프토가스 컨설턴트여서 가스프롬에 아는 사람들이 있었는데요. 그들이 우리에게 대놓고 말하지는 않았지만, 사적인 대화를 나눌 때면 두 사건이 서로 연결된다는 점을 분명히 알 수 있었습니다. '너희가 벌인 혁명은 대가를 치를 거야. 우리 관계가 예전과 똑같을 거라고는 생각하지 마'라고 말했으니까요."

"앙겔라 메르켈, 지그마어 가브리엘, 그리고 그들 팀에 무슨 말을 하셨습니까?"

"독일인이 됐건 그 누구가 됐건 항상 저는 아주 솔직하게 말했습니다. 베를린, 브뤼셀, 파리, 워싱턴까지 돌아다녔거든요. 노르트스트림 뒤에 경제가 아닌 지정학적 군사 논리가 숨어 있다는 말을 제가 공적으로나 사적으로 얼마나 많이 반복했는지 아십니까? '당신들은 눈이 가려졌다'고 말했죠. 러시아가 어떻게 해서든 우크라이나를 우회하려고 한다고, 노르트스트림이 무기라고 설명했습니다. 가스프롬과 노르트스트림은 러시아군의 재산이라고요. 독일 총리와 경제부 장관에게도 말했죠. '파이프라인이 완성되면 러시아는 우크라이나에 전쟁을 선포할 것이고 당신들은 그렇게 되도록 내버려둘 것이다'라고요."

"그랬더니 뭐라고 하던가요?"

"자기들도 알고 있다고 하더군요. 그러면서 우크라이나 가스관을 계속 가동하도록 예의주시하겠다고 했습니다. 푸틴은 유럽에 천연가스를 팔아야 하니까 전쟁을 시작할 수는 없을 거라면서요. 우리는 매번 똑같은 말을 들었습니다. '가스프롬은 믿을 만하다. 러시아 사람들도 믿을 수 있다. 가스프롬은 우리를 한 번도 속인 적이 없으니 당신들한테도 그럴 것이다. 걱정하지 말아라. 계약 사항은 모두 지킬 것이다.' 우리는 푸틴의 약속에 어떤 가치가 있는지 알고 있습니다. 그래서 한순간도 믿지 않았죠."

"우크라이나 가스관 유지를 보장받기 위해 러시아와 협상할 때, 그들도 진심이 아니었다고 보세요?"

"독일 국익을 보호한 것이고 핑계를 찾았을 뿐이죠."

"메르켈 총리가 순진했던 걸까요?"

"아, 그건 아닙니다. 메르켈은 순진하지 않아요. 오히려 제가 만나본 지도자 중 가장 강인한 쪽에 속합니다. 독일은 러시아가 오래전부터 준비한 덫에 걸렸어요. 아주 잘 만든 덫에요. 메르켈에게 운신의 폭이 넓지 않았다고 볼 수 있죠. 지그마어 가브리엘이 지휘하던 경제부에서 100여 차례 회의를 했지만, 누구도 노르트스트림에 의문을 제기하지 않았고 이 프로젝트가 독일에 이로울 것이라는 얘기를 아예 의심하지 않았습니다. 러시아인들은 독일인들을 구워삶는 데 성공했어요. 뇌물을 주었다는 소리가 아니라(슈뢰더 얘기를 하는 게 아닙니다. 그는 예외죠) 정신적으로 조종했다는 뜻입니다. 꽤 흥미로운 일이었어요. 제 경험상 보통 독일인들은 그런 수에 잘 말려들지 않거든요."

"메르켈은 동독 출신이고 전임 총리들이나 프랑스 대통령들보다 유럽의 단결에 관심이 많았습니다. 그런 메르켈이 우크라이나와 폴란드를 우회하고 발트해 안보를 해칠 프로젝트를 지지할 수 있었을까요?"

"메르켈은 유럽이 단결하고 독일이 번영하는 일에 모두 신경 썼습니다. 저는 메르켈이 두 번째 선택지를 골랐다고 봅니다. 유럽이 단결하기는커녕 유럽의 안보까지 위험에 빠트린다는 생각은 못 하고요. 간단히 말하면 독일인들은 귀를 막았습니다. 공개적으로 인정하지 않지만, 그들은 독일이 러시아산 천연가스 요충지가 되기를 바랐습니다. 유럽에서 천연가스가 들어오는 관문이 되면 다른 유럽 국가보다 경쟁우위에 설 수 있기 때문이죠. 그래야 독일 경제의 경쟁력이 더 올라갈 테니까요."

"우크라이나는 가스프롬이 지불하는 가스관 사용료를 계속 받고 있습니까?"

"네, 그럼요. 우크라이나는 이제 더는 러시아에서 천연가스를 수입하지 않지만, 사용료는 지금도 받고 있죠. 여기에는 그럴 만한 이유가 있습니다. 유럽 국가들이 전쟁 중이라도 계속 천연가스가 지나가게 해달라고 간청하기 때문입니다. 전쟁이 시작된 뒤로 계속 저는 이런 말을 들어요 '왜 아직도 천연가스가 지나가게 하면서 러시아 돈을 받습니까?' 그러면 당신들이 그렇게 하라고 했으니까 그런다고 대답합니다."

'당신'과 '우리'⋯. 상처 받은 것이 보였다. 노르트스트림은 탈냉전 시대의 분계선이다. 유럽은 파이프라인 양편으로 갈라섰다. 프로젝트를 찬성하는 진영과 반대하는 진영의 대립은 구유럽과 '신유럽'의 충돌이다. 또한 얄타회담 이후 철의 장막을 두고 오른쪽으로 떨어져 그대로 유지된 국가와 구소련 흉내를 내는 러시아 쪽으로 떨어져 제국을 두려워할 이유를 경험해봐서 아는 힘없는 이웃 국가의 갈등이다. 노르트스트림을 중심에 두고 똑같은 대치 상황이 벌어졌다. 데자뷔 기미가 보였다.

러시아의 위험을 맞닥뜨린 국가는 경고음을 보냈고, 그렇지 않은 국가는 그 소리를 듣지 않았다. 위험을 맞닥뜨린 국가는 "우리에게 노르트스트림은 사형선고다"라고 외쳤고, 그렇지 않은 국가는 "또 과장이냐?"고 대꾸했다. 위험을 맞닥뜨린 국가는 "노르트스트림이야말로 전쟁 계획이다"라고 말했고, 그렇지 않은 국가는 "서로 의존해야 평화가 유지된다"고 대답했다. 위험을 맞닥뜨린 국가는 "우리를 버리지 마!"라고 부르짖었고, 그렇지 않은 국가는 "러시아를 모욕해서는 안 돼"라고 맞받았다. 서로 상대방 말은 듣지 않고 자기 할 말만 했다. 두 진영이 빚는 갈등은 그릇된 감정, 교만, 원망만이 쌓이는 형편없는 연극 무대 같았다.

2003년 초반에도 그랬다. 유럽연합을 창설한 국가 중 하나인 프랑스의 대통령 자크 시라크는 이라크 전쟁까지도 용인할 만큼 미국에 충직한 신유럽 국가들을 향해 '침묵할 기회를 잃었다'고 말했다. 입을 다물지 않은 국가들은 러시아의 위협에 대응하기 위해 선택한 보호자인 나토에 충직함을 표시했다. 우크라이나 침공이 시작된 뒤인 2022년 9월에 유럽연합 집행위원장 우르줄라 폰 데어 라이엔Ursula Gertrud von der Leyen은 자신의 죄를 고백했다. "이

전쟁이 주는 교훈 중 하나는 우리가 푸틴을 잘 아는 사람들의 말을 경청했어야 한다는 것입니다. 안나 폴리코프스카야를 포함해서 러시아 정부의 범죄를 고발하고 목숨을 내놓아야 했던 러시아 기자들의 소리를 들어야 했습니다. 우리 친구인 우크라이나, 몰도바, 조지아, 그리고 벨라루스 야당이 하는 얘기를 들어야 했습니다. 유럽연합 내부에 있는 폴란드, 발트3국, 중유럽과 동유럽에서 커졌던 목소리를 들어야 했습니다. 우리는 푸틴이 여기서 멈추지 않으리라는 그들의 말을 몇 년 동안이나 들었습니다. 그러다 결국 그들은 행동에 나섰습니다." 마크롱 대통령은 한때 푸틴과 어떤 관계를 설정해야 할지 몰랐던 2023년 5월 31일 브라티슬라바에서 역사적인 연설로 그들을 기렸다. "우리는 여러분 말을 들을 기회를 놓쳤습니다."

우크라이나, 폴란드, 발트3국, 슬로바키아, 체코, 핀란드… 푸틴의 러시아를 가리키며 경고음을 보냈던 국가들은 공통점이 있다. 바로 노르트스트림에 쌓인 증오다. 노르트스트림은 독극물을 주사하듯 천연가스 수십억 입방미터를 유럽으로 실어 나르는 악마의 통로였다. 그러니만큼 푸틴 비위를 맞추려는 유럽의 태도, 유럽의 순진함, 푸틴에 의존하는 유럽의 현실, 우리가 모두 빚진 역사의 희생자인 동유럽에 유럽이 보인 무관심을 상징한다.

투마스 헨드릭 일베스Toomas Hendrik Ilves 역시 마찬가지다. 2006년부터 2016년까지 에스토니아 대통령을 역임한 그는 솔직한 언행으로 유명하다. 에스토니아 시골에 있는 자택에서 만나 노르트 스트림을 회상할 때도 여전히 열정적이었다. "크림반도가 병합되고 겨우 1년이 지난 시점인 2015년에 독일이 거기에 서명한 사건은 제가 마주친 일 중에 가장 어처구니없는 경험이었습니다. 도덕성을 잃었고 절대적인 중상주의를 보여줬죠. 메시지는 아주 분명합니다. '우리는 당신들을 신경 쓰지 않는다.' 바로 그거죠. 여기서 '당신들'은 우크라이나뿐만 아니라 폴란드, 발트3국, 그리고 중유럽과 동유럽에 있는 작은 국가들을 말합니다. 독일인들은 이렇게 메시지를 보냈어요. '너희들에게는 관심이 없다. 우리는 돈이 필요하다.' 그러니 과거에 대한 죄책감이니 러시아와 관계를 재건한다느니 하는 말이 제게는 모두 헛소리로 들렸습니다. 라틴어 표현처럼 진실은 이렇습니다. 'Quod licet Iovi, non licet bovi(제우스에게 허용된 것은 소들에게 허용되지 않는다).' 이중 잣대라는 거죠."

2007년부터 2014년까지 폴란드 외무부 장관을 지낸 라도스와프 시코르스키Radosław Sikorski도 의견이 같다. 그는 다소 빈정거리며 말했다. "폴란드는 독일과 러시아가 우리 뒤에서 체결한 협정에 딱히 관련됐다고 느끼지 않습니다. 노르트스트림도 그런 전통안에 있고요. 어느 날 그걸 독소 불가침 조약과 비교했더니 기분 나쁘게 받아들이더군요. 우리는 메르켈에게 노르트스트림2 프로젝트가 국가 안보와 관련된 우리 생존 이익에 어긋난다고 여러 차례 말했습니다. 우리만 그런 것도 아니에요. 발트3국도 마찬가지였습니다. 슬로바키아도 말했고, 체코도 그랬습니다. 그런데도 프로젝트를 감행하더군요. 어떻게 우리 목소리를 그렇게까지 듣지 못할 수가 있죠? 메르켈은 노르트스트림이 경제 프로젝트라고 했습니다. 무역의 상호의존성을 말하더군요. 상호의존이 무엇을 보장해줄 수 있다는 겁니까? 상호의존은 늑대와 양 사이에도 있습니다."

젤렌스키 우크라이나 대통령의 주요 고문 중 한 명인 미하일로 포돌랴크는 키이우에 있는 대통령 집무실에서 남색 맨투맨 티셔츠와 운동화 차림으로 나를 반겨줬다. "우리가 보기에는 노르트스트림 완공이 우크라이나를 전면 침공하는 첫 단계가 분명했습니다. 미국이 반대하는데도 독일이 건설을 감행해서 푸틴에게 나토 동맹국 간에 균열이 있다는 사실을 보여줬죠. 그 메시지를 푸틴이 제대로 간파한 겁니다."

노르트스트림을 반대하는 목소리는 대서양 양안에서 커져갔다. 중유럽과 동유럽 주민들은 안전을 우려했고, 덴마크와 스웨덴은 해양 환경보호를 걱정하며 자국 영해에 가스관 설치를 원하지 않았다. 서유럽에서 가장 부강한 독일이 미국의 나토 분담금을 혜택으로 받으면서도 국방 예산을 아주 낮게 책정한다는 것 자체를 달가워하지 않았다.

2016년에 당선된 트럼프 미국 대통령은 득달같이 노트르스트림2를 공격했다. 그는 이 프로젝트에 집착했고, 유럽 지도자를 만날 때마다 그 얘기를 빠트리지 않았다. 프로젝트를 포기하라고도 자주 요구했다. 노르트스트림2에 관여한 건설기업들을 상대로 제재에 나서기 1년 전인 2018년 7월에 열린 나토 정상회의에서는 여러 차례 가스관을 비난했다. 독일은 부자이면서도 GDP에 걸맞은 국방 예산을 책정하지 않는다, 러시아에 맞서 보호해달라고 나토에 요청한다, 나토에 불리하게 사용될 수 있는 자금과 수단을 제공한다는 등의 주장을 펼친 것이다.

트럼프가 노르트스트림2를 공격하는 데는 숨은 의도가 없지 않았다. 정치적으로는 독일과 동유럽 국가들이 노르트스트림 프로젝트로 분열됐으니 유럽의 단결에 구멍을 낼 수 있을 터였다. 경제적으로는 미국이 액체 형태로 자국 천연가스를 수출할 수 있는 시장 정복 전략에 나선 셈이었다. 미국은 2017년에 LNG를 172억m³ 수출했는데, 이는 유럽연합 수입량의 2.2%를 차지하는 물량이다. 그러나 안보 논리가 판세를 지배했다. 전혀 논리적이지 않은 논리더라도 말이다. "독일은 러시아에 완전히 통제당한다. (…) 독일은 러시아 포로다. (…) 독일은 에너지 수급을 위해 러시아에 수십억 달러를 지불하고, 우리는 러시아에 맞서 그런 독일을 보호하기 위해 돈을 내야 한다. 이를 어떻게 설명해야 할까? 불공평하기 짝이 없다." 이 지점에서 트럼프 말이 틀리지는 않는다.

이제 메르켈의 문제를 들여다보자. 그는 왜 동맹국들 뜻까지 거슬러가며 그렇게 노르트스트림2에 매진했을까?

미국, 우크라이나, 러시아에 이어 폴란드에 있는 단서를
따라가보자. 6월 10일자 <월스트리트저널>은 노르트스트림
사보타주를 수사하는 독일 조사단이 '안드로메다'를 추적하고
있다고 밝혔다. 안드로메다는 15m에 달하는 레저용 요트로,
우크라이나인 두 명이 폴란드에 설립한 여행사에서 대여됐다.
군사용 폭발물 흔적이 이 요트에서 발견됐고, 분석 결과 HMX로
판명됐다. HMX는 해저 시설물 폭파에 적합한 물질로 손색이
없다. 독일 연방형사청 조사관들은 폴란드에서도 단서를
찾고 있다. 유럽연합과 나토 회원국인 폴란드가 작전기지로
쓰였는지 알아내기 위해서다. 조사관들은 우크라이나인들이
왜 바르샤바에 있는 여행사에서 요트를 빌렸는지 수사 중이다.

이 여행사는 우크라이나의 페이퍼 컴퍼니로 알려진 업체다. 〈월스트리트저널〉은 '유럽의 한 정보기관'에서 정보를 제공한 덕분에 안드로메다를 발견할 수 있었다고 전했다. 이 기관이 "CIA에 우크라이나 군대 소그룹이 가스관을 폭파하려 한다고 알렸다." 요트에 타고 있던 사람들이 가스관에 폭탄을 설치했다는 증거를 보여주는 단서는 발견되지 않은 것으로 알려졌다.

6월 7일 〈워싱턴포스트〉도 똑같은 '폭로' 기사를 냈다. 미국의 젊은 군인 잭 테세이라Jack Teixeira가 유출한 기밀 문건에서 나온 정보라고 했다. 기밀 문건은 유럽의 한 정보기관에서 작성했는데, 여기서 CIA에 전달한 보고서가 언급된다. 익명의 우크라이나 정보원이 제보한 가스관 폭파 계획이 적힌 보고서다. 〈워싱턴포스트〉는 젤렌스키 대통령이 "폭파 계획에 대해 알지 못했다"고 밝히면서도, 이 말 또한 믿을 것이 못 되어 전체적으로 혼란이 가중되는 양상이라고 설명했다. CIA에서 경고를 전해 들은 바이든 대통령이 나중에 책임자로 몰릴 것이 분명한 우크라이나의 비밀 작전을 내버려두었을 리는 만무하기 때문이다.

폴란드 당국도 "이 사안에 관여된 기관은 없다"고 우크라이나에 이어 입장을 표명했다. 그러면서 러시아가

우크라이나를 옴짝달싹 못 하게 하려고 폭파를 계획했을 수

있다고 밝혔다.

대안의
부재

N

O

R

D

S

T

R

E

A

M

12

> 한 유럽 지도자가 발트해에
> 두 번째 가스관은 짓지 말라고 비공개로
> 그를 설득하려고 하자, 메르켈도
> "이 프로젝트는 악마와 같다"고
> 인정했다.

이제 메르켈을 살펴보자. 네 번 선출되어 16년간 장기 집권한 총리 메르켈은 전 세계에서 가장 존경받는 유럽 지도자이고 인기가 절정일 때 정권에서 물러났다. 그런 그가 독일을 적에게 의존하도록 만든 가스관 건설에 몰두했다. 독일 정치판에서 나토를 가장 지지하는 정당인 기민당 대표였던 그가 미국과 나토의 이익을 거스르는 방향으로 행동했다. 동독에서 유년 시절을 보냈고 서유럽 지도자 중 확장된 유럽연합의 단결에 가장 큰 애정을 드러냈던 그가 안보에 미치는 영향을 우려하는 우크라이나, 폴란드, 발트3국의 경고를 무시했다. 푸틴과 KGB 전략을 가장 잘 알고 서방 국가원수 중 유일하게 인생 전반을 독재 체제에서 살았으며 누구보다도 순진함과 거리가 멀고 신중한 그가 푸틴의 덫에 걸려 러시아산 천연가스에 도취됐다.

반대 의견에 그렇게 단호히 맞섰으니, 노르트스트림은 그에게 매우 중요한 존재여야 할 것이다. 또는 독일 산업가들에게도. 또는 독일 산업과 경제에 중요한 역할을 하는 주총리들, 말하자면 바덴뷔르템베르크주, 바이에른주, 니더작센주, 노르트라인베스트팔렌주, 라인란트팔츠주, 헤센주 주총리 등에게도. 또는 독일 연방의 원들에게도. 또는 메르켈의 연정 파트너들에게도 말이다. 왜냐하면 총리란 다양하고 힘 있는 주체들 중간에 서 있는 중개자이기 때문이다. 독일 민주주의는 그렇게 돌아간다.

메르켈은 왜, 그리고 어떻게 그 힘든 갤리선에 올라탔을까? 나는 이 질문을 유럽 각국 지도자와 그 주변인들에게 던졌다. 그때마다 대개 같은 대답이 돌아왔다. "그게 그의 소프트웨어니까요." 메르켈은 '소프트웨어' 지도자였다. 그는 논리적인 다이어그램을 구축한다. 달성할 목표, 목표 완수를 위해 먼저 가야 하는 길들, 가능한 대안들을 양자물리학을 공부하던 시절처럼 생각한다. 게다가 그가 자주 사용하던 표현이 있는데, 바로 '알테르나티플로스alternativlos', 곧 '대안 없음'이다. 질문이 들어오면 메르켈은 노르트스트림이 '알테르나티플로스'라고 대답했다. 아무리 머릿속으로 지난 일을 돌이켜보아도, 그는 어느 시점에 달리 행동할 수 있었을지 도통 모르겠다. 지금 그는 충직한 보좌관 베아테 바우만Beate Baumann과 함께 회고록을 쓰고 있다.

키이우, 바르샤바, 탈린, 리가에서 사람들이 상황을 적나라하게 말해줬다. "메르켈과 독일인들이 노르트스트림에 집착하는 이유요? 탐욕이죠. Greed. 그 이상 다른 이유는 찾지도 말아요." 그가 '무역을 통한 변화'라는 독일인들의 집단적 믿음에 갇혀 있다고 보는 사람들도 있었다. 어쨌거나 우크라이나는 노르트스트림도 독일이 러시아와 이어간 긴밀한 관계도 잊지 못한다. 젤렌스키 대통령은 올라프 숄츠 총리를 처음 만났을 때 끝까지 차가운 반응을 보였다. 슈타인마이어 대통령은 기피 대상인 '페르소나 논 그라타Persona non grata'(수교국의 외교관에 대해 '기피 인물'로 선언하는 것. 파견국은 해당 외교관을 소환하거나 외교관직을 박탈하는 것이 관례다. ─옮긴이)로 취급되는 모욕을 당한 뒤에 2022년 4월 키이우 방문을 포기해야 했다.

메르켈이라면 탐욕으로도 이데올로기로도 설명되지 않는다. 먼 미래를 내다보는 통찰력이 없는 그는 자신의 사민당 장관들만큼 열심히 노르트스트림을 방어하지는 않았다. 그러나 탈원전이라는 과제, 그리고 러시아와 우크라이나의 갈등이 불러온 천연가스 공급 중단 위기를 겪으며 노르트스트림이 독일 경제에 얼마나 필요한지 깨달은 다음부터는 그 가스관을 자신의 대의로 삼았다. 노르트스트림이라는 '대안 없는' 소프트웨어를 놓고 그는 흔들리지 않는 결심을 했다. "메르켈은 프로젝트 자체에는 개입하지 않고 '우크라이나 경유 계약 유지를 보장하는' 부분에 집중했다"고 브뤼셀의 한 공직자는 회상했다. "그는 참모들과 함께 그때까지 유럽연합 집행위원회가 독점적으로 행사하던 러시아와 우크라이나 협상의 주도권을 잡으려고 했다." 메르켈은 푸틴과 개인적으로 접촉하기도 했다. 보좌관인 라르스-헨드리크 뢸러에게 특히 이 부분을 협상하라고 요청했다.

메르켈은 우크라이나가 받는 가스관 사용료를 지키려다 보면 우크라이나의 전략적 안보를 완전히 잃을 수 있다는 점을 인정하지 않으려고 했다. 발트해 해저에 우크라이나 가스관과 천연가스 수송력이 동일한 두 번째 파이프라인을 건설하면 우크라이나를 완전히 배제할 수 있게 된다. 푸틴이 바라는 것이 바로 그런 상황이었다. 푸틴은 우크라이나에 가스관 사용료를 계속 지불한다 해도 개의치 않았다. 그의 계획은 천연가스가 도착하는 유럽 국가들이 타격을 받지 않는 상태에서 우크라이나를 비껴가도 괜찮게 만들어 언젠가는 우크라이나를 지도에서 지워버리자는 것이었다. 메르켈의 '소프트웨어'도 그가 훤히 꿰뚫고 있던 푸틴의 이런 계획을 모르지 않았다. 그러나 메르켈은 고려 대상이 되기에는 통계상 일어날 가능성이 너무 적은 '대안들' 쪽에 서는 잘못된 선택을 했다. 시간이 부족한 점도 원인이었고, 정치적 실책이 얼마나 컸는지도 드러났다. 다량의 러시아산 천연가스가 임시방편이 됐기 때문에 푸틴이 메르켈의 느리고 고집 센 소프트웨어보다 더 빨리 칼을 뽑아 든 셈이다.

노르트스트림2는 메르켈에게 절대적인 과제가 됐고, 그가 거의 매번 언급하는 주제였다. 양국 회담이나 유럽연합 회의, 나토 정상회의 등에서 그는 늘 발트해 해저에 있는 쌍둥이 가스관을 거론했다. 엔지가 사업에 참여하기는 해도, 프랑스로서는 노르트스트림2가 관심 있는 주제는 아니었다. 사르코지 재임 시절인 2011년에 개통된 노르트스트림1은 문제를 일으키지 않았다. 올랑드와 마크롱이 다뤘던 노르트스트림2는 우선 독일 프로젝트로 받아들여졌다. 두 대통령은 '메르켈이 무척 하고 싶어 한다'고 생각해 반대하지 못했다. 가스관 문제는 프랑스와 독일 관계에서 흔히 볼 수 있는 모범적인 교류에 해당했다. 한 외교관은 이런 상황을 다음과 같이 정리했다. "노르트스트림으로 독일을 괴롭히지 마라. 그러지 않으면 독일이 우리 예산 문제를 두고 보지 않을 것이다. 이렇게 암묵적인 거래였습니다." 유럽의 전략적 자립성을 정치 축으로 삼았던 마크롱은 노르트스트림2에 반대하지는 않지만 호의적이지도 않다고 공개적으로 밝힌 첫 대통령이다. 러시아에 의존하는 현실에 프랑스와 유럽연합은 걱정이 더욱 커졌다.

노르트스트림을 둘러싼 유럽의 전쟁은 2019년 2월 특별한 전환점을 맞는다. 유럽연합 집행위원회가 베를레몽(유럽연합 집행위원회가 입주한 브뤼셀 건물)식 용어로 '가스 지침'이라고 부르는 지침을 수정하자고 제안한 것이다. 노르트스트림의 상업적 구조 전반이 문제가 됐다. 회원국들은 투표를 해야 했고 분파가 형성됐다. 그야말로 북새통이었다. 독일은 충격에 빠졌고 프랑스는 미적거렸으며 폴란드는 대비책을 세우기 시작했고 덴마크는 갈피를 잡지 못했다. 러시아와 미국은 뒤에서 바삐 움직였다.

새로운 유럽 지침은 노르트스트림에 유럽 규정을 적용한다는 내용을 담았다. 특히 천연가스 생산자와 수송자 분리('언번들링'), 공정한 경쟁을 위한 가격 규제, 유럽연합 에너지 안보 강화를 위한 천연가스 수입원과 수급 경로의 다각화 추진이 중심 내용이었다. 말하자면 가스프롬이 하지 않았고 또 하기를 거부한 모든 일이 내용에 담겼다. 이 지침이 통과되면 유럽연합 집행위원회는 노르트스트림 생사를 결정할 권한을 얻는다. 노르트스트림이 규정을 지키면 승인해주고 그러지 않으면 취소하는 식이다. 프로젝트가 위협을 받자 독일은 법안이 통과되지 않도록 모든 수단을 동원했다. 몇 주 동안 이어진 혼란을 그 자리에 있었던 사람들이 밝힌 다양한 이야기로 요약해보면 그야말로 촌극이 벌어졌다는 것을 알 수 있다.

우선 프랑스는 지침 대상이 아니었다. 노르트스트림은 독일에서 시작한 프로젝트다. 프랑스 기업이 관여했다 해도 프랑스 정부가 승인해줘야 하는 사항은 없었다. 반면 덴마크와 스웨덴은 자국 영해에 가스관이 설치돼야 하는 상황이었다. 어쨌거나 독일의 이익을 거스르는 유럽연합 지침에 공동 결정은 내려져야 했다. 가스관 승인을 틀어쥐는 일종의 통제권이 유럽으로 넘어가기 때문이다. 독일과 러시아는 유럽연합이 노르트스트림에 관여하기를 원치 않았다. 양자 관계 속에서 이 프로젝트를 유지하길 바랐다.

초기에 메르켈은 투표를 연기하려고 마크롱에게 개입을 요청했다. 지도자들이 서로 중요한 메시지를 주고받는 양자 회담에서 나온 요청은 들어주는 것이 관례다. 마크롱 대통령은 메르켈과 회동을 마치고, 자신의 고문들에게 이렇게 말했다. "이 일이 메르켈에게 큰 문제가 되는가 봅니다. 그러니 투표를 미룹시다." 노르트스트림은 아직 민감한 사안이 아니었고 전쟁은 까마득했다. 마크롱이 개입한다고 큰 희생이 따르는 일도 아니었다. 독일은 그의 결정에 감사했다.

덴마크 대표단은 서로 상충하는 요청을 받았다. 독일은 덴마크가 파이프라인이 영해를 통과하도록 승인해야 한다고 재촉했고, 미국은 덴마크가 이를 거부해야 한다고 압박했다. 여기서 트럼프가 등장한다. 그는 노르트스트림에 분노했고 프로젝트를 중단시키기로 결정했다.

2019년 2월, 독일 요청대로 투표가 연기되는 듯했으나 집행위원회는 지침을 표결에 부쳤다. 프랑스는 수정안에 찬성했다. 기반시설이 러시아와 독일뿐만 아니라 유럽 국가 전체와 몇몇 유럽 기업과도 관련되므로, 노르트스트림에 유럽 규정을 면제해줄 명분은 없었다. 유럽연합이 노르트스트림을 통제하는 것은 모두가 관련된 프로젝트를 투명하게 논의하기 위해서였다. 프랑스 유럽연합 집행위원 클레망 본Clément Beaune은 노르트스트림 프로젝트에 공개적으로 적대감을 드러냈고, 메르켈의 보좌관 라르스-헨드릭 뢸러에게도 이렇게 말했다. "프랑스는 수정안에 찬성할 예정입니다.

저희는 그동안 협조적이었고 독일 요청대로 논의를 최대한 미뤘지만, 이제는 저희 의사를 표명할 때입니다. 저희는 찬성입니다." 륄러는 분노했다.

유럽연합 의회와 이사회하고도 연계되어 있는 에너지 총국 국장 도미니크 리스토리Dominique Ristori는 두 가지 근거를 들어 이 지침을 지지했다. 첫째, 노르트스트림처럼 제3국에서 출발해 유럽연합으로 천연가스를 수송하는 가스관이 공동체 법 규정을 지키지 않는다면 용납할 수 없는 일이다. 둘째, 수입원 다각화는 모든 에너지 정책의 조건이 돼야 하는데, 노르트스트림은 단일한 수입원인 러시아에 드러내는 지나친 의존성을 의미한다. 독일 쪽에서 불만의 목소리가 터져나왔다. 메르켈 외교 고문인 크리스토프 호이스겐Christoph Heusgen은 노르트스트림2에 더 회의적이었다. 그는 귄터 외팅어 후임으로 에너지 문제를 맡은 마로시 셰프초비치Maroš Šefčovič에게 여러 차례 전화를 걸어 비판적인 시각과 유럽법을 강조해달라고 요청했다. 모든 것이 혼란스러웠다. 이런 대혼란은 그저 가스관일 뿐인 노르트스트림2가 불러온 흥분의 이름이었다.

긴장은 최고조에 달했다. 유럽 전역의 총리실, 각 부처, 베를레몽 복도에서 전화통에 불이 났다. 그리고 두 진영이 형성됐다. 에너지 총국장은 러시아를 최대 적으로, 노르트스트림을 실재하는 위험으로 바라보는 폴란드에서 가장 강력한 지지를 받았다. 미하우 쿠르티카Michał Kurtyka 폴란드 환경부 장관이 최전방에 섰다.

긴장이 흘렀다. 독일은 해법을 찾아 프랑스를 꺾으려 했다. 미국도 등장해 27개국 대표 전원에게 전화를 걸어 러시아에 반대하자고 설득했다. 고집 센 사람의 마음을 돌리고, 주저하는 사람을 설득하고, 넘어온 사람의 마음을 다잡게 했다. 폴란드와 발트3국은 반대파였다. 오스트리아는 독일을 지지했다. 프랑스는 기존 태도를 고수했다. 러시아를 좋아하든 싫어하든 결국 분명한 논리가 승리를 거두었다. 새로운 지침은 공동체 규정을 적용하고 다변화를 추구하는 것이 목표였다. 독일은 과반수를 얻지 못하리라는 사실을 깨닫고 결국 찬성표를 던졌다.

브뤼셀의 시간은 천천히 흘렀다. 그러나 유럽 지침은 특히 독일에서 노르트스트림2를 둘러싼 토론이 벌어지는 데 한몫했다. 건설 중인 가스관은 해안과 천연가스가 도착하는 룸빈에서 가깝다. 연방의회 선거 유세에서 승기를 잡아가던 녹색당은 노르트스트림에 적극 반대했다. 반대로 사민당은 적극 찬성했다. 공사가 끝나갈 무렵, 트럼프가 나타나 문제에 끼어들었다. 미국 의회는 건설에 관여한 기업들을 강력하게 제재하는 법안을 통과시켰다. 마지막 공사에서 막혔다. 마티아스 바르니히와 마누엘라 슈베지히는 메클렌부르크포어포메른주에서 '기후 및 환경보호 재단' 설립에 나섰다. 라르스-헨드릭 뢸러는 베를린과 워싱턴을 오가며 트럼프 대통령에게 의회 결정의 특례를 인정해달라고 협상했다. 메르켈은 유럽 경제 프로젝트를 미국이 제재하고 나선 사실에 분노했고, 이를 '신新

식민지주의'라고 비난했다. 독일은 '유럽 주권'을 내세워 감정에 호소하며 프랑스를 자기 편으로 끌어들이려고 했다. 이후 트럼프는 백악관에서 나왔다.

2021년 7월에 메르켈은 조 바이든 신임 대통령을 워싱턴에서 만났다. 노르트스트림2를 겨냥한 미국 제재가 풀렸다. 2022년 2월 22일, 숄츠 총리는 자신이 그토록 옹호하던 노르트스트림 프로젝트를 중단한다고 선언했다.

운터덴린덴 대로에서 러시아 대사관 바로 옆 건물에 있는 집무실에서 메르켈은 자신의 죄를 절대 고백하지 않았다. 어려운 일도 아니었을 텐데, 자신의 사민당 장관들에게 책임을 전가하지도 않았다. 그는 2005년 11월 22일에 총리가 됐다. 2005년은 노르트스트림1 프로젝트가 시작된 해다. 그는 2021년 12월 8일 총리직에서 물러났다. 노르트스트림2가 완공되고 나서 두 달 후, 러시아가 우크라이나를 침공하기 석 달 전이다. 노르트스트림의 나이는 메르켈이 집권한 기간과 정확히 같은 열여섯 살이다. 베아테 바우만과 함께 쓰는 회고록에서 메르켈은 곳곳마다 출몰하는 노르트스트림이라는 유령을 떨쳐내기 어려울 것이다. 노르트스트림은 푸틴의 러시아와 말도 안 되게 맺은 의존성 계약을 상징한다.

한 유럽 지도자가 발트해에 두 번째 가스관은 짓지 말라고 비공개로 그를 설득하려고 하자, 메르켈도 "이 프로젝트는 악마와 같다"고 인정했다.

범죄로 이익을 보는 자는 누구인가? 이 질문에 어떤 답을 해도

범죄자를 지목할 수 없으리라는 점은 명탐정 푸아로나 형사

콜롬보가 아니어도 알 것이다. 죄를 짓지 않았는데 이익을 보는

자가 있고, 죄를 짓고도 이익을 보지 못하는 자가 있기 때문이다.

감정적 이익과 이성적 이익도 있을 텐데, 이 둘은 서로 모순되기도

한다. 노르트스트림은 증오의 대상이다. 그 연대기를 보면

알 수 있다. 노르트스트림은 상반되는 흥분과 극단적 감정을

불러일으킨다. 그래서 가스관 폭발 사건에 많은 사람이 기뻐했다.

"나토 만세!" 폴란드 외교부 장관 라도스와프 시코르스키Radosław

Sikorski가 기쁨에 겨워 2022년 9월 26일 트위터에 이렇게

매우 섣부른 포스트를 올렸다. 물론 서방 세계 푸틴 지지자들은

나토가 범인이라는 이 반박할 수 없는 '증거'에 일제히 분노했다. 시코르스키는 포스트를 삭제한 뒤 나에게 "먹히지 않은 농담이었다"고 말했다. 그는 흥분했던 심정을 부정하지 않았다. "그때 든 기분 때문에 즉흥적으로 행동했습니다. 파이프라인이 폭파돼 뛸 듯이 기뻤거든요." 구소련 진영에서 나와 '신유럽'을 형성한 폴란드, 우크라이나, 에스토니아, 라트비아, 리투아니아도 기뻐 날뛰었다. 이들 국가는 노르트스트림을 진심으로 미워했고, 푸틴이 자신들을 공격할 전쟁 무기로 그 가스관을 쓸 것이라고 늘 주장했다.

그렇다고 그들이 범죄를 저지른 것은 아니다. 미국의 언론인 시모어 허시의 시나리오처럼 아름다운 형식을 갖췄다고 해서 이야기가 진짜인 것은 아니다. 마찬가지로 여러 매체에서 보도했다시피 CIA가 예견하고 받아든 '사보타주 계획'은 실현된 작전이 아니다. 노르트스트림은 치정 범죄일까 아니면 치밀하게 계산된 범죄일까? 감정에 휩싸여 노르트스트림을 죽일 동기는 어느 나라에나 있었다. 그러나 사보타주를 감행해서 합리적 이익을 얻을 국가는 한 곳도 없었다. 그 이유는 여럿이다.

　첫 번째는 노르트스트림이 죽지 않았다는 점이다. 2022년 9월 26일 이후 이런 단순한 사실을 지적하는 사람이 아무도 없다는 것이 이상하다. 폭발이 일어났지만 노르트스트림2 파이프라인 중 한 개는 전혀 손상되지 않았다. 앞에서도 보았듯이 푸틴은 2022년 10월 12일 연설에서 이 사실을 놀라울 정도로 강조했다. "발트해를 지나는 가스관 중 파괴된 라인은 분명 수리할 수 있습니다. (…) 노르트스트림2 라인 하나는 살아남은 것 같은데, 그 가스관으로 천연가스를 공급하자고 유럽과 합의한다면 … 러시아는 공급을 재개할 준비가 됐습니다. 원한다면 러시아는 가스관을 열 수 있습니다. 우리는 무엇도, 누구도 구속하지 않고 가을과 겨울에 추가 물량을 공급할 준비가 됐다고 다시 한번 말씀드립니다." 푸틴은 4개 라인 중 하나는 언제든 다시 가동할 수 있다고 강조했고 수송력을 직접 설명했다. "연간 275억m³를 공급할 수 있는데, 이는 유럽 천연가스 수입량의 약 8%에 해당하는 물량입니다."

살아남은 네 번째 가스관을 제외하고도 천연가스가 드나들 때 필요한 거대한 기반시설들은 사보타주의 피해를 입지 않았다. 파이프라인 또한 거의 전체가 무사하다. 1222km와 1230km에 이르는 강철관 중 몇백 미터 구간만 파괴됐기 때문이다. 그러므로 노르트스트림 전체를 파괴한 사보타주는 아니다. 가스관 끝부분은 해양 시설과 잠수부를 동원해 교체할

수 있다. 〈뉴욕타임스〉에 따르면 노르트스트림AG가 2022년
12월 파이프라인 수리비를 추산했는데, 처음 나온 액수는 5억
달러에 달했다. 에너지 전문가가 내게 이 부분을 직접 설명해줬다.
피해 구간이 짠 바닷물을 만나도 괜찮은 기간에 따라 공사비는
10억 유로를 넘어설 수 있다. 이 금액은 엄청나긴 하지만, 두
파이프라인에 투자된 200억 유로, 서방 동맹국들이 동결한
러시아 중앙은행 자산 3000억 유로, 제재를 받은 개인과
단체에서 몰수한 수백억 유로, 우크라이나 재건에 필요할
5000억~1조 유로에 비하면 아무것도 아니다. 이 전문가는
"아무튼 가스관은 다시 가동할 수 있습니다"라고 말했다.
독일에서는 푸틴 이후 미래 시나리오를 다루며 이 문제를
언급하기까지 했다.

　노르트스트림은 죽지 않았고, 그 시체는 아직 꿈틀댄다.
재가동이 어려운 것은 기술적 문제가 아니라 정치 사안이다.
그런데 파이프라인의 정치적 장애물은 2022년 9월 26일
사보타주를 기다리지 않았다. 2022년 2월 24일에 이미
우크라이나 전쟁이 푸틴과 주고받는 무역 거래를 불가능하게
만들었다. 노르트스트림1은 2022년 8월 31일부터 천연가스를
수송하지 않았는데, 이는 가스프롬이 내린 결정이었다. 실제로

운영된 적이 없는 <u>노르트스트림2</u> 가동은 러시아가 우크라이나를 침공하기 이틀 전인 2022년 2월 22일에 중단됐다. 이때는 올라프 숄츠 총리의 뜻이었다. 그렇다면 파이프라인이 정기적으로 재사용되는 상황을 막지도 못하고 폭파 직전에 이미 존재한 정치적 장애물에도 아무 쓸모가 없는 사보타주를 왜 감행했을까? 가스관을 폭파한다고 무슨 소용이기에?

　역설적이게도 <u>노르트스트림</u> 사보타주로 가장 큰 감정적 이익을 얻는 국가들은 합리적으로 보면 가장 많은 손해를 보는 나라들이기도 하다. 우크라이나를 예로 들어볼까? 푸틴이 우크라이나를 우회해서 전략적 지렛대를 빼앗으려고 구상한 <u>노르트스트림</u>을 우크라이나보다 더 증오하는 국가는 없다. 그러나 우크라이나 정부만큼 사보타주 책임자로 몰려서 피해를 보는 정부도 없다. 사보타주라는 치정 범죄는 이런 맥락에서 이해할 수 있다. 폭격을 당하고 야만스러운 러시아에 맞서 분노가 주체할 수 없이 폭발한 결과다. 우크라이나 당국이 러시아와 독일의 관계를 상징하는 <u>노르트스트림</u>에 복수하고자 했을 수 있다. 하지만 합리적으로 보면 우크라이나는 가스관을 폭파해서 얻는 이익이 전혀 없다. 폭파 장면을 지켜보면서 얻는 만족감은 범죄 국가로 낙인찍힐 가능성에 비하면 너무 작다.

국제사회에서 신뢰도가 하락하고, 나토 동맹국들이 신뢰 관계를 단절하고 우크라이나 지지를 철회하는 등 이런저런 결과를 몰고 올 테니 말이다. 여론전을 중심으로 전개되는 전쟁 도중에 우크라이나에서 우호국의 분노를 부르거나 주민들에게 의구심을 사는 행위, 우크라이나가 의존하는 대규모 경제 지원과 군사 지원을 위험에 빠뜨리는 행위를 할 만큼 어리석은 사람이 누가 있을까? 어떤 정치 당국이나 군사 당국이 수리는 가능해도 재가동은 불가능하도록 파이프라인을 폭파하라고 명령을 내릴 수 있을까? 대통령도 모르는 상황에서 어떤 독립 특수부대가 이렇게 쓸모없고 위험한 임무에 뛰어들 수 있을까? 폴란드와 발트3국도 비슷한 처지다. 노르트스트림이 사라지기를 바란다 한들 사보타주로 얻을 수 있는 이익은 없다. 폴란드에서 도움을 줬건 아니건 우크라이나가 책임자로 지목되면 푸틴은 유럽의회와 미국 의회가 우크라이나에 등을 돌리게 해줘서 고맙다고 폴란드에 인사를 건네기만 하면 된다. 그러니 이건 완전히 바보 같은 짓이다. 그러나 분노가 사람을 똑똑하게 만드는 사례는 드물기에 모든 시나리오가 가능하다.

그렇다면 미국이 범인일까? 앞에서 언급한 국가들처럼 미국도 늘 노르트스트림에 반대 의사를 밝혔다. 또한 사보타주에 감정적 이익이 있다. 러시아와 독일의 관계를 돌이킬 수 없도록 끊어놓고 독일의 주요 천연가스 공급자가 되어 천연가스를 더 비싸게 팔거나 (친환경 에너지 사용을 의무로 규정하는 IRA 법안을 근거로 삼아) 산업 일부를 미국으로 이전하라고 독촉할 수 있을 터다. 말하자면 동기는 많다. 그러나 미국은 이런 이익을 얻기 위해 노르트스트림을 폭파할 필요가 없었다. 미국의 경제적 이익을 보호한 당사자는 우크라이나를 침공한 푸틴이지 파이프라인 폭파 사건이 아니다. 유럽에서 러시아산 천연가스 의존도를 단숨에 낮춘 원인은 푸틴의 전쟁이지 파이프라인 폭파 사건이 아니다. 유럽 국가들이 대거 LNG로 돌아서도록 만든 대상도 푸틴의 전쟁이지 파이프라인 폭파 사건이 아니다. 미국 LNG 전문기업 넥스트데케이드는 프랑스 엔지와 15년간 LNG 수출 계약을 체결했다. 2022년 5월, 그러니까 폭파 사건이 일어나기 넉 달 전에 체결된 계약이다. 〈월스트리트저널〉은 IRA와 더불어 전쟁 때문에 에너지 가격이 상승하면서 유럽 기업들이 미국으로 이전하는 움직임을 보도했다. 이 기사는 파이프라인 폭파 사건이 발생하기 닷새 전인 2022년 9월 21일에 보도됐다. 이런 상황에서 점잖은 바이든 대통령이 나토 안에서 자신의 명성을 무너뜨리는 위험을 감수했을까? 그런 비밀 작전은 그가 이미 누리는 우위

정도만 안겨주는 것이 최선인데도 말이다. 모든 시나리오 중에
미국을 범인으로 모는 시모어 허시의 시나리오가 가장 엉뚱하다.
그 시나리오의 근거는 6월에 해당 지역에서 실시된 나토
훈련이었다.

러시아는 처지가 그 반대다. 천연가스 가격이 최고인 상황에서
사실상 국영 기업인 가스프롬이 소유한 파이프라인을 폭파할
동기가 없다. 푸틴이 경제적 손해가 막심한 전쟁을 일으켜서
부조리함도 개의치 않는 모습을 보여줬지만 말이다. 러시아는
자국 기반시설을 파괴하거나 푸틴이 정성껏 전략을 세워가며
유럽을 굴복시킬 계획의 중심으로 구상한 프로젝트를 공중
분해해서 얻을 감정적 이익이 하나도 없다. 하기야 푸틴은
1999년에 이미 모스크바의 한 아파트에 테러 공격을 지시하고
체첸에 책임을 뒤집어씌운 이력이 있기는 하다. 그때 테러
공격으로 300명이 사망했다.

하지만 러시아가 노르트스트림 사보타주로 얻을 합리적 이익은
차고 넘친다. 우선 지정학적 이익이 생긴다. 폭발은 나토 지역
한가운데서 일어났고 전 세계에 경종을 울렸다. 발트해 연안에는
나토 가입국이 8개국이나 된다. 이들이 우크라이나 밖에서
하이브리드 전쟁이 벌어지면 가장 먼저 위협을 느낄 국가들이다.

인터넷을 연결하고, 에너지를 공급하고, 통신망을 잇는 수만
킬로미터 해저 케이블을 걱정할 수밖에 없어 먼저 취약해지는
국가들이다. 이 사건은 전장이 확대됐다는 신호를 보낸다. 이제
에너지 기반시설이면 뭐든 유럽 한가운데서 공격을 받을 수 있게
됐다. 심리적 이익도 있다. 사람들에게 불안을 심어줬기 때문이다.
사보타주 책임자를 도통 알 수 없는 상황이다. 군사 전문가들은
'부인'이 하이브리드 전쟁의 요소라고 분석한다. 공격 주체를
의심하도록 계속 내버려두면 서로 믿지 못하게 되고 가짜뉴스와
음모론이 퍼지며 동맹국들 사이에 불화를 일으킬 수 있다.

　　마지막으로 경제적 이익이 있다. 국제시장에서 1MWh 기준
전기 가격은 10% 가까이 상승했고, 폭파 사건 다음 날 200유로를
넘어섰다. 2021년에 비해 세 배나 비싼 가격이다. 그러나
문제는 따로 있다. 2021년부터 계속 러시아가 가격으로 장난을
쳤다. 유럽에 가스 공급을 끊어서 가격을 올리며 인플레이션을
부추겼고 할당제로 압력을 행사했다. 폭파 사건은 가스프롬에게
이중으로 이익이다. 가스프롬은 곧잘 그랬듯이, 단기적으로
천연가스 가격이 상승하는 혜택을 챙겼다. 장기적으로도 공급을
받지 못한 유럽 고객들에게 위약금을 물지 않아도 된다. 2019년에
가스프롬은 계약 위반으로 29억 달러를 우크라이나 나프토가스에

지불해야 했다. 사보타주가 있기 3주 전인 2022년 9월 초에 노르트스트림1 가동을 중단해서 발생한 위약금은 가스프롬과 독일 우니퍼 같은 수입 기업들이 어떤 조건으로 장기 계약을 체결했는지 정보가 없어 잠정치가 될 수밖에 없다. 그러나 여러 에너지 전문가가 비슷한 결론을 내렸다. 2021년 계약한 최소 공급량과 비교해서 2022년에 가스프롬이 공급하지 못한 천연가스 물량, 유럽 천연가스 시장의 가격, 기업들이 다른 곳에서 천연가스를 수급하며 내야 했던 차액을 계산한 것이다. 그 결과, 전문가 중 한 명은 이렇게 설명했다. "가스프롬이 소송을 당할 수 있는 금액은 200억~400억 달러일 것이다. 그런데 노르트스트림 사보타주가 '천재지변'이라는 이유로 러시아는 위약금을 면제받는다." 가스관 수리 비용이 5억~15억 달러가량이고 계약 파기에 따른 피해 보상으로 200억~400억 달러를 물어야 한다면, 가스프롬과 푸틴은 변제 비용보다 사보타주로 얻는 이익이 더 크다. 노르트스트림 사건에서 합리적 이익은 러시아만 본다. 그렇다고 러시아를 사보타주 책임자로 지목할 수도 없다.

나는 제독의 말을 기억한다. "가장 어려운 것은 흔적을 남기지 않는 일입니다."

지금까지 그 작전은 성공했다.

덫은 거의
완벽했다

N
O
R
D
S
T
R
E
A
M

13

나는 택시가 아닌
총알이 필요합니다.

"

2022년 2월 7일, 조 바이든 대통령이 기자회견을 열었다.

"러시아가 (우크라이나를) 침공했다면, 그러니까 전차와 군대
가 다시 국경을 넘었다면 노르트스트림2는 없을 것입니다. 우리가
거기에 종지부를 찍을 것입니다."

한 기자가 물었다.

"그 프로젝트는 독일이 관장하는데 정확히 어떻게 한다는 말
씀입니까?"

바이든이 웃으며 대답했다.

"우리가 그렇게 할 수 있다고 약속합니다."

2022년 9월 26일, 노르트스트림1과 노르트스트림2 가스관
이 발트해 한복판에서 폭발했다. 7개월 전에 열린 미국 대통령 기

자회견을 발췌한 영상이 전 세계 소셜미디어를 뜨겁게 달구기 시작했다. 표정 전문가들은 바이든 미소가 '일그러졌다' '의심스럽다'고 분석했다. 사람들은 이 기자회견 영상을 거대한 음모의 증거로 삼았다. 그리고 이렇게 믿었다. 파이프라인 폭파 사건 주범이 미리 가면을 벗었다. 그는 바로 미국 대통령이다. 그의 미소가 증거다.

바이든은 그날 기자들에게 답변하면서 미국이 몇 달 전인 2021년 7월 21일 독일과 공식 서명한 공동선언문에 담긴 말을 했을 뿐이다. 백악관에 입성하고 곧바로 그는 총리실을 떠나려는 메르켈을 워싱턴으로 초청했다. 그들이 이야기를 나눈 주요 사안은 노르트스트림2였다. 트럼프가 공사 완료를 막아서 혼쭐을 내주는 바람에 양국이 갈등을 빚게 된 사안이다. 바이든과 메르켈은 합의점을 찾았다. 미국이 98% 진행된 가스관 공사를 가로막는 제재를 풀어준다면 독일은 철저하게 우크라이나에 경제 지원을 하고 우크라이나를 에너지 전환의 특별 파트너로 삼는다는 내용이었다. 미국으로서는 우크라이나 보존이 노르트스트림2를 용인하는 조건이었다. 이 조건이 지켜지지 않으면 "노르트스트림2는 없다". 양국 지도자는 공동선언문에서 이 부분을 강조했다. "러시아가 에너지를 무기로 사용하거나 우크라이나에 또 다른 공격 행위를 벌인다면 독일은 국가 차원의 조치를 내릴 것이고, 러시아가 유럽에 에너지를 수출하는 길을 제한하기 위해 유럽 차원에서 제재를 포함한 효과적인 조치에 나서도록 압력을 행사할 것이다." 조 바이든이 2022년 2월 7일 기자회견 영상에서 한 발언이 바로 이런 내용이다. 음모론자들을 그토록 흥분하게 만든 문장에는 의심스러운 낌새도 수수께끼 같은 구석도 없다.

바이든에게 잘못이 있다면 그날 위협을 행사하며 웃는 표정을 보인 것이 아니라, 그보다 6개월 전에 메르켈과 노르트스트림에 걸어둔 제재를 풀기로 합의했다는 점이다. 그는 왜 그랬을까? 유럽으로 가는 천연가스 수출량이 줄어든다면 미국이 유럽과 거래하는 LNG 물량은 늘어날 것이다. 그러나 푸틴의 러시아와 시진핑의 중국이 형성한 적대 진영에 맞서 바이든의 미국은 늘 경제적 이익보다 지정학적 이익을 우위에 뒀다. 신임 미국 대통령은 단결된 서방의 동맹이 필요했다. 트럼프 시대의 막을 내리고 유럽 최대 경제 강국이자 나토의 소중한 가입국인 독일과 좋은 관계를 맺고 싶었다. 민주주의 진영이 소수가 된 다극화 세계에서 유럽과 미국이 단결할 수만 있다면, 가스관을 두고 벌이는 분쟁이 무슨 소용이란 말인가? 두 사람이 만나기 두 달 전부터 토니 블링컨Tony Blinken 미 국무부 장관이 회담 분위기를 조성했다. 2021년 5월 19일 그는 의회에 노르트스트림AG와 그 CEO인 마티아스 바르니히, 그리고 조력자 네 명을 상대로 제재를 풀어준다는 내용이 남긴 보고서를 제출했다. 제재가 "미국과 독일, 유럽연합, 다른 유럽 동맹국과 파트너 국가가 형성해온 관계에 부정적인 영향을 미친다"는 이유에서였다. 결국 가스관과 설비를 공사한 러시아 선박 네 척만 제재 대상이 됐다.

토니 블링컨은 푸틴과 공통점이 있다. 두 사람 다 천연자원의 지정학적 의미에 남달리 관심이 많다. 푸틴은 에너지 의존성이 국제적으로 전략적 지렛대가 되는 방법을 주제로 경제학 박사 논문을 (표절해서) 썼다. 블링컨은 1987년에 천연가스 지정학에 관한 책 《동맹국 vs 동맹국-아메리카, 유럽, 그리고 시베리아 파이프라인 위기Ally versus Ally, America, Europe, and the Siberian Pipeline Crisis》를 썼다. 1982년 시베리아 가스관 위기 사태와 그 때문에 발생한 미국과 유럽의 긴장 상황을 다룬 책이다. 레이건 대통령은 소련과 서독을 잇는 파이프라인을 놀라우리만치 비슷한 논리로 반대했다. 러시아에 에너지를 의존하게 되는 상황(소련이 유럽 국가들에 발휘하는 영향력 레버리지 배치)과 경제적 경쟁(파이프라인에서 얻은 소득으로 소련의 지정학적 입지 강화), 안보 위험(소련이 유럽에서 군사 강국이 되고 서방에 적대적인 체제를 지원할 능력을 키우는 사태 우려)을 내세운 논리였다. 그래서 블링컨은 이 문제에 관해 아주 잘 알고 있었다. 노르트스트림2 쟁점을, 적어도 에너지 자원을 담당하던 자신의 차관보 아모스 호치스타인Amos Hochstein만큼 제대로 간파했다. 호치스타인은 몇 년 동안 러시아, 우크라이나, 독일을 주로 담당한 인물이다.

그러나 바이든은 물러섰다. 나토 단결을 위해 압력을 풀고 노르트스트림을 메르켈에게 은퇴 선물로 줬다. 힘밖에 모르는 푸틴은 여기에서 또다시 나약함의 신호를 봤다. 노르트스트림이 그야말로 폭탄이 든 소포라는 것을 아는 그였다. 그래서 독일이 만든 문서의 도움을 받아 독일 에너지 관련 규제기관인 연방네트워크청에서 노르트스트림2의 인증을 받았다. '노르트스트림2 가스관에 대한 안전 검증'은 일급기밀이었는데, 2022년 10월 14일에 〈슈피겔〉의 위협적인 압박을 받고 공개됐다. 이 문서를 보면 "(노르트스트림2를) 인증한다고 해서 독일의 안정된 천연가스 수급이 위험에 빠지지는 않는다"고 결론 내린다. 오히려 "수요가 정점을 찍을 때 (노르트스트림) 완충 능력이 높아져서 유럽 천연가스 수급 체계의 탄력성이 증가할 것이다"라고 덧붙였다.

폴란드와 우크라이나 같은 동유럽 국가들의 우려와 푸틴이 에너지를 인질로 잡을 가능성을 노르트스트림이 높인다는 주장은 일축했다. 2021년 10월 26일에 작성된 이 평가서는 전쟁이 터지기 넉 달 전, 메르켈의 연정이 몇 주 뒤면 끝나는 시점에 공개됐다. 페터 알트마이어 경제부 장관팀들이 이 문서를 작성했고, 메르켈 총리와 당시 부총리 겸 재정부 장관이었으며 사민당 소속 현 총리로 끝까지 노르트스트림2를 지지한 올라프 숄츠가 이 문서를 검토했다.

러시아가 우크라이나를 침공하기 겨우 이틀 전에 숄츠 총리는 프로젝트 중단을 결정했다. 2022년 2월 22일에 그는 "경제부와 연방네트워크청에 인증 작업을 중단하라고 요청했다"고 발표했다. 그로서는 선택의 여지가 없었다. 경제부 차관인 프란치스카 브란트너Franziska Brantner를 포함한 녹색당 소속 장관들과 알렉산더 람프스도르프Alexander Lambsdorff(자유민주당)와 노르베르트 뢰트겐Norbert Röttgen(기민련) 등 여러 당 의원들이 프로젝트 추진에 반대할 움직임을 보였기 때문이다. 숄츠 총리의 발표가 있기 직전에 연방네트워크청에서 노르트스트림 인증을 취소할 근거가 여럿 나왔다.

숄츠 총리는 푸틴이 에너지를 무기로 쓰리라 "늘 확신했다"고 말했기에, 6개월 전에 평가서가 공개된 일로 더욱 난처했다. 사민당이 노르트스트림 추진에 개입한 사실을 알게 된 반대 진영에서 그를 비웃을 만했기 때문이다. 이제 더는 눈을 감아서는 안 됐다. 이미 푸틴은 고의로 천연가스 부족 사태를 일으켰다. 여러 핑계를 대면서 장기 계약을 무시하고 가스관으로 공급하는 물량을 줄였다. 그렇게 해서 치솟는 천연가스 가격을 상쇄하기 위해 독일이 어쩔 수 없이 대규모 투자 계획을 채택하도록 만들었다. 천연가스 가격이 상승하는 바람에 유럽과 세계 많은 나라가 힘들어했다. 수입국은 돈을 낼 수도 공급을 받을 수도 없었다. 지금 평가서를 읽어보면 작성자들이 몇 가지를 조심했다는 것을 알 수 있다. 작성자들은 러시아가 천연가스 공급을 중단하는 시나리오를 예상했지만 "냉전시대에도 항상 가스프롬은 믿을 수 있었다"는 등의 상투적인

말로 그럴 가능성이 아주 적다고 내다봤다. 또한 벨기에나 프랑스 같은 유럽연합 다른 국가들에 있는 LNG 터미널이 필요할 경우 러시아산 천연가스의 71%를 대체할 수 있다고 설명했다. 그렇다면 그 대가는 얼마일까?

러시아가 우크라이나를 침공하기 몇 달 전으로 가보자. 베를린에서 워싱턴까지 노르트스트림의 자물쇠가 푸틴의 놀란 눈 앞에서 마치 마법처럼 하나씩 열렸다. 메르켈과 바이든이 푸틴의 덫에 모자라는 마지막 부품을 가져다 놓았다. 러시아 전차와 군대가 국경을 넘으면 노르트스트림에 '종지부를 찍겠다'고 그들이 내지른 으름장을 푸틴은 한순간도 믿지 않았다. 그 말을 진지하게 듣지 않을 이유가 있었다.

우선 푸틴 자체가 지키고 싶을 때만 약속을 이행하는 데 도가 튼 사람이었다. 게다가 20년 전부터 러시아는 영토를 확장하고 있었다. 푸틴은 조지아 영토 일부를 빼앗았고, 크림반도를 병합했으며, 돈바스 지역에서 전쟁을 조장했는데, 그러고도 비난을 거의 받지 않았다. 그는 시리아에서 미국이 정한 '레드라인'이 무엇인지 똑똑히 보았다. 그것은 종이 위에만 있는 위협이었다. 또 아프가니스탄에서 미군이 철수할 때도 나약함을 보았다. 푸틴은 재미있었다. 서방인들은 겁쟁이에다 편한 것만 찾는 약골이어서 전쟁을 하지 못하리라고 생각했다. 독일은 나치즘만큼 러시아에 죄책감을 느꼈는데, 그런 약점이 전직 KGB 요원인 푸틴으로서는 만족스러웠다.

이를테면 2021년 2월에 프랑크-발터 슈타인마이어 대통령은 한 연설에서 노르트스트림2 건설을 지지하는 방침과 약 80년 전 독일이 소련을 침공해 수백만 명이 사망한 사건에서 느끼는 양심의 가책을 연결하는 신공을 보여줬다. "당시 구소련에서 2000만 명 넘는 인명이 전쟁에 희생됐습니다. 그랬기에 오늘날 대러시아 정책에 어떤 오류도 있어서는 안 됩니다. 하지만 우리는 전체 상황도 놓치지 않아야 합니다." 이상하게도 2차 세계대전 때 목숨을 잃은 800만 명 우크라이나인과 러시아가 크림반도와 돈바스에서 일으킨 정복 전쟁은 2021년 당시 독일 대통령 양심에 가책을 심어주지 않은 모양이다.

2022년 2월 24일에 러시아 군대가 우크라이나 국경을 넘어가자, 모든 관점이 뒤바뀌었다. 메르켈이 16년간 장기 집권하며 인기를 누리고 나서 성대한 은퇴식을 치른 뒤 채 석 달이 지나기도 전에 그에 관한 재판이 열릴 예정이었다. 세계에서 가장 존경받던 유럽 지도자인 그가 불명예스럽게 추락했다. 4월에는 슈타인마이어 대통령이 키이우 방문을 포기해야 하는 수모를 겪었다. 젤렌스키 대통령이 슈타인마이어에게 '환영받지 못할 것'이라는 뜻을 전했기 때문이다. 슈타인마이어는 10월에 결국 키이우를 방문했는데, 러시아의 공습 때문에 대피해야 했다. 이후 감동적인 고해성사를 공개적으로 했다. 대통령 관저인 벨뷔궁에서 텔레비전으로 생중계된 연설을 통해 그는 대러시아 정책의 '뼈아픈 실책'을 인정하고, 푸틴이 우크라이나를 침공한 사태가 수십 년간 독일 외교정책에 일으킨 충격을 강조했다. "오늘날 러시아를 바라보면 우리가 오래된 꿈에 내어줄 자리는 없습니다. 러시아 군대가 우크라이나 국경 안에 있는 한 러시아와 우리 사이에 평화는 없습니다. (…) 우리는 우리의 옛 사고방식과 오랜 희망을 벗어던져야 합니다."

반면 슈뢰더는 오랜 습관을 하나도 바꾸지 않았다. 연방의회가 그를 집무실에서 내쫓는 등 독일 안에서 그의 명예는 실추됐다. 그런데도 그는 양심의 가책을 느끼지 않았다. 우크라이나 전쟁이 한창이던 2023년 5월 9일에는 부인과 함께 베를린 주재 러시아 대사관에서 러시아 국경일을 축하했다. 푸틴이 우크라이나 전쟁을 정당화하려고 내세운 '나치즘에 승리한 날'을 축하하는 자리였다. 독일 극우파와 극좌파 인사들도 그곳에 있었다. 프랑스에서는 마린 르펜이 푸틴을 찬양한 자신의 행동을 지우려고 애쓰는 중이었다. 프랑수아 피용은 자신이 왜 붉은광장에서 장사를 하면 안 되는지 여전히 이해하지 못했다. 프랑스 국내안보총국DGSI과 대외안보총국DGSE은 냉전시대처럼 다시 러시아의 위협을 1순위에 올렸다. 미국에서는 CIA가 2023년 보고서에서 러시아를 가리켜 "수십 년 만의 가장 큰 위협"이라고 언급했다. 독일마저도 러시아를 '중대한 위협'으로 보았다. 그런데도 메르켈은 회개하는 기미를 전혀 보이지 않았다. 목사의 딸은 핑계도 찾지 않았다. 지금에 와서 실수처럼 보일 수 있는 결정들이 당시에는 "알테르나티플로스"였다는 식이다. 거기서 끝이다.

그러나 이미 우크라이나가 경고했다. 폴란드도 그랬고, 발트 3국도 마찬가지다. 러시아 반정부 세력과 가까우며 러시아 체제의 성격이라면 절대 순진하지 않았던 독일 녹색당도 경고했다. 당파를 가리지 않고 몇몇 장관과 의원들도 이미 목소리를 냈다. 미국도 자국이 한 경고를 돌연 잊어버렸다. 나프토가스 전 CEO인 우크라이나인 안드리이 코볼리에우도 수없이 경고했다. "노르트스트림2가 완공되면 러시아와 우크라이나는 전면전에 들어갈 것입니다." 우리는 저들이 모두 과장한다고 생각했다. 아무것도 아닌 일로 걱정한다고, 입을 다물 줄 모른다고 여겼다.

이들의 이성은 감정의 벽에 부딪혔다고 해야 할 것이다. 돈에 맹목적인 슈뢰더의 사랑, 사민당의 이데올로기 사랑, 상호의존성 이론에 집착하는 경제학자들의 사랑, 계산된 시나리오에 묶인 메르켈의 사랑, 독일인들의 경쟁력 사랑, 미국인들의 헤게모니 사랑, 러시아인들의 전쟁 사랑, 유럽인들의 평화 사랑, 이데올로기·충동·집착의 생생한 힘을 무시한 '현실적' 역학관계에 퍼붓는 모두의 사랑. 모두가 감정에 눈이 어두워 일종의 구세주의, 곧 위대한 러시아라는 종교와 절대권력을 위한 사랑으로만 움직이는 푸틴이 자신의 이익에 합리적으로 대응하리라 기대한 어린아이 같은 실수를 저질렀다.

2022년 초반에 푸틴의 계획은 거의 성공할 뻔했다. 그것은 봄나들이가 될 터였다. 조지아, 시리아, 크림반도에서 오랫동안 관찰해보니, 우크라이나에 군대를 보내도 될 만했다. 그 대가는 기껏해야 추가 제재를 받는 정도였다. 그러하니 젤렌스키 대통령을 내쫓고 자신에게 복종할 대통령을 그 자리에 앉힌 다음, 이미 천연가스로 지배하던 주요 농업국 우크라이나를 손쉽게 차지하면 된다. 그다음에는 나토의 보호를 받지 않는 몰도바로 갈 예정이었다. 이미 트란스니스트리아는 손에 넣었다. 그다음 목표는 발트3국이다. 그렇게 되면 서방에 충격과 혼란이 몰아칠 것이다.

푸틴은 생각만 해도 신이 났다. 나토 회원국인 발트3국 중에서 나토가 사용하기를 꺼릴 과도한 무기 말고는 방어할 전략적 깊이가 있는 나라는 없었다. 이론상으로는 모순이 없는 만큼, 푸틴의 계획은 잘 들어맞았다. 독재는 원래 힘들고 외로운 길이다. 참모들은 부딪힐 수 있는 난관 이야기는 꺼내기를 꺼리고, 독재자의 심기를 건드릴까 봐 현실을 있는 그대로 말해주지도 않는다. 코로나19 때 편집증이 심해진 푸틴은 더욱 확신을 굳혔다. 체코의 훌륭한 전 외무부 장관 카렐 슈바르첸베르크Karel Schwarzenberg는 푸틴의 계획을 두고 이렇게 말했다. "조지아와 크림반도는 에피타이저였습니다. 우크라이나가 메인 요리입니다. 디저트는 없기를 바랍시다."

디저트도 계획에 있었다. 푸틴이 시기를 정하기만 하면 됐다. 그리고 2022년 초반보다 더 적당한 때는 없었다. 노르트스트림2가 완공되면 우크라이나로 가는 천연가스를 유럽 고객들에게 불편을 주지 않고 끊을 수 있었다. 푸틴은 의존성을 대폭 높이려고 세운 계획에 마시막 수를 뒀다. 서방은 늑대 소굴로 들어온 줄도 모르고 푸틴의 계획에 뛰어들었다. 푸틴은 메르켈이 세 번째로 맡은 정부의 사민당 친구들에게서 기대하지도 못한 선물을 받았다. 지그마어 가브리엘이 지휘하는 경제에너지부가 러시아산 천연가스 수입 비중을 35%에서 55%로 늘려 잡은 것이다. 더 나아가 독일은 2015년에 가장 전략적인 천연가스 저장 시설을 가스프롬에 팔았다. 2021년 4월에 푸틴이 병사 10만 명을 우크라이나 국경에 배치하자, 이상한 일이 벌어졌다. 이 저장 시설이 모두 텅 빈 것이다. 2015년에 매입한 뒤로 한 번도 없던 일이다. 가스프롬은 전쟁 전에 미리 저장고를 비웠다. 유럽인들에게 겨울 추위를 겪어보라는 얘기였다.

브렉시트, 포퓰리즘 부상, 유럽에서 관심이 떠난 미국, 흔들리는 나토 등 이런저런 사건이 함께 겹치며 들뜬 푸틴을 부추겼다. 유럽은 멋지게 분열했고 미국은 중국에 집중했으며 나토는 꾸벅꾸벅 졸았다. 서방 지도자 중 유일하게 푸틴을 잘 알고 그에게 저항할 줄 알았던 메르켈은 은퇴했다. 유럽에서 메르켈보다 신망이 얇은 사민당 출신 숄츠 총리는 3당으로 구성된 정부를 이끄느라

분투했다. 3당이 러시아 문제를 두고 워낙 대립해서, 숄츠는 '노르트스트림'이 논쟁의 중심인데도 연정 계약서에는 일부러 이 단어를 쓰지 않았다.

푸틴은 시간이 얼마 남지 않았다는 점도 알고 있었다. 유럽연합은 그들을 옥죄는 조임쇠를 알아차리고 빠져나오는 중이다. 석유 자원 수입을 다변화할 뿐만 아니라 그린딜 계획과 탈탄소 계획으로 석유 자원, 특히 러시아산 천연가스 의존도를 끊어내려고 한다. 이제 더는 지체할 시간이 없다. 푸틴이 우크라이나를 회수해서 죽었던 제국을 재구성한다는 원대한 계획을 실현하려던 터였다. 이제는 공격할 때다.

덫은 완벽에 가까웠다. 계획이 거의 성공할 참이었다. 그런데 우크라이나가 러시아가 되지 않고 동유럽이 비상사태에 들어가지 않은 이유는 무엇일까? 우크라이나가 예상을 깨고 저항했다. 기대하지 않았던 미국이 또 한번 유럽에 관여했다. 나토가 갑자기 깨어났다. 유럽이 기대를 뛰어넘고 단결했다. 그리고 우크라이나 대통령으로 선출된 전직 코미디언이 뜻밖의 반응을 보였다. 세상 사람들은 그를 순진한 바보로 여겼지만, 사실 그는 세상의 기대를 저버리지 않는 국가원수였다.

바이든이 키이우 탈출을 돕겠다고 제안한 날, 젤렌스키는 이렇게 대답했다. "나는 택시가 아닌 총알이 필요합니다." 그날 푸틴은 계산에 얼마나 큰 착오가 있었는지 깨닫기 시작했을까? 하지만

때는 이미 늦었다. 모든 일이 예상대로였고, 그때가 기회였다. 힘도 푸틴 편이었다. 그런데 웬 남자가 택시는 원하지 않는다는 단 한마디로 상황을 뒤집었고 유럽이 러시아의 덫에 걸려드는 사태를 막았다.

2011년 11월 8일 룹빈에서 열린 노르트스트림1의 상징적인 개통식. 왼쪽부터
게르하르트 슈뢰더, 프랑수아 피용, 요하네스 테이센(에온), 앙겔라 메르켈, 마르크
뤼터, 드미트리 메드베데프, 알렉세이 밀레르, 귄터 외팅어, 쿠르트 보크(바스프),
에르벤 젤레링. ⓒKremlin.ru

감사의 글

나는 소피 드 시브리의 죽음으로 충격을 받은 상태에서 이 책을 마무리했다. 30년 전 만났던 그의 미소와 파란 눈은 언제나 내 곁에 머물 것이다. 로랑 베카리아와 그는 많은 그룹을 연합하는 마법 같은 힘을 지녔는데, 그 그룹 중 하나가 아렌출판사다. 두 사람의 열정에 담긴 너그러움, 우아하면서도 광적인 에너지는 내게 영감의 원천이었다. 내 책을 내준 사람이기도 하지만 특출난 인간인 로랑에게 고마움을 전한다.

나는 이 긴 조사를 하면서 베를린, 키이우, 바르샤바, 파리, 브뤼셀, 워싱턴, 탈린, 리가, 헬싱키, 코펜하겐, 헤이그, 로마, 런던 등 여러 도시에서 직접적 관련자와 증인 그리고 모스크바에서 망명한 사람들을 100여 명 인터뷰했다. 증인에는 정치인, 군인, 정보기관 장교, 전문가 등이 포함됐다. 물론 나는 인용이나 신원을 밝히고

싫어 하지 않는 사람들 의사를 대부분 존중했다. 그들이 내게 보여준 신뢰와 내어준 시간에 감사한다.

특히 페터 알트마이어, 토마 바로-타스테, 클레망 본, 클라우스-디터 보카르트, 에바 크리스티안센, 장-자크 기보, 마레인 크뤽, 미하우 쿠르티카, 필리프 레글리즈-코스타, 옥사나 멜니슈크, 니키타 무라비예프, 올레나 오스몰로프스카, 게오르그 리에켈레스, 도미니크 리스토리, 제임스 루빈, 슈테판 슈타인라인, 세르게이 바쿨렌코, 슬리만 제히두르에게 감사의 뜻을 전하고 싶다.

많은 낮과 뜬눈으로 지새운 밤들에 나를 지지해준 알랭과 노에미에게도 고마움을 전한다.

나의 친구이자 훌륭한 독일 전문가인 알렉상드르 로비네-보르고마노는 내 원고를 읽어주고 나를 가까이에서 지켜봐주었다.

플로랑 슈볼로 덕분에 이 책이 2022년 어느 봄날 한 카페 테라스에서 태어날 수 있었다.

로랑을 닮은 아렌출판사의 멋진 팀에도 감사하다. 늘 평정을 유지해준 마리 베르-스미스와 이자벨 파칼레, 고마워요!

에레크 숄, 샤를 아케, 시릴 플뤼에트, 안 로젠셰르, 티에리 사바티에, 〈렉스프레스 L'Express〉의 내 상사들 모두 내가 노르트스트림 때문에 자리를 비우거나 출장을 갈 때 배려해줘서 고맙습니다.

참고문헌

- Galia Ackerman, St.phane Courtois (dir.), *Le Livre noir de Vladimir Poutine*, Robert Laffont/Perrin, 2022.

- Svetlana Alexievitch, *La Fin de l'homme rouge, ou le Temps du d.senchantement*, Actes Sud, 2013.

- Catherine Belton, *Les Hommes de Poutine. Comment le KGB s'est empar. de la Russie avant de s'attaquer à l'Ouest*, Talent Éditions, 2022.

- Sylvie Bermann, *Madame l'ambassadeur*, Tallandier, 2022.

- Alain Besan.on, *Présent soviétique et passé russe*, Hachette, 1986.

- Rheinard Bingener, Markus Wehner, *Die Moskauconnection: Das Schröder-Netswerk und Deutschlands Weg in die Abhängigkeit*, C.H. Beck, 2023.

- Anthony J. Blinken, *Ally versus Ally: America, Europe, and the Siberian Pipeline Crisis*, Praeger, 1987.

- Giuliano da Empoli, *Le Mage du Kremlin*, Gallimard, 2022.

- Marc Dugain, *Une exécution ordinaire*, Gallimard, 2007.

- Michel Eltchaninoff, *Dans la tête de Poutine*, Actes Sud, 2022.

- Alain Frachon, *Un autre monde. L'ère des dictateurs*, Perrin, 2022.

- Mark Galeotti, *Brève Histoire de la Russie. Comment le plus grand pays du monde s'est inventé*, Flammarion, 2020.

- Raphaël Glucksmann, *La Grande Confrontation. Comment Poutine fait la guerre à nos démocraties*, Allary, 2023.

- Thomas Gomart, *L'Affolement du monde. 10 enjeux géopolitiques*, Tallandier, 2019.

- Vassili Grossmann, *Vie et Destin*, L'Âge d'Homme, 1980.

- Thane Gustafson, *The Bridge: Natural Gas in a Redivided Europe*, Harvard University Press, 2020.

- Hergé, *Tintin au pays de l'or noir*, Casterman, 1950.

- Christoph Heusgen, *Führung und Verantwortung: Angela Merkels Außenpolitik und Deutschlands künftige Rolle in der Welt*, Siedler, 2023.

- François Hollande, *Bouleversements*, Stock, 2022.

- Fiona Hill, Clifford G. Gaddy, *Mr. Putin: Operative in the Kremlin*, Brookings Institution Press, 2013.

- Milan Kundera, *Un Occident kidnappé*, Gallimard, 《*Le débat*》, 1983.

- Serguei Jirnov, *L'Engrenage*, Albin Michel, 2022.

- Isabelle Lasserre, *Macron-Poutine. Les liaisons dangereuses*, Éditions de l'Observatoire, 2023.

- Nathalie Loiseau, *La guerre qu'on ne voit pas venir*, Éditions de l'Observatoire, 2022.

- Isabelle Mandraud, Julien Théron, *Poutine. La stratégie du désordre*, Tallandier, 2021.

- Marie Mendras, *Russie. L'envers du pouvoir*, Odile Jacob, 2008.

- Montesquieu, *De l'esprit des lois*, 1748.

- Valery Paniouchkine et Mikhaïl Zygar, *Gazprom. L'arme de la Russie*, Actes Sud, 2008.

- Anna Politkovskaïa, *La Russie selon Poutine*, Buchet Chastel, 2005.

- Peter Pomerantsev, *Rien n'est vrai tout est possible. Aventures dans la Russie d'aujourd'hui*, Saint-Simon, 2015.

- Vladimir Poutine, *Première Personne*, So Lonely, 2000.

- Pierre Servent, *Le Monde de demain. Comprendre les conséquences planétaires de l'onde de choc ukrainienne*, Robert Laffont, 2022.

- Timothy Snyder, *Terres de sang. L'Europe entre Hitler et Staline*, Gallimard, 2012.

- Françoise Thom, *Poutine ou l'Obsession de la puissance*, Litos, 2022.

- Benoît Vitkine, *Les Loups*, Les Arènes, 2022.

- Voltaire, *Lettres philosophiques*, 1734.

- Nicolas Werth, *Poutine historien en chef*, Gallimard, 2022.

- Mikhail Zygar, *Les Hommes du Kremlin. Dans le cercle de Vladimir Poutine*, Le Cherche-Midi, 2018.

영상 자료

- Olivier Broutin, Alexandra Jousset, Laure Pollez, *Les Réseaux Poutine*, France 2, 〈Complément d'enquête〉, 2022.

- Frédéric Compain, Benoît Laborde, *Panique en mer Baltique*, Arte, 2022.

- Alexeï Navalny, *Un palais pour Poutine*, 2021.

- Anna Sadovnikova, Dirk Laabs, *Gazprom. L'arme parfaite*, Arte, 2023.

- Christian H. Schulz, Denis Kliewer, *Nord Stream 2. L'Europe à l'épreuve d'un gazoduc*, Arte, 2022.

- Antoine Vitkine, *La Vengeance de Poutine*, France 5, 2022.

찾아보기

BMW 193

ENBW 216

FC샬케04 25, 172

GDF쉬에즈 196, 199, 219

KfW아이펙스뱅크 85

NTV 67

OMV 242

가브리엘, 지그마어 115, 130, 133, 135, 234, 237, 247, 248, 293

가스유니 196, 199

가스프롬 23, 25, 34~35, 47, 55~57, 63, 64~70, 75, 86, 101, 103, 112~113, 119, 133, 142~145, 147~150, 152, 157~162, 172, 184, 191, 193~199, 213~215, 217, 242, 245~247, 249, 266, 274, 278~280, 288, 294

가스프롬방크 34, 158

가스프롬엑스포트 64, 68, 149

게라셴코, 아나톨리 36

고이에, 하이코 211

고르바초프, 미하일 23, 33, 56, 58, 182

구신스키, 블라디미르 67

그로모프, 알렉세이 159

글뤼크스만, 라파엘 88

글뤼크스만, 앙드레 153, 230

나리시킨, 세르게이 62

나발니, 알렉세이 172, 212

나프토가스 144, 147, 149, 151, 162, 243, 246, 279, 292

넥스트데케이드 277

노바텍 35

노보-오가료보 97

노소프, 이고르 36

다 엠폴리, 줄리아노 235

다임러 179, 193

대처, 마거릿 49

도이체방크 85

동구무역위원회 175, 193

동방정책 46, 50, 108~110, 112~113, 129, 132, 216

라브로프, 세르게이 138

람프스도르프, 알렉산더 287

랍스, 디르크 199

레닌, 블라디미르 일리치 울리야노프 56

레비트, 장-다비드 155

레타, 엔리코 234

루아조, 나탈리 92

루크오일 32, 35

르펜, 마린 91~93, 98, 291

리트비넨코, 블라디미르 60, 63

리포넨, 파보 87, 131

마가노프, 라빌 32, 33, 35

마르셰, 조르주 48

마르크스, 카를 112

마르티농, 다비드 155

마스트리흐트 조약 95

마크롱, 에마뉘엘 49, 98, 230, 251, 265, 266

만골트, 클라우스 173, 174~179, 193

메드베데프, 드미트리 62, 65, 95, 132, 149, 161, 172, 189, 190, 193, 202, 209

메드베데프, 알렉산드르 149, 150

메르세데스벤츠 179, 193

메르츠, 프리드리히 18

메르켈, 앙겔라 4~5, 17~18, 42, 84~86, 93, 94, 116~118, 120~123, 125, 127, 130~132, 134~135, 152~153, 163, 172, 189~190, 193, 196, 201~203, 209, 212~213, 217~223, 229~232, 234~236, 239, 242, 247~249, 252~253, 261~266, 269, 270, 284~287, 289~291, 293~294

멜니코프, 바실리 34

멜랑숑, 장-뤼크 91~92, 98

모루아, 피에르 47~48

몽테스키외 109

밀케, 에리히 181

미켈손, 레오니드 99

미테랑, 프랑수아 22, 48~49

밀레르, 알렉세이 64~66, 84~86, 100, 119, 147, 149, 158, 175, 184, 190, 193, 196

바그니그룹 63, 67

바르, 에곤 110

바르니히, 마티아스 172~184, 189,

209, 210~212, 241, 269, 285
바르니히, 슈테판 178
바스프 85, 114, 190, 193, 195~196,
    199,
바우만, 베아테 262, 270
바이겔트, 프랑크 180
바이든, 조 137, 256, 270, 277,
    283~286, 289, 295
바쿨렌코, 세르게이 45
배넌, 스티브 88
뱅크스, 애런 88
뱌히레프, 렘 61
베너, 마르쿠스 65, 82, 87, 130, 133
베네터, 클라우스 우베 133
베를루스코니, 실비오 88, 152, 234
베스터벨레, 기도 221
베어보크, 아날레나 215
베인, 요프 196
벨턴, 캐서린 59, 184
보로노프, 유리 35
보슈 179
보크, 쿠르트 193
본, 클레망 267
볼로부예프, 이고르 157
볼테르, 프랑수아-마리 아루에 109
부시, 조지 23, 230
부아쉬, 장 드 96

뷔티코퍼, 라인하르트 84
브란트, 빌리 46, 50, 90, 107~109,
    112, 129, 211
브란트너, 프란치스카 287
브레즈네프, 레오니트 47, 56, 108
블레어, 토니 23, 127
블링컨, 토니 285~286
비데르, 토마 221
빈터스할 195, 199, 217, 242
빌레케, 슈테판 174
빌팽, 도미니크 드 198
빙게너, 라인하르트 65, 82, 87, 130,
    133
사르코지, 니콜라 95, 152~157, 163,
    202, 219~220, 230, 265
사르코지, 세실리아 155
샤말로프, 키릴 98
셰프초비치, 마로시 268
솔라파브릭 179
솝차크, 아나톨리 59, 182, 184
쇼이블레, 볼프강 17, 18, 134
숄츠, 올라프 43, 116, 263, 270, 275,
    287~288, 294
수르코프, 블라디슬라프 236
수브보틴, 알렉산드르 35
슈뢰더 (쾨프), 도리스 81
슈뢰더, 게르하르트 5, 17, 24,~26,

76~78, 80~87, 89, 99, 101, 107,
110, 113~119, 125, 131~134, 144,
172, 175, 177~179, 190, 195~196,
199, 209, 211~212, 214, 216~217,
237, 240~241, 248, 291~292

슈뢰더, 프리츠 80

슈미트, 헬무트 46, 49

슈밀로프, 바실리 57

슈바르첸베르크, 카렐 293

슈베지히, 마누엘라 210~214, 269

슈벤망, 장-피에르 48

슈타인마이어, 프랑크-발터 113,
115~116, 131~133, 152, 178,
202~203, 211, 234, 237, 263, 289,
290

슈토이버, 에드문트 180

슐만, 레오니트 34

슐츠, 마르틴 133

스탈린, 이오시프 33, 56

스트로스-칸, 도미니크 99

시라크, 자크 20, 198, 201, 230, 250

시렐리, 장-프랑수아 196

시부르 98~99, 101

시브네프트 66

시진핑 238

시코르스키, 라도스와프 252,
271~272

아롱, 레이몽 111

아만푸어, 크리스티안 92

아바예프, 블라디슬라프 34

아브라모비치, 로만 66

안드로포프, 유리 56

알렉산더, 올리버 224

알렉세이 2세 81

알-아사드, 바샤르 91, 115

알트마이어, 페터 109, 134~135, 213,
222, 287

야누코비치, 빅토르 145, 163, 239

야루젤스크, 보이치에흐 47

야체뉴크, 아르세니 244

에온 85, 87, 190, 193, 195~196, 199,
216

엔지 89, 196, 232~233, 242, 264,
277

옐친, 보리스 20, 22, 50, 56, 59, 61,
76, 182, 184

오르반, 빅토르 88

오바마, 버락 124, 202, 238, 239

올랑드, 프랑수아 96, 122, 229~231,
239, 265

왕웬빈 138

외팅어, 귄터 178~179, 189, 193, 268

우니퍼 242, 279

우크라인시카 프라우다 157

유셴코, 빅토르 145~146, 159

유코스 32, 200

융크비스트, 맛스 103

일베스, 투마스 헨드릭 251

자루베즈네프트 98~99, 101

셰호퍼, 호르스트 180, 221

젤러링, 에르빈 190, 211

젤렌스키, 볼로도미르 167, 253, 256, 263, 290, 292, 295

지르노프, 세르게이 79

지스카르데스탱, 발레리 48

차잔, 가이 180

체르넨코, 콘스탄틴 56

체르노미르딘, 빅토르 61

체메초프, 세르게이 181

치프리스, 브리기테 133

카처 179

카터, 지미 110~111

코볼리에우, 안드리이 243~245, 292

코자키에비치, 브와디스와프 47

콘라트, 아데나워 175

콜, 헬무트 18, 22, 50, 76~77, 111, 134, 217

쿠르츠, 제바스티안 88

쿠르티카, 미하우 301

쿠프리아노프, 세르게이 160

쿤데라, 밀란 240~241

크나이슬, 카린 88~89

크로포드, 데이비드 180

클린턴, 빌 22

테세이라, 잭 256

테이센, 요하네스 193

도틸 89, 233

톰, 프랑수아 68~69

튤라코프, 알렉산드르 34

트럼프, 도널드 88, 98, 111, 124, 210, 253~254, 267, 269, 284~285

트럼프 179

티모셴코, 율리아 161~163

팀첸코, 겐나디 59, 99

파텐팔 216

패라지, 나이절 88

페르손, 예란 87, 131

페스코프, 드미트리 71, 167

페초린, 이반 35

포돌랴크, 미하일로 38, 167, 253

포로셴코, 페트로 121, 123~124, 236, 239

포르쉐 179

포르툼 195

폭스바겐 114, 179, 193

폰 데어 라이엔, 우르줄라 250

폴리코프스카야, 안나 128, 251

푸티나, 류드밀라 81, 183

푸틴, 블라디미르 4~7, 17~25,
    31~37, 43~44, 50, 55~70,
    75~101, 110~111, 113~115,
    118~124, 128~132, 144~149,
    152~157, 160~163, 165,
    172~173, 175~176, 178~185,
    190, 193~196, 199~204,
    214~217, 223, 229~231,
    233~240, 242, 244~247, 251,
    253, 261, 263~264, 27~278, 280,
    285~295
프랑스가스공사 47, 89, 196
피르타시, 드미트로 150~151, 162
피셔, 요슈카 21, 83, 216
피스토리우스, 보리스 168
피용, 프랑수아 94~101, 152, 189,
    193, 291
하르츠, 페터 25, 77, 131
하름스, 미카엘 193
함브레이트, 유르겐 199
허시, 시모어 137~138, 205, 272, 277
헤렌크네히트, 마르틴 177~179
헨켈 폰 도너스마르크, 플로리안 176
호도르콥스키, 미하일 31, 200
호이스겐, 크리스토프 268
호치스타인, 아모스 286
회우스고르, 옌스 87

후쿠야마, 프랜시스 24, 112
흐루쇼프, 니키타 56